国际时尚设计丛书·服装

U0742747

12 位改变历史的时尚大师

［法］贝特朗·梅耶·斯塔布莱　著

孙丽　译

中国纺织出版社有限公司

原文书名：12 COUTURIERS QUI ONT CHANGE L'HISTOIRE

原作者名：Bertrand MEYER-STABLEY

© Pygmalion, a department of Editions Flammarion, Paris, 2014.

本书中文简体版经 Pygmalion 授权，由中国纺织出版社有限公司独家出版发行。本书内容未经出版者书面许可，不得以任何方式或任何手段复制、转载或刊登。

著作权合同登记号：图字：01-2022-0497

图书在版编目（CIP）数据

12 位改变历史的时尚大师 /（法）贝特朗·梅耶·斯塔布莱著；孙丽译. -- 北京：中国纺织出版社有限公司，2022.2

（国际时尚设计丛书. 服装）

书名原文：12 COUTURIERS QUI ONT CHANGE L'HISTOIRE

ISBN 978-7-5180-9325-0

Ⅰ.① 1… Ⅱ.①贝… ②孙… Ⅲ.①服装设计师—生平事迹—世界 Ⅳ.① K815.72

中国版本图书馆 CIP 数据核字（2022）第 014991 号

责任编辑：朱冠霖　　责任校对：楼旭红　　责任印制：王艳丽

中国纺织出版社有限公司出版发行
地址：北京市朝阳区百子湾东里A407号楼　邮政编码：100124
销售电话：010—67004422　传真：010—87155801
http：//www.c-textilep.com
中国纺织出版社天猫旗舰店
官方微博 http://weibo.com/2119887771
天津千鹤文化传播有限公司印刷　各地新华书店经销
2022年2月第1版第1次印刷
开本：880×1230　1/32　印张：10
字数：278千字　定价：68.00元

凡购本书，如有缺页、倒页、脱页，由本社图书营销中心调换

前　言

他们都拥有英雄的品质！在通往烟花易冷的绚烂世界的征程中，12位时尚大师留下的不仅是一个个品牌，更是一个个标签。他们用过人的胆识和丰富的灵感，改变了他们所处时代的衣着，书写了属于他们自己的历史。

巴黎高级定制时装（Haute Couture）是沃斯（Worth）为了满足法兰西第二帝国时期涌现的新兴资产阶级的特定需求而创造的。在此后延续至今的一场场时尚发布、一季季流行演变中，巴黎高定见证了华美的蕾丝刺绣掀起的"爱尔那尼之战"❶，虽无硝烟，但波涛汹涌。

❧

从1858年沃斯称霸时装界，到1939年第二次世界大战爆发前，涌现出的杰出设计师中，男性与女性几乎各占半壁江山。男性设计师有：沃斯（Worth）、杜塞（Doucet，1870）、贝尔（Beer，1877）、雷德芬（Redfern，1886）、德耶（Doeuillet，1899）、普瓦雷（Poiret，1903）、马夏尔与阿尔芒（Martial et Armand，1910）、贝肖夫（Beschoff）、普雷梅（Prémet，1912）、帕图（Patou，1914）、勒隆（Lelong）。第一次世界大战刚结束的1919年，就出现了莫利纽

---

❶　《爱尔那尼》是法国作家维克多·雨果创作的五幕韵文正剧，是浪漫主义戏剧的代表作，首演时遭到伪古典主义一派的捣乱，但演出最终获得成功。"爱尔那尼之战"标志着浪漫主义对伪古典主义的胜利，成为文学史上的重要事件。——译者注

克斯（Molyneux），之后有皮盖（Piguet，1923）、罗莎（Rochas，1925）、巴伦夏加（Balenciaga，1937）等。女性设计师有：拉费里埃（Lafférière，1869）、让娜·朗万（Jeanne Lanvin，1886）、帕坎（Paquin，1893）、卡洛姐妹（les sœurs Callot，1896）、谢吕夫人（Chéruit，1901）、德雷科尔（Drecoll，1905）、杰妮（Jenny，1910）、奥古斯塔·贝尔纳（Augusta Bernard，1912）、玛德莱娜·维奥内（Madeleine Vionnet，1912）、香奈儿（Chanel，1920）、路易丝·布朗热（Louise Boulanger，1924）、布吕耶尔（Bruyère，1926）、玛塞勒·多尔穆瓦（Marcelle Dormoy，1927）、斯基亚帕雷利（Schiaparelli，1928）、梅吉·罗夫（Maggy Rouff，1929）、妮娜·里奇（Nina Ricci，1932）、格雷夫人（Madame Grès，1934）等。这些女性拥有高超的技术，追求精致的工艺，掌握剪刀和针线的运用技巧。这些独有的优势帮助她们攻克被男性占领的高定城堡。通过门槛极高的手艺，她们走向了艺术之巅。而男性设计师的成功之道通常是相反的：他们首先从灵感出发，然后根据工艺的限制，或多或少地做出让步。这也是为什么男性设计师更善于根据最新的艺术潮流进行创新。

　　但是"二战"后，时尚的控制权最终落到了男性世界中：雅克·法特（Jacques Fath）、皮埃尔·巴尔曼（Pierre Balmain）、克里斯蒂安·迪奥（Christian Dior）、于贝尔·德·纪梵希（Hubert de Givenchy）、皮尔·卡丹（Pierre Cardin）。20世纪60年代，以伊夫·圣洛朗（Yves Saint Laurent）、安德烈·库雷热（André Courrèges）、帕科·拉巴纳（Paco Rabanne）为代表的男性设计师实力碾压全场；20世纪70年代，卡尔·拉格菲尔德（Karl Lagerfeld）、让·路易·雪莱（Jean-Louis Scherrer）、马克·博昂（Marc Bohan）等崭露头角；20世纪80年代的让·保罗·戈尔捷（Jean Paul Gaultier）、克里斯蒂安·拉克鲁瓦（Christian Lacroix）大放异彩；20世纪90年代迎来两位来自英国的叛逆鬼才：亚历山大·麦昆（Alexander McQueen）和约翰·加利亚诺（John Galliano），他们一个以自杀告终，一个跌落神坛，从而终结了铺张奢华的高定设计师巨星时代。

　　此后，成衣明星设计师逐渐取代了时尚大师的地位。高级定制时装虽然不再是潮流的引领者，却依然令人向往。在成为奢侈品产业之前，它首先代表了一种心境、一种情感、一种节奏。如果放弃这个完全抽象的概念，就相当于削去了整个时尚金字塔的顶端，剥夺了它最不落俗的武器。

　　这里所集结的12位设计师推翻了传统，改变了造型，激发了热情，并催生了整个经济。在时尚星球超过150年的历史中，载入史册和昙花一现矛盾共存，满腹珠玑和浅薄无聊不分伯仲，自我展现和妖媚惑众旗鼓相当。

贝特朗·梅耶·斯塔布莱

作者的其他作品

画册

《纳达尔》[1]，Encre
《希拉克家庭影集》，Éditions de l'Archipel
《玛丽莲·梦露：镜子的另一面》，Timée Éditions

传记

《格蕾丝》，Librairie Académique Perrin
《白金汉宫的故事》，Librairie Académique Perrin
《爱丽舍宫的女主人们》，Librairie Académique Perrin
《摩纳哥王室》，Plon
《白金汉宫的日常生活》，Hachette
《查尔斯王子肖像》，Hachette
《西班牙国王胡安·卡洛斯》，Hachette（获得三冠奖[2]）
《玛格丽特公主》，Librairie Académique Perrin
《摩纳哥的卡罗琳公主》，Librairie Académique Perrin
《埃德温娜·蒙巴顿》，Bartillat
《真实的杰奎琳·肯尼迪》，Pygmalion
《贝尔纳黛特·希拉克》，Librairie Académique Perrin
《真实的摩纳哥王妃格蕾丝》，Pygmalion

---

[1] 本名加斯帕德·费利克斯·图尔纳雄（Gaspard-Félix Tournachon），1820 年 4 月 6 日～1910 年 3 月 23 日。法国早期摄影家、漫画家、记者、小说家和热气球驾驶者。纳达尔利用摄影术为 19 世纪的许多名人留下肖像而著名。——译者注

[2] 由两位省长和作家皮埃尔·达盖尔（Pierre Daguerre）、加布里埃尔·德洛内（Gabriel Delaunay）于 1958 年在法国巴斯克地区创立的一个文学奖项。——译者注

《真实的奥黛丽·赫本》，Pygmalion

《真实的英国公主玛格丽特》，Pygmalion

《真实的梅莲娜·梅尔库里》，Pygmalion

《真实的温莎公爵夫人》，Pygmalion

《真实的英格丽·褒曼》，Pygmalion

《真实的索拉娅公主》，Pygmalion

《纽瑞耶夫❶》，Payot

《真实的索菲亚·罗兰》，Pygmalion

《真实的玛丽莲·梦露》，Pygmalion

《真实的伊丽莎白·泰勒》，Pygmalion

《胡安·卡洛斯和索菲亚》，Payot

《真实的葛丽泰·嘉宝》，Pygmalion

《詹姆斯·迪恩》，Payot

《约翰约翰，小约翰·肯尼迪传奇》，Pygmalion

《真实的加拉·达利》，Pygmalion

《埃尔顿·约翰爵士》，Payot

《真实的戴安娜》，Pygmalion

《真实的玛丽亚·卡拉斯》，Pygmalion

《第一夫人》，éditions Bartillat

《桀骜不驯的皇后：茜茜》，Pygmalion

《真实的艾娃·加德纳》，Pygmalion

《科克托·马雷，了不起的情人》，Pygmalion

《托尔斯泰伯爵夫人》，Payot

《奥娜·卓别林》，Pygmalion

《玛丽·罗兰珊》，Pygmalion

《陛下》，Pygmalion

《改变历史的12位女设计师》，Pygmalion

《弗朗索瓦兹·萨冈的漩涡人生》，Pygmalion

---

❶ 鲁道夫·哈米耶托维奇·纽瑞耶夫（Rudolf Hametovich Nureyev），1938 年 3 月 17 日 ~ 1993 年 1 月 6 日，生于西伯利亚，苏联芭蕾舞演员，促进了芭蕾舞的流行和推广，并重新确立了男演员在芭蕾舞剧中的重要地位。——译者注

目　录

查尔斯·弗雷德里克·沃斯
（Charles Frederick Worth）

　　巴黎高级定制时装是由一个英国人发明的，他就是查尔斯·弗雷德里克·沃斯。事实上，1850年前后，服装的演变和服装业的发展已经为这一新事物的诞生提供了所有必要条件。有一个市场空缺急需被填补，而沃斯抓住了这个机遇。欧仁妮皇后❶和杜乐丽宫对他的支持是尤为重要的。这位来自西班牙的贵人也成为他最知名的客人。他的自信、忠诚和友善使他最终声名远播，并且成为欧洲宫廷最爱的设计师。一个英国人打造的"法国格调"：心怀邪念者可耻❷！

❧

　　从阿涅丝·索雷尔❸到塔莉恩夫人❹，从乔尤斯公爵❺到布鲁梅

---

❶　欧仁妮·德·蒙蒂霍（Eugénie de Montijo），1826年5月5日～1920年7月11日。法兰西第二帝国皇帝拿破仑三世的妻子，出生于西班牙贵族家庭。——译者注
❷　英国国徽中的盾徽周围用法文写着一句格言：Honi soit qui mal y pense。——译者注
❸　Agnès Sorel，1422年～1450年2月9日。号称法国史上最美的女人，是法国国王查理七世的首席情妇。她也被认为是第一位受官方认可的王室情妇。——译者注
❹　Thérésa Tallien，1773年7月31日～1835年1月15日。西班牙出生的法国贵族，以美貌著称，是法国历史上最有争议的女性之一。——译者注
❺　Anne de Joyeuse，1561年～1587年10月20日。法国国王亨利三世的密友，法国宗教战争的积极参与者，在服饰用度上享有皇家特权。——译者注

尔❶，时尚先驱们自中世纪末起，就是各宫廷中非凡优雅的存在。他们风流多情，在宫廷中固执地展示自己在衣着上的创新，并且定下基调。制衣商、美发师、首饰商、化妆品商、手套商等一大批无名的供应商为他们制作出最精湛的手工艺品。正因为有这些能深刻领会主顾意图的天才，巴黎才成功地登上了优雅之都的宝座。

采纳、传播、效仿，直到路易·菲利普一世❷统治时期，在欧洲上流社会中，时尚都是以这样的模式流传开来的。它的周期很长，每一种时尚都代表了一个时代。因而那些法国大革命前深受追捧的美女们，即便在滑铁卢战役后很长一段时间里，仍然可以炫耀她们当年的奢华服饰。直到第二帝国时期，每位主顾都需要自己向裁缝提供面料，因为彼时的制衣商们尚未获得出售面料的权利。19世纪社会经济的发展导致了对时尚新贵快速增长的调控。

在巴黎创业的英国人查尔斯·弗雷德里克·沃斯率先想出了一个绝妙的点子：用他自己的面料设计原创款式，并根据客人的尺寸量身定制。他的第二个创新是请有血有肉的真人担任模特，展示他的服装款式。他出售的服装上都有他的标签，并且价格远高于成本。原创款式、模特走秀、设计师标签……今天我们可以看到这三重发明产生了多大的效应。

对财富的渴望和炫富的欲望是密不可分的，在它们的共同作用下，高级定制时装一经推出便获得了巨大的成功。这是一个新兴的劳动密集型产业，很快就有上千名工人进入这个行业，他们当时的年收入约在一千法郎。而在同一时期，最富有的优雅女子在服装上的投资（不含配饰）可以达到几十万金法郎。在拿破仑三世的要求

---

❶　乔治·布莱恩·布鲁梅尔（George Bryan Brummell），1778 年 6 月 7 日 ~ 1840 年 3 月 30 日。英国摄政时期的偶像人物，现代男装的风格领袖。——译者注

❷　Louis-Philippe，1773 年 10 月 6 日 ~ 1850 年 8 月 26 日，远祖为路易十三。1830 年七月革命后，被资产阶级自由派等拥上王位，法国奥尔良王朝唯一的君主。1848 年二月革命中，在无产阶级和中产阶级起义的压力下于 2 月 24 日逊位，后逃往英国。隐居并老死于英格兰的萨里。——译者注

下，为了重振萎靡的纺织业，沃斯设计了克里诺林裙❶，并且得到了历史上第一批超模——欧仁妮皇后和宫廷贵妇们的推广。

那么沃斯是如何迅速达到荣耀之巅的呢？

❀

查尔斯·弗雷德里克·沃斯于1825年10月13日出生于林肯郡的一座小城——波恩。他在家中排行第六。这是一个狄更斯式的世界，生活中充斥的小磨难压得他透不过气。他的父亲威廉·沃斯挥霍着微薄的律师费，而他的母亲玛丽只能一便士掰成两半花，来偿还高昂的债务。他年仅11岁就被迫放弃学业，到一家印刷厂做工人，以贴补家用。每天的工作当然是非常辛苦的。

一年后，他离开了这个令人沮丧的地方，前往伦敦。不知道是他有意为之还是命运使然，他很快就找到了一份时装店的工作。店铺位于摄政街，名叫刘易斯与艾伦比（Lewis & Allenby），销售饰品、披巾、斗篷、面料等。对于这个年轻的学徒来说，这就是奢侈，触手可及。没过多久，他就对羊毛、丝绸和最华美的曼彻斯特天鹅绒都了如指掌。与此同时，他也开始熟悉建立在坚实基础上的井然有序的英国商业机制。

这位少年对一切都充满了好奇。只要一有空，他就会跑去国家美术馆。那些杰出的画作令他着迷，他一边看，一边做记录，勾勒一件服装的刺绣，或一个折裥的弧线。伊丽莎白一世女王的一幅肖像令他神魂颠倒，百看不厌。画面中极其逼真的锦缎裙袍给他留下了深刻的印象。13岁的时候，他被安排做刘易斯与艾伦比公司的收款员，这让他觉得有些无聊。

时间一年又一年地过去了，但是什么都没有改变，披巾、斗篷、面纱、甚至女客们的衣着都一成不变：英国时尚止步不前了。唯一

---

❶ 裙子内衬的裙撑用马尾毛、鲸须、鸟羽的茎骨、细铁丝或藤条做轮骨，用带子连接成鸟笼状，以达到扩大裙摆的效果。——译者注

的变化就是裙子变宽了，长度也增加了。因为在圣詹姆士宫举行的一次招待会上，年轻的维多利亚女王用长裙摆遮挡住自己受伤的脚。这促使所有英国贵妇们都换上裙摆更长的裙子。

对于查尔斯·弗雷德里克·沃斯而言，他想要探索新的时尚。他翻阅《巴黎服装信使》（*Little Messenger of Parisian Costumes*），甚至原汁原味的巴黎报纸《时尚通讯》（*Estafette des Modes*）。巴黎时尚真是大不一样！

他那两撇浓密的八字胡让他看起来充满征服的力量，他的内心也充满了自信，他坚信法国会张开双臂欢迎他。于是，刚满20岁的他就做出了人生中最重要的一个决定：前往巴黎。1845年，他离开英国雾都，来到了法国首都。他在面料店里做了两年伙计，辛苦工作的同时也掌握了莫里哀的语言。

不久，年轻的沃斯就入职欧皮热（Opigez）和夏泽尔（Chazelle）经营的盖吉林（Gagelin）公司工作了。这是一家销售各种女性时尚用品的商店，从面料到大衣、斗篷应有尽有。店铺位于黎塞留路83号，是各种精美商品聚集的核心地段。1847 ~ 1858年，沃斯在这里工作了整整12年。他画款式稿，提出设计方案，并使新的想法得以实现。他在工艺上的优势也显现出来了：他把英国时尚引以为傲的完美裁剪带到了公司。在巴黎优雅的加持下，他的裁剪艺术使得法国礼服在国际博览会上所向披靡。

1855年的巴黎世博会完全展现了法兰西第二帝国的辉煌，吸引了世界各国的首脑和代表前来参加。它也为沃斯带来了第一个属于他个人的成功：一条根据他的设计图制作的金丝线和珍珠刺绣的宫廷长拖裙获得了金奖。后来他说，他设计的刺绣纹样无意间冒犯了拿破仑派：一位宫廷主管声称在那些图样中有象征波旁王朝的百合花徽。尽管如此，这款有亵渎君权之嫌的拖裙仍然被整个皇室家族模仿和抄袭。

不久，盖吉林公司的一位售货员成为这个棕发英国人的女朋友，并且最终，他们的爱情修成了正果。玛丽·韦尔内（Marie Vernet）小姐变成查尔斯·弗雷德里克·沃斯夫人，甚至成为他的合作者。

他为她设计服装、帽子和无数精品首饰，而她的完美展示也为这些作品锦上添花，订单蜂拥而至。

沃斯总是有很多点子。与其单纯地卖面料给人做衣服，为什么不直接做成衣服卖呢？他的这个想法得到了盖吉林先生的支持，他们马上开始了新的冒险。然而没过多久，到了1858年，不愿受束缚的查尔斯·弗雷德里克·沃斯就自立门户了，在和平街7号创立了第一家真正意义上的高级定制时装屋。

从此他一发不可收拾地一次次展现出惊人才华。他并不满足于根据客户的要求来制作服装，于是他向常客们推荐由他自己设计的一组礼服。第一个高级定制服装系列由此诞生了。他并没有随波逐流，制作缩小版的服装、用木质小娃娃或者柳条人台展示，而是按照他夫人的体型制作原尺寸的服装，并且由她穿着在各种沙龙、跑马场、布洛涅森林、多维尔、歌剧院展示。她就是第一个模特。

服装史学家娜塔莉·哈兰❶特别指出："沃斯的成功是由多种因素促成的。首先，作为一个真正的行家，他用自己店里销售的面料制作服装，其中大部分是他获得了专营权并且批量采购的里昂丝绸。服装展示的形式，也是从如何更好地吸引客人来考虑的，通常都是在一些奢华的沙龙中进行。其中有一个是'灯光沙龙'，营造出晚宴的氛围，以便更好地判断在不同的肤色和灯光下服装所展现出来的效果。沃斯是第一个想到制作原尺寸服装并且在真人模特身上展示自己作品的人。为了实现这一想法，他首先让他的夫人玛丽做模特，之后他想到了找一些'替身'：这些女孩外表优雅、举止端庄，有些和客人惊人相似，她们在沙龙中闲庭漫步，以展示身上的新款服装。"两个大厅里排好了石榴色的天鹅绒椅子，客人们可以从各个角度欣赏那些新款服装。这就是第一场时装秀。

---

❶ Nathalie Harran，《第二帝国的女性》作者，该书由 Errance 出版社于 2010 年出版并发行。

对沃斯来说，这个时代充满了无限可能。每一个生活在巴黎的人都能感受到这一点。法兰西第二帝国时期是一个勤勉的年代，也是一个享乐的年代。在这个勤勉的年代，工业快速发展，社会发生巨变；交通方式快速提升，城市面貌全面改变，巴黎发生了翻天覆地的变化。一批商界新贵诞生了，掀起了一股实业和金融热潮。工人数量激增，他们与雇主之间的矛盾也更加凸显。

这是个享乐的年代：享乐世界从未如此喧嚣，对享受和消遣的追求从未如此执着。剧院、大街、舞会、沙龙，气派的扈从队伍，奢华的时髦服饰，对于特权者而言，人生就是一个漫长的节日——"皇家节日"。

沃斯在人数众多的客户群体中已经拥有一批核心力量。很多客人都追随他而去，这给盖吉林公司带来了很大的损失。但是有一点美中不足让他耿耿于怀：欧仁妮皇后对他并不"感冒"，而是将全部信赖倾注到帕尔米尔（Palmyre）和维尼翁（Vignon）这两位著名的女设计师身上。皇后的 52 件婚礼服饰全部是由她们定制的。法国所有的纺织厂都行动起来，生产最奢华的面料，比如塔夫绸、古色古香的波纹织锦。但是这两位杰出的手工艺人却没有足够的魄力将里昂的丝绸工人从机械带来的诱惑中拯救出来。沃斯，他天生就是追求完美的艺术家，醉心利用色彩、织法、光影关系的变化进行设计，工匠只能用他们的手摇织机和古老的工艺才能实现。他将打出这张王牌，用完美的艺术征服皇室，当然其中也少不了奉承的言语、谨慎的态度和卓越的天赋。

当他费了九牛二虎之力第一次得到皇后召见的时候❶，他向她展示了一件用花卉纹样的织锦缎做的华美服装，用法国工艺再现了一幅古老的中国刺绣。欧仁妮撇了撇嘴。

"陛下，您不愿意为了我们亲爱的里昂丝绸工人的福祉而穿上这件礼服吗？"沃斯据理力争。

"什么？先生，您倒是说说，这些人想从我们这儿得到什么好处？"她有些傲慢地反问。

幸运之神还是眷顾沃斯和里昂的。他们正聊到这儿的时候，皇帝戏剧性地出现了，他一边往里走，一边捻着胡须，眼神放空，带着若有所思的微笑。我们的时尚大师这时展现出了雄辩的口才。他坚信，里昂的丝织业对于振兴整个国民经济都有很大的益处。哪个国家元首会听不懂其中的门道？欧仁妮甘拜下风，只得妥协，向这个能言善辩的英国人定制了第一批服装。而她的织锦缎礼服也大受欢迎，所有宫廷贵妇都争相模仿，不久后，整个法国都称其为"第一夫人华服"。由此带来的最直接的效果是，1860 ~ 1870年，里昂的纺织机数量翻了一番。

沃斯为丝织业带来的腾飞，后来也在煤玉、机织花边、绦带、

---

❶ 成功地让沃斯和欧仁妮皇后搭上关系的是波利娜·德·梅特尼奇（Pauline de Metternich）。1860年的一天早上，沃斯夫人前往拜见波利娜，向她展示她先生画的几幅设计稿。沃斯开出了非常诱人的条件：她可以从中任意选一款量身定制，而且价格由她自己定，只为了让她也成为他的客户。这是一个非常妙的主意，因为波利娜选了两件服装（一共只花了600法郎），其中一件是为了参加杜乐丽宫的盛大舞会定制的。那是一件饰有银色箔片和雏菊的白色薄纱连衣裙，一条很宽的白色缎面腰带强调了腰线。她立马引起轰动，获得了成功。皇后一眼就看出这件礼服应该出自一位大师之手。"这件漂亮的礼服是谁做的？""时尚界冉冉升起的一颗新星。"波利娜回答道。"他会成为一颗耀眼的明星，"皇后说道，"让这位设计师明天上午10点来见我。"波利娜后来写道："沃斯一飞冲天了，我却没那么幸运。因为从那一刻开始，沃斯礼服的价格也一飞冲天，再也别想花300法郎买到。"

刺绣、花艺和羽毛工坊等行业再现。他助力了十个产业的发展，是当之无愧的高级定制时装第一人。他也是第一个把自己的名字作为标签，并且声名远播海外的设计师。

沃斯在他的自传笔记中提到皇后的内容只有寥寥数语："我为她呈上的第一套服装是一件灰色的塔夫绸长裙，点缀着黑色的天鹅绒饰带，裙子和收腰夹克是配套的。虽然这在后来变成了寻常装扮，但是在当时是非常新颖的，皇后非常喜欢。'可是，沃斯先生，'她对我说，'我不想穿着这么新潮的服装出现在公众面前，我应该等其他人先穿上它。在我这个位置上，我不能成为潮流的引领者，我只要能追随潮流就够了。'结果是普塔莱斯（Pourtalès）伯爵夫人要了这套服装。仅仅六个月后，我就为皇后做了一套几乎一模一样的，她穿着这一身服装出席了樊尚赛马会。"

也许是因为沃斯的才华，皇后的形象变得更加优雅高贵了。他不仅为她设计从早到晚的日常穿着，还有狩猎装、旅行装，她去比亚里茨度假和去海外游历时穿的服装也都是他设计的。《巴黎生活》（La Vie parisienne）的一位记者为我们描写了皇后在枫丹白露穿的一件沃斯礼服："那是一件极美的长裙，是一国之母最理想的服装，既庄严大气又明媚温柔。紫色的塔夫绸裙子采用斜裁工艺，在身前打开一个扇形的分衩，露出里面饰有荷叶边的白紫相间的条纹衬裙。"

不过在私底下，皇后的穿着简单到让她周围的人感到惊讶：她最常穿的是罗缎或者呢绒的黑裙。在一般的晚宴上，她就穿着一身白色绸缎或者深色天鹅绒的单色低领礼服。她的礼服都是袒胸露肩的，因为她很乐意展示自己优美的肩线。所有宫廷贵妇都觉得自己有必要效仿。

❦

不久，沃斯的影响力就辐射到了整个欧洲。他成了最受欧洲宫廷喜爱的设计师。奥地利的伊丽莎白也穿他的礼服❶。社会名流紧跟潮流。不得不说，他很知道如何和达官贵人打交道。只要一听说某个王室有新生儿诞生，他就立即准备好一套，或者更准确地说，是两套奢华的婴儿服：一套蓝色、一套粉色。他会根据婴儿的性别，送出蓝色或者粉色的套装并配以合适的祝语。小公主长大后，很容易就会成为他的倚仗。

在这样的速度下，很快，所有名人都要排队等他设计服装。杜斯（la Duse）❷用一封封电报（那时叫急件）轰炸他，乞求得到他的建议。虽然距离沃斯到和平街创业还没过去几年，在他身边已经有一大批耀眼的主顾了，除了皇后外，还有外国的王后和公主，最杰出的社会名流，最美丽的交际花。

正如一位严肃的观察家所看到的："整条和平街都像上了发条一般生机勃勃。楼顶上几层都是工坊，几百个工人在那里从早到晚地忙碌着，裁剪、缝合、刺绣，为罩在克里诺林裙撑外的钟形裙缝上层层叠叠的蜂窝褶边和荷叶边。他们将羽毛和花朵钉在无边软毛和贝雷帽上，将如微风般轻盈的面纱缝在精美的系带软帽上。"

在法兰西第二帝国时期，时装的变化几乎只在细节上体现。在女装中，克里诺林裙在色调和装饰上不断变化，几乎持续风靡到第二帝国末期。根据沃斯所说，皇后是为了遮掩她的孕肚（皇子于1856年出生）才接受克里诺林裙的。维多利亚女王也是在同样的情况下，在同一时间，穿上了这种出现得适当其时的服装。这种说法

---

❶ 在茜茜公主（伊丽莎白）那幅最著名的由温特哈特（Winterhalter）创作的肖像画中，她穿着的就是一件由沃斯创作的奢华礼服。绣满珠片的丝绸薄纱是他19世纪60年代的典型风格。在为奥地利王后伊丽莎白设计时，他决定在整条裙子上洒满金色的珠片，这些珠片形成一个个星形的图案，与散布在她浓密的秀发中的星形发饰相呼应。这件礼服敞开的一字领展现并勾勒出了优美的肩线，在臀部微微隆起的层叠的薄纱让领部线条更显柔和。温特哈特很好地刻画了沃斯的这一类设计。

❷ 埃莱奥诺拉·杜斯（Eleonora Duse），1858年10月3日~1924年4月21日。意大利演员，被认为是有史以来演技最出色的女演员之一。——译者注

并不完全正确。路易·菲利普一世统治时期的后半段，女子就已经穿上了腰间打褶的宽大裙袍，并且用紧身胸衣将腰收到极细。

时尚的本性就在于变化。出于某种自然趋势，裙子的下摆变得越来越宽大了。为了能支撑住不断增长的宽度，必须使用浆得很硬的衬裙，一层不够，再加上二、三、四层。如此全副武装的女子在走动时就像搬动建筑一样，而且这座"建筑"还很坚固，即使没有穿在人身上都能自行站立。

1854年，阿尔方斯·卡尔❶注意到，女性还不敢重新穿上柳条裙撑，但是她们已经在慢慢靠近。终于，她们走到了这一步。克里诺林裙法语是Crinoline，源自另一法语单词crin，意味马鬃、马尾。克里诺林衬裙的下部有一个用马尾毛做成的骨架，用于撑起裙子。很快，马尾毛的硬度就不足以支撑日益膨胀的裙围了。一些发明家用鲸须做成的裙箍和抛光铁环取代了它。这些环就像箍桶的圆环一样，形成了一组同心圆，把裙子撑得像热气球一样膨起。

克里诺林裙撑虽然能撑起裙子廓型，但是它不太便利。不少有影响力的女性都意识到了这一点，并且列举了它的很多不便之处。主要意见集中在服装过于宽大，上面堆砌的装饰也不太牢固。本就很长的拖裙在舞会和招待会上会变得更长。

沃斯总有本事让各种精致的细节如花绽放。在用云纹、棱纹、缎纹织物或塔夫绸缝制的礼服上，不仅有凹凸纹样、绉纱饰带、蜂窝褶饰、褶裥以及很多很多的花边，还有或宽或窄、或简或繁的荷叶边。这些荷叶边有时和裙子一个色调，但是颜色稍深一些，有时则是用裙子的对比色，它们从下往上排布在裙子上，相互之间有时留有间隔，有时则非常紧密，甚至能看到一条裙子上排了32列荷叶边。

在沃斯的笔下，可以看到这样一条裙子的形象："我曾经做了一条裙子，耗费了100米的丝绸。那是一种哑光的塔夫绸，从深丁香色到浅紫罗兰色，呈现出三种不同的紫红色调。裙子做好后，就像

---

❶ Alphonse Karr，1808 年 11 月 24 日 ~ 1890 年 9 月 29 日。法国著名评论家、新闻记者和小说家。——译者注

是一束巨大的紫罗兰花。"

1860年冬天，《名流》（*Illustration*）杂志的一位撰稿人在参加了杜乐丽宫的一场舞会后注意到，克里诺林裙似乎开始收敛了。他写道："当然不是为了减少对面料的过度浪费，而是因为连女佣都开始穿它了。"同一年，关于皇后不再穿克里诺林裙的风声就四处传开。英国的维多利亚女王、维也纳的伊丽莎白皇后也已经准备效仿。但是没过几天，她们就得知，伟大的沃斯表示了对克里诺林裙的支持态度。克里诺林裙还没死，克里诺林裙万岁❶！

❀

所有宫廷贵妇都到和平街7号❷排队制衣。历史学家珍妮·海宁（Janine Hénin）在《巴黎高级定制时装》❸中写道："职员有20名，都是精心挑选的。在工坊里，用的都是最好的裁缝。营业员则根据她们的身高身材挑选，其中一半是英国人，因为沃斯认为，她们的文雅举止将会带动法国的员工。室内装饰营造出奢华、富贵的氛围：柱子刷成金色，员工头戴花冠，镜子嵌在华丽镜框里斜靠在墙边，水晶吊灯将闪耀的光芒投射在云纹缎的帷幔上，椅子是路易十五时期的，沙发柔软舒适。"

每一层楼都像是一个忙碌的蜂巢。眼睛所到之处看到的只有奥比

---

❶ 于是克里诺林裙变成了评论和嘲讽的对象。女子们仍然穿它：一部分人虽然厌恶它，但是迫于时尚规则的压力不得不穿；另一些则是因为喜欢它，其中包括那些因为太过消瘦而很乐意用这种膨起的裙子武装自己的女子；最后一部分人，也许是数量最多的，是随波逐流被动接受。正如塔契·德·拉·帕热利（Tascher de La Pagerie）伯爵夫人写的："有人说它奇丑，有人说它华美。眼睛已经习惯它了，而眼睛是时尚的大师，因为一切都是为它而创作的。"

❷ 在7号门口，Worth 的金字招牌在门楣上闪耀，一排汽车在门口排着队，旁边站着身穿号衣的仆从。通往内厅的门廊上，每一个楼层的墙上，也都有 Worth 的金色标志，嵌入锻铁图案中。这栋楼的每一层都属于高级定制服装工坊。

❸ 由 Panorama 出版社发行。

松（Aubusson）的挂毯、花缎壁板、金色线脚，以及在水晶灯的照耀下闪闪发光的大理石。很快，这位时尚大师就不得不扩大规模了。首先从地下室开始，接着是后院，然后连隔壁的房子也都变成了他的工坊。

娜塔莉·哈兰注意到，沃斯很乐意通过让人久等来提高自己的知名度。他会非常傲慢地对待他的客人，让她们在沙龙里耐心地等待几个小时；也会花一整天时间为急着来找他的客人解决一个棘手问题，制作一身当天晚上就要穿的特别的礼服。他相信口耳相传、媒体评论，甚至漫画，都能为他带来最富有的优雅女子。"沃斯先生说了这个""沃斯先生说了那个"，他得到了很多追捧、赞扬以及财富。他的每一个判断、每一个评价都被奉为圣旨。他的儿子，也是他的传记作者让·菲利普·沃斯承认，万能的沃斯认为自己是仅次于上帝和皇帝的主宰。

他对自己的定位不仅是服装设计师，更是艺术家，而且他的穿衣打扮也显示出艺术家的范儿。他的艺术不仅是为女性设计服装，而是要她们的气质得到升华。他设计服装的时候会考虑到客人的肤色、发色、体型、季节以及穿着环境。他成了优雅的仲裁人，审视着每一个细节，并且不允许他的客人发表意见。一个男人能对女性时尚指点江山，是一件多么奇怪的事，媒体也常常对此愤愤不平。一篇关于1867年世博会的报道中有这样的记录："我们都知道，上流社会贵妇和交际花的首席服装设计师是一位男性，听说，他对待高等妓女和公爵夫人都一样的傲慢和无礼。"另一位记者哀叹道："现在，男人们变成了时尚的裁判，希望这种大家习以为常的现状不要进一步普及。"

甚至有人指控他下流：一个男人在试衣的时候出现，是不是太不像话了？大家数落他的短处，嘲讽他对新贵的态度。他引以为傲的银质浴缸和古龙水喷泉被画成了讽刺漫画。沃斯还让人在扶手椅的包覆面料中嵌入王室贵妇的服装所用到的丝绸和锦缎面料，真是满满的恶趣味。他常被认为是一个暴发户。说到底，他从商店伙计晋升为时尚国王的速度太快了。他进入上流社会也为他招来了不少批评。上流社会的有些圈子觉得，一个裁缝和他的夫人被邀请参加盛大的招待会，并且经常出入那些当时最显赫的名人聚集的沙龙，让人难以接受。

那些收了不少好处的记者对他不遗余力地吹捧，另一些则更为尖锐。1862年的《名流》杂志上，一位记者用比较优雅的措辞写道："这个英国人很知道如何从有助于纺织业和奢侈品业发展的社会和商业环境中为自己赢得利益，他充分利用女性的视角，这对他而言就像是股市中的增益。"

❋

不可否认，查尔斯·弗雷德里克·沃斯是整个高级定制时装业名副其实的推动者。以他为榜样，很多人对此产生了兴趣。1850年，整个巴黎一共有158个女装经营者，1863年增至494个，随着帝国的繁荣发展，1870年这个数字增加到了近700个。19世纪末的1895年，一共有1638个女装经营者，雇用了65000名工人。作为行业领头人，沃斯很快就发明了"chic"一词。1860年，奥克塔夫·费耶❶的夫人受邀入宫，并且得到这位正当红的设计师在48小时内为她量身定制的一件礼服，在给朋友的信中，她写道："沃斯先生太讨人喜欢了，他对我说我很chic——这个词你可能从来没有听过。它的意思是个人独特的优雅，有表情的优雅……"这就是沃斯的荣耀：一切都归功于他，一切都是他的创造成果。

这位设计师涉猎所有女性服饰。在天冷的时候，他在克里诺林裙外加一件大衣。他做了很多不同的款式，用了很多装饰手法。这些呢绒或者天鹅绒的大衣大都是深色调的，用煤玉、绦带和花边装饰，这些饰物有时单独出现，有时互相组合。这些大衣有些是斗篷的形式，有些是外套的形式，每一款都有一个名字。有的根据服装的造型来命名，教士披肩、卡里克大衣、大翻领、圆斗篷；有

---

❶ Octave Feuillet，1821年8月11日～1890年12月29日。法国小说家、剧作家，法兰西学院院士。

的根据装饰的图案来命名，比如有一款叫扇子，因为一条条蕾丝从领子到腰带呈扇形层层铺开；也有一些比较随意的名字，弗纳丽纳（Fornarina）、格雷特利（Gretly）、耶多（Yedo）等。春秋季的时候，就在连衣裙外加一件披风。

莫里斯·阿郎❶在他的著作《第二帝国的日常生活》中强调了披巾和帽子在那个时代的服饰中是如何至关重要："在第二帝国时期，帽子并非一直那么小巧，但是相较于其他款式的帽子，小巧的帽子能让整套服饰造型看起来更加和谐、自然。帽子上点缀着各种装饰，主要是蕾丝和鲜花。一开始是一些紧紧包裹头部的帽子，头发也都收进帽子里，比如用面料（丝绸、薄纱、绉绸）或马尾或麦秸做的系带风帽和遮阳软帽。但是这些帽子的后面都又加了像小披肩一样的僵硬的帽檐，不仅累赘且破坏美感，更让人显得耸肩缩颈。它比克里诺林裙消失得更早。皇后觉得它们既不舒服也不好看。一位和沃斯一样有想法也有魄力的制帽商让它消失了。"

礼服、裙子、上衣和帽子上的装饰，色调多变，有人穿灰色、绿色、橙色、皇室蓝，也有人穿砂金石色、玉米色或者王后发色。梅特尼奇亲王夫人一度让亮绿色成为时尚，卡斯蒂廖内伯爵夫人则掀起了深紫色的潮流。大家也会选择条纹、方格、苏格兰格纹的面料，这也包含着向沃斯的英国出身致敬的意味。

❋

1867年世界博览会的开幕，是法兰西第二帝国绽放的最后的烟花，也是对沃斯多年来为里昂丝织业发展所做的努力的加冕。他为皇后设计的礼服说明了一切：裙子的面料是在里昂定制的，柠檬黄的罗缎上织着18世纪风格的花卉图案，裙子上点缀着真正阿朗松❷

---

❶ Maurice Allem，本名莱昂·阿勒芒（Léon Allemand），1872 年 9 月 5 日 ~ 1959 年 9 月 1 日。法国史学家、文学史学家、小说家。
❷ Alençon，法国西北部的一座城市，出产著名的阿朗松针绣蕾丝，被称为"蕾丝皇后"。——译者注

出品的蕾丝和薰衣草蓝的缎带。这款裙子放弃了克里诺林裙撑。然而，世事难料。就在博览会开始前几个小时，传来了墨西哥皇帝马克西米利安一世❶被判处死刑的噩耗。沃斯只能紧急地用一身丧服来取代这件礼服。

1868年，他掀起了丘尼卡（tunique）潮流。关于这款裙子背后的故事，他是这样说的：一天，他在巴黎散步，看到一个清洁女工正在清扫马路。这位清洁工因为怕把自己的裙子弄脏，就把它向后撩起并固定，裙子变成了长外套的样子。他很快就画了一张草图，几天后，沃斯的工坊就推出了这款非常漂亮的裙子，丘尼卡外裙和衬裙用两种不同的面料制作，形成色彩的变换。

法兰西第二帝国的最后几年，沃斯推出了紧身连衣裙。他还掀起了波兰裙的热潮，膨胀的丘尼卡外裙显示了君主统治末期的风格。在他生命的尾声，和平街的那整栋楼都用作商店，而他自己则搬去了叙雷讷❷，那时他已经有1000名员工了。

1870年战争期间，他的公司停业了，工坊都改成了医院。随着德国人的临近他逃走了，不久他又回来了。战争并没有影响到他的生意。法国人又开始跟他订礼服来庆祝胜利！他戴着天鹅绒贝雷帽，穿着伦勃朗（Rembrandt）风格的宽松长袍，又开始整天忙于工作。

克里诺林裙撑随着法兰西第二帝国的崩溃退出了时尚舞台，于是沃斯又推出了新的时尚：腰垫，似乎是丘尼卡裙和波兰裙的折中形式。两条叠穿的裙子，一条直身而下或者打着褶裥，另一件堆积在臀部并用腰垫撑起，还有大拖裙。时尚一天天地变得更加复杂，褶裥、饰品、蜂窝褶边、螺旋流苏、荷叶边、结饰、缎带……这是一个过分装饰的年代！

❶ Maximilien，1832年7月6日～1867年6月19日。奥地利哈布斯堡王朝成员，曾任伦巴第－威尼西亚王国总督，1864年4月10日在法国皇帝拿破仑三世的怂恿下，接受了墨西哥皇位。后在与墨西哥共和主义者的战斗中失败，被墨西哥的军事法庭以颠覆墨西哥共和国的罪名判处枪决。——译者注
❷ Suresnes，位于法国巴黎西郊的城市，距巴黎市中心仅9.3公里。——译者注

一季又一季的时尚演变体现在对新的装饰方式的探索上。这种过分装饰的服装可以被称为"挂毯风"。事实上，它们和那些由活跃在高档街区的装饰工匠设计的座椅、华盖、窗饰有很多相似之处。接着，时尚转向了一个奇特的方向：腰垫突然消失了，紧身裙取而代之，裙摆窄到让女子们举步维艰。但是1880年克里诺林裙撑有些死灰复燃的迹象：那是一种金属框架的小型克里诺林裙撑，被称为克里诺莱特（crinolette），大家都把它的出现归咎于沃斯。

克里诺莱特最后也被弃用了，腰垫随即卷土重来。似乎是为了报复曾经被踢出时尚舞台的耻辱，回归的它变得更宽更大，上面的饰带和镶边前所未有的丰富。腰垫、勒紧的腰身、圆润的胸部，这种时尚似乎是在妇女解放运动的威胁下对女人味的最后一次表达。

不久，年老的沃斯就将生意交给两个儿子打理了，他知道，一个新世界的到来需要新鲜血液。1878年、1889年、1900年在巴黎和其他国家首都举办的大型世界博览会都向广阔世界敞开了窗户。各个产业都在这里找到了通向国际的橱窗。奢侈品产业是最大的受益者，带动了上千个吸引民众的周边产业的发展。沃斯的晚年在法国南部度过，1895年3月10日在他位于叙雷讷的家中离世，享年69岁。

之后，卡洛、雷德芬、杜塞、谢吕、帕坎等公司后来居上。1950年，沃斯和帕坎合并了，这场结盟在1956年7月将这两个品牌都带向了终结。

时至今日，沃斯这个名字仍然标志着高级定制时装的出现。沃斯不仅有历时二十多年日臻完善的裁剪艺术，更有设计款式的创造力，还组织了全球化的商业活动来推广他的新款服装。他定下了一个节奏，因为他，一切都在加速发展。

保罗·普瓦雷
（Paul Poiret）

　　普瓦雷是一个很有远见的人。他创造了20世纪的女性形象，并且大力推动了那个世纪女性服装向更加轻松舒适的方向发展。早在第一次世界大战前，他就预感到女性想要追求更加自在的生活和举止。于是他废除了僵硬的紧身胸衣，为她们设计了柔软的款式，解放了她们的身体，让性感的面料在身体上流动。这些款式立刻被大家接受，而他的设计风格，尽管有人持保留意见，也无法阻挡它在高级定制时装界的快速传播。

　　作为时尚先锋，他从众多画家朋友那里汲取灵感，设计出色彩华丽、图案现代的面料。他当然是一位服装大师，但是和他的竞争对手相比，他超出了太多太多，需要为他量身定制一个名号。

　　他是第一位将时尚变成社会现象的设计师，也是第一位试图将时尚设计与人文概念结合起来的西方服装设计师。在他看来，服装应该融入所处的环境，表达一种生活方式。在之后的几代设计师心中，他不仅是时尚先驱，更是时尚之父。

✦

　　保罗是中央市场地区一个善良的呢绒商的儿子，他出生于1879年4月20日，那时社会非常稳定，任何变化都会被视作是威胁。他很小的时候就显示出绘画的天分，并且痴迷于戏剧，对服装、面料、装饰也有着与生俱来的兴趣。他经过激烈的抗争，才让他父亲妥协，同意他从家族商店脱离。他给负有盛名的杜塞看了他的画稿，后者录用他做了工艺师。

在杜塞公司，19 岁的保罗·普瓦雷第一次发现自己沉迷于设计的幕后。作为裁剪部的负责人，他学习了很多："我管理着一个技术团队，他们对技术掌握得比我好。"

❀

19 世纪末，西装套装得到显著的发展，它们用平纹布、羊毛呢等结实的面料裁剪、缝制，因而需要用像著名的英国西装一样的工艺技术才能做好。保罗推出的第一个款式是一件红色呢绒短披肩，领圈周围是一圈裁剪成条状的呢绒布。披肩的翻领露出了灰色双绉绸的衬里。六颗珐琅纽扣将披肩在侧边合拢。这款服装被卖了 400 件，有些尊贵的客人要了几件不同颜色的。从此，他开始有出色的业绩了。

1898 年的一个早上，一辆由骡子拉着的车停在了店门口，从车上下来的是在他心中代表着才华、优雅和巴黎精神的女神：雷雅娜❶。她快速穿过大门，行走间，丝绸华服沙沙作响。她找到杜塞先生，悄悄地告诉这位如神祇般英俊的男人，她即将参演一部新剧。杜塞先生叫来了普瓦雷，并且马上将秘密告诉了他：雷雅娜即将出演《扎扎》(Zaza)。这部剧讲述的是一位音乐咖啡厅大明星的故事：她作为新人入行的时候曾经举步维艰，之后在她事业辉煌的鼎盛时期，在音乐厅的门口重遇了她的旧情人。

这时的她，应该穿一件骄奢的大衣，不仅要深深吸引这个年轻人，更要让整个剧场为之震撼。那时的剧场在演出期间也是灯火通

---

❶ 加布里埃·夏洛特·雷朱 (Gabrielle Charlotte Reju)，艺名雷雅娜 (Réjane)，1856 年 6 月 5 日 ~ 1920 年 6 月 14 日。成功的法国舞台女演员，也是早期的无声电影女演员。——译者注

明的，因而，正如普鲁斯特（Proust）所描绘的，各个包厢之间争奇斗艳，而同时，聚光灯下的女演员们也都穿着设计师为她们量身定制的最新款服装。所以，"美好年代"❶的戏剧演出季就像是一场持续的时尚秀。

让雷雅娜艳压群芳的重任落在了 19 岁的保罗·普瓦雷肩上。他为她设计了一件大衣。覆盖着黑色珠罗纱的黑色塔夫绸上散落着比洛特（Billotey）❷手绘的淡紫色和白色的鸢尾花；两条宽大的紫色缎带，颜色一深一浅，包裹在珠罗纱外，镶嵌在肩部，并在胸前打了一个精巧的蝴蝶结。浪漫结局中蕴含的悲伤，第四幕带来的苦涩，都在这件衣服上呼之欲出。

保罗·普瓦雷在他的回忆录中写道："在杜塞的公司，我度过了一段美好时光，认识了一些难忘的人。当我被介绍给销售员团队的时候，我感到非常不自在。她们大都是些贪婪的悍妇，在公司里就像掉进米缸的老鼠。她们对客户的影响力非常大，会搂着贵妇的腰和她们亲切交谈，用恩主的口吻给她们建议，而对公司的员工则是一副令人难以忍受的霸道嘴脸。"

在雷雅娜之后，普瓦雷又攻下了巴黎戏剧界的另一座高峰：莎拉·伯恩哈特❸。他为她设计了《雏鹰》中著名的白色制服。作为罗斯唐❹的这部舞台剧中大多数服装的创作者，有一天，他以为自己得到了允许而进入了正在进行秘密排练的大厅。盛怒的莎拉立即将他

---

❶　Belle Époque 指从 19 世纪末开始至第一次世界大战爆发结束。这个时期被上流阶级认为是一个"黄金时代"，此时的欧洲处于一个相对和平的时期，随着资本主义及工业革命的发展，科学技术日新月异，欧洲的文化、艺术及生活方式等都在这个时期发展日臻成熟。此时期约与英国的维多利亚时代后期及爱德华时代相互重叠。——译者注

❷　当时著名的扇面画家。

❸　Sarah Bernhardt，1844 年 10 月 22 日 ~ 1923 年 3 月 26 日。19 世纪和 20 世纪初最著名的法国舞台剧和电影女演员。——译者注

❹　Edmond Rostand，1868 年 4 月 1 日 ~ 1918 年 12 月 2 日。法国诗人、剧作家。代表作有《西哈诺·德·贝热拉克》《雏鹰》《远方公主》等。——译者注

赶了出去，并且说服杜塞开除了他的学生。戏剧女王权力无边。所幸，两位设计师之间的惺惺相惜之情并未因此而减少。

❖

时间刚刚跨入 20 世纪的时候，保罗参军了。服役期满后，他进入位于和平街的另一个大品牌：沃斯。这时的沃斯公司已经交给了那位时尚大师的两个儿子让（Jean）和加斯东（Gaston）手中。正是加斯东给了他下面这一番建议："年轻人，你知道沃斯这个品牌一直以来都是为世界各地的皇室提供服装的。我们有最尊贵最富有的顾客群。但是现如今，这个顾客群并非只穿奢华的礼服。公主们有时也要乘坐公交车或者在街上行走。我弟弟让总是拒绝推出那些在他看来不够风雅的简洁轻便的服装。而事实上很多人向我们询问这类服装。我们现在就像是一家只提供黑松露的大酒店。所以我们需要开辟一个炸薯条的柜台。"

这是一个非同寻常的建议。"我很快就理解了成为这家大公司的'炸薯条工'的意义所在，于是我立即接受了公司给我的职位。"普瓦雷写道，"而且这是一家杰出的公司。我开始设计一些款式，销售员们对它们进行严格的评估，这让我想起了在杜塞公司的经历，好在，这些服装赢得了大家的喜爱。"

然而他也受到了来自让·沃斯的刁难。让对他心存芥蒂，因为在让眼中，普瓦雷代表了新思想，而他感觉到这种新思想将会摧毁并夺走他的梦想。他展示一款西装式礼服的时候，就见让突然变得脸色苍白，当着那些对他阿谀奉承的评审团的面说出了下面的话："你称为礼服？这是看门人穿的衣服。"

在客人中也有这么自以为是的人。一天，令人生畏的巴利亚廷斯基亲王夫人❶在沃斯店里看到了一件饰有刺绣纹样的呢绒广袖宽

---

❶ Leonilla Ivanovna Bariatinskaya，1816 年 5 月 9 日 ～ 1918 年 2 月 1 日。俄罗斯帝国贵族。

袍，灵感来自中国长袍。她大声惊叫："太丑了！在我们国家，当那些平民惹人生厌的时候，我们就砍了他们的脑袋，把他们装在就像这样的袋子里。"取悦这些即将穷途末路的贵客让普瓦雷感到力不从心，在获得财务自由后，他抓住机遇拿到了奥贝尔（Auber）街上的一个闲置店面。在这个1903年开业的沙龙里，他将在杜塞和沃斯那里学到的专业技能和自己独有的创新理念融合，创立了一种鲜明的风格。他在这一时期设计的礼服裙都严格遵守紧身胸衣塑造的轮廓，这种扭曲的线条和"面条风格"❶的曲线很相似。

作为一个热爱追逐女演员的快乐单身汉，保罗在1905年10月4日迎娶了他的青梅竹马德尼兹·布雷（Denise Boulet），这让他的亲友都感到很惊讶。这个有些羞涩的乡下姑娘将助他成为巴黎名流之一。他精心制作的第一批服装满载着他们的爱情，到处都是她的影子，这些服装也将影响整整一个时代。而这个年轻的姑娘也在很长的一段时间里让这个无所不能的男人始终保持激昂的斗志。区别于复古的18世纪风格所要求的矫揉造作的精致优雅，普瓦雷推出了红色、绿色、紫色的时尚，与和平街让人产生审美疲劳的高雅但无趣的色调形成鲜明对比。

他在自己的回忆录中写道："当我开始在时装领域天马行空的时候，染坊的调色板上根本没有颜色可选。对18世纪那种过分考究的风格的喜爱，让女性陷入颓败，以优雅为借口，她们身上的所有活力都被抹杀。阿尔巴玫瑰的粉色调，丁香、锦葵的淡紫色调，绣球花的粉蓝色调，玉米、麦积的浅黄色调，所有这些柔和、浅薄、寡淡的颜色都大受推崇。于是我往这个柔顺的小羊群中扔了几只大灰狼：大红色、亮绿色、艳紫色、宝蓝色，一石激起千层浪。"

普瓦雷的设计用鲜明的色彩带来了对比的效果：亮绿色的绉绸、紫红色的缎子、纯蓝色的花缎和白色的重磅绉纱、奶油色的珠罗纱、白色的缎子等搭配在一起。

他给里昂的丝绸厂的厂主们打了一剂强心针，让他们为他织橙

❶ 即新艺术风格。——译者注

色或者柠檬黄色的双绉绸。他还和一些崭露头角的新艺术家合作，其中最有代表性的让拉乌尔·杜菲❶为他创作了很多面料图案。这是首次有艺术家参与到这样的合作中，也首创了现代实用艺术的概念。巨大的成功即将如约而至。普瓦雷在克里希（Clichy）大道上租了一个工坊，他们就在这里开发图案和印制工艺。那时候流行的还是圆点和条纹图案，布满花卉纹样的提花棉布和印着牧羊人图案的茹伊印花布❷。杜菲将自己设计的图案刻在木板上，然后亲手印到丝绸面料上。这与众不同的图案和色调不仅在时尚界引起了轰动，更吸引了制造商比安奇尼的注意，他开出了一个条件极其优越的合同。

当普瓦雷不在进行款式创作的时候，就在一张高高的支架桌前工作。他坐在高脚凳上，凳子的座面包着红色的皮革，略微倾斜。这样，他就能轻松地和那些站着的访客平视了。

他的桌子上堆满了东西，各种瓶瓶罐罐、刺绣、饰带。在他的周围，挂满了数不清的布片、小样、腰带，有的直接拖到了地上。他的作品就是在这里诞生的。为他写传记的美国人帕尔默·怀特（Palmer White）说，他几乎从不画设计图，如果画，也是画一些细节。但是在他胸口的口袋里，永远都放着一把极好的圆头剪刀。

❀

保罗·普瓦雷从一开始就告别了奢华，用细腻的情感取代夸张的炫耀。1912年，在面对《时尚芭莎》（Harper's Bazaar）的采访时，他说："衣品好的女子，选择的是那些让她更显魅力的服装和配饰，而不是跟随大流人云亦云，更不会用衣装来炫耀自己丈夫银行账户

❶ Raoul Dufy，1877 年 6 月 4 日～1953 年 3 月 23 日。法国著名野兽派装饰风格画家，也是版画家、书籍插画家、风景设计师、家具设计师、公共空间的规划师。他的作品还在挂毯、壁画、纺织品和陶瓷设计中被广泛采用。——译者注
❷ 法国茹伊昂若萨（Jouy-en-Josas）产的一种棉质或者麻质白底单色印花面料。——译者注

里的财富。"

与此同时，一场从内衣开始的革命取得了胜利。在废除了紧身胸衣的束缚之后，他用一种更轻薄的松紧带内衣取而代之，他还在这种被称为紧身裙的内衣上加了吊袜带，固定长筒袜。紧身裙一开始都是黑色或者白色的，后来出现了肉色的，以及更多其他别致的色彩。随后，文胸出现了。这时，保罗·普瓦雷设计的飘逸灵动的裙子将受力点从腰部提升到了肩部，让法国大革命后的新古典主义线条再放光彩。支撑点的变化对衬裙也造成了冲击。他对《时尚》（VOGUE）杂志说："我为我夫人设计衣服的时候，做的是减法而不是加法。我相信这种简洁和健康、智慧、纯洁的精神等各种美好的东西一样，值得每一位女性去追求。"

在1913年，这一论调还是很超前的。具有讽刺意味的是，1914年因为战争爆发而造成的人口损失，推动女性去填补那些奔赴战场的战士留下的岗位空缺，也使普瓦雷所做的那些探索变成了大家再也无法拒绝的成果。简化的线条使服装轮廓变得更加精致柔和。整个业界一开始是高兴的，但是很快，他们就眼睁睁地看着一辆辆豪车在1915年到1918年期间，穿过和平街驶向了普瓦雷的工作室。不到两季的时间，女性就都选择了这种直线条的风格。"美好年代"结束了。

他的女儿佩林·普瓦雷-德·王尔德（Perrine Poiret-de Wilde）说："保罗·普瓦雷的礼服穿起来都非常优雅，既轻盈又保暖。这是因为裙子的内衬是用与面料同色调的真丝平纹纱做的，不会增加礼服的厚度。真丝薄纱将羊毛呢和皮肤隔开，使皮肤免受羊毛呢略微粗糙的触感，只感受到真丝的柔软细腻。冬天的大衣和皮草，默认是暗沉的色调，他用色彩鲜亮活泼、还印了花卉图案的双绉绸做里料，将它们提亮。虽然只在大衣穿脱的瞬间能看到这一抹亮色，但是它却会给您带来满满的幸福感，就像是严肃的脸上挂着的一抹微笑。还有用单色塔夫绸或者其他织物做的衬里，用对比色或者金色

的饰带镶边，凸显出服装大胆的裁剪。"❶

※

　　世界在动荡中加速前进。咆哮的20年代在10年前的1908年就开始了：毕加索创作了《阿维尼翁的少女》。杜塞开始了他令人惊叹的现代艺术收藏行动。阿波利奈尔❷、莫迪利安尼❸、马克斯·雅各布❹和众多天才的涌现，把巴黎变成了世界轴心。第二年，狄亚基列夫❺打造了第一个俄罗斯芭蕾演出季。鲜艳的色彩，充满东方韵味和狂野气息的音乐、舞美和编舞，俄罗斯芭蕾一经推出就让整个法国上流社会激动不已。而普瓦雷则将所有这些艺术都融合到了他的时尚中。这位时装大师已经不仅是上流社会的供应商了，而是一面镜子，反射出了他的年代。正如他自己后来说的："我认为我对自己所处的这个时代最大的贡献，既不在于让生活变得更加多彩，也不在于让服装造型变得更加新奇。因为我在这方面所做的探索，即便没有我，也会有另一个人能做到。我为我的时代所做的贡献是，激发艺术家的创作灵感，为舞台剧设计服装，发现新的需求，并且满足这些需求。"

　　普瓦雷从东方传统中汲取灵感，用轻巧的包头巾代替巨大的羽饰宽檐帽。他设计了裁剪非常宽松的大衣，衣服上的图案灵感来自

---

❶ 帕尔默·怀特，《了不起的普瓦雷》作者，该书由 Payot 出版社于 1986 年出版。
❷ Guillaume Apollinaire，1880 年 8 月 26 日～1918 年 11 月 9 日。法国著名诗人、小说家、剧作家和文艺评论家，超现实主义文艺运动的先驱之一。——译者注
❸ 阿梅迪欧·莫迪利安尼（Amedeo Modigliani），1884 年 7 月 12 日～1920 年 1 月 24 日。意大利表现主义画家与雕塑家，表现主义画派的代表艺术家之一。——译者注
❹ Max Jacob，1876 年 7 月 12 日～1944 年 3 月 5 日。法国立体派诗人。——译者注
❺ Sergei Diaghilev，1872 年 3 月 31 日～1929 年 8 月 19 日。俄罗斯的艺术评论家、赞助人、芭蕾舞承办人和俄派芭蕾创始人。——译者注

伊朗的卡夫坦长袍。终于从紧身胸衣中解放出来的美人们，得以像雷卡米埃夫人❶和舍赫拉扎德❷一样，慵懒地斜卧在宽大舒适的贵妃榻上。图坦卡蒙❸墓葬的惊世发掘，《我的车美人》❹的火爆发行以及来自摩洛哥的纪念品，都为贵妇们休憩的小客厅渲染了浓郁的异国情调。有时你恍惚闻到了鸦片的气味，其实通常只是亚美尼亚香薰纸在燃烧。管它是什么，自由的气息在空气中弥漫。只有那些争取妇女参政权的英国女性被这些东方快车的幻象所感动。对于普瓦雷而言，东方风格不仅表现在服装、配饰中，也体现在奢华的金银丝提花面料和宴会装饰（在普瓦雷的影响下，波斯风格的宴会在当时的巴黎激增）中。东方风格的盛行也自然而然地带来了对东方哲学和文化的推崇。

❀

　　原来的工坊显得狭小拥挤了，于是时尚界的萨达纳帕拉❺搬到了位于昂坦（Antin）大道❻，由建筑师路易·苏❼为其量身改造的一

---

❶　Juliette Récamier，1777 年 12 月 3 日 ~ 1849 年 5 月 11 日。法国著名沙龙举办人，新古典主义的偶像。——译者注

❷　Schéhérazade，阿拉伯民间故事《一千零一夜》中的女主角，故事的讲述者。——译者注

❸　Tutankhamun，前 1341 ~ 前 1323 年，古埃及新王国时期第十八王朝的法老。其陵墓于 1922 年首次被发现并公诸于世，其中保存了 5000 多件令人惊叹的文物，包括服饰、家具、艺术品、车马武器等。——译者注

❹　*La Madone des sleepings*，法国记者、作家莫里斯·德科布拉（Maurice Dekobra）于 1926 年出版的小说，故事描述了一位年轻的寡妇乘坐卧铺列车旅行所发生的故事。小说一经推出即大获成功。——译者注

❺　Sardanapale，希腊神话中的人物，原型为新亚述帝国的最后一位伟大的国王亚述巴尼帕（前 669 ~ 前 627 年）。——译者注

❻　今天的富兰克林·罗斯福大道。

❼　Louis Süe，1875 年 7 月 14 日 ~ 1968 年 8 月 7 日。法国画家、建筑师、设计师。——译者注

座华丽的府邸中。"我让人照着我在凡尔赛宫看到的样子挖了一个花园……。刺绣式花坛就像地毯一样在小径中铺开。房子前有三级台阶，长达17米，在台阶的两头，各站了一只轻盈跳跃的青铜牝鹿，那可是我从赫库兰尼姆带回来的两件宝贝。"一楼铺着醋栗红地毯的会客室有十扇门可以通向室外一片鲜绿的草坪。二楼都是试衣间，里面都配有舒适的长椅、软榻，华丽的枝形吊灯和镜子，充满了贴心的小细节和迷人的气息。在此后的15年里，异国情调的巴黎生活品味在这座宫殿里以最优雅精致的方式展现。

普瓦雷的工作室外就是一座花园，园子里立着一尊阿佛洛狄忒❶半身像，而他的工作室内则是被木架子包围，架子上乱七八糟地堆满了各种土耳其长袍、印度纱丽、布列塔尼亚背心、路易十四时期的礼服、波兰裙、匈牙利绣花衬衫。普瓦雷夫人说："普瓦雷几乎从来不画效果图。在他进行创作的时候，地上会事先铺满绸缎、天鹅绒、真丝、羊毛等各种面料，一位模特站在巨大的镜子前，他的首席裁缝在他身边。他在一地的面料中反复甄选，最后从中挑出一块，把它裹在年轻的模特身上。"保罗·普瓦雷意识到时尚要走上街头就必须先走出沙龙。于是他策划了一系列活动，比如组织海外巡展，又比如让他的妻子和他美丽的模特们穿上他最前卫的作品招摇过市。

如果要选出一个最能代表他荣耀地位的时刻，那应该就是1913年香榭丽舍大剧院开幕之夜了。普瓦雷夫妇乘坐鱼雷型敞篷汽车抵达现场，立即引起轰动，现场闪光灯噼噼啪啪响成一片。普瓦雷夫人身上那件轻盈的大衣是可以两面穿的，黄金色和黑金色相间的条纹面料尽显奢华。

而普瓦雷最为人称道的大手笔是他组织的主题化装舞会，其中有一场叫作"第一千零二夜"。他用挂毯将府邸包围起来，这样路过的行人就无法窥视到里面的情形。门口负责接待宾客的是一组身穿燕尾服的老绅士，他们就像剧院的验票员一样，不苟言笑地仔细核对每一位客人的姓名。身份得到确认的客人分批次进入下一个房间，

---

❶ Aphrodite，古希腊神话中象征爱情与美丽的女神。——译者注

在那里有一个手持火把、佩带土耳其弯刀的半裸黑人将他们集合起来，并把他们带入一座迷宫。

他们首先进入一间庭院，地上铺满了沙子，院子里有几座喷泉，喷射而出的水落到陶瓷的盛水盘中，抬起头，是一张蓝金相间的顶篷。穿过庭院往上走几个台阶就看到眼前一座巨大的金色笼子。螺旋线条的铁栅栏里关着的是普瓦雷的挚爱，他美丽的太太。她被侍女们围绕着，她们为她吟唱原汁原味的波斯小曲。笼子里有精致的镜子、美味的冰淇淋、悠闲的鱼儿、叽叽喳喳的小鸟、漂亮的衣服和羽毛，后宫女王喜爱的一切消遣在这里都能看到。接着，客人们穿过一个房间，屋子里有一支水柱仿佛从地毯里喷射而出，落入一个虹彩的水晶盛水盆中。推开两扇大门，进入下一个房间，映入眼帘的是由印花或者刺绣抱枕堆成的色彩绚烂的小山，山顶上蹲着的是演员爱德华·德·马克斯❶。他穿着一件黑色真丝阿拉伯长袍，脖子上挂着一串由许多珍珠串成的长链。

脚下不停，继续往前，进入黑暗而神秘的花园。石板台阶和沙石小径都铺上了地毯，脚步声被消解，营造出完全的静谧。漫步至此的宾客都深受感染，不自觉地降低了说话的声音。刺绣式花坛中间立着一只白玉花瓶，掩映在树丛中的灯光在瓶身上投射出奇异的光影。一股细水从瓶口潺潺涌出，像极了波斯版画中的画面，几只粉红色的朱鹮围着它闲庭漫步，享受着水的清凉，沐浴着光的斑驳。几棵树上挂满了苹果大小的灯，泛着深蓝色的光；另一些树中则透出了浆果般的紫色亮光。这片绿荫就像是一座幽深的公园的入口，活蹦乱跳的猴子和鹦鹉在其中穿梭，带来了勃勃生机。

终于，在花园的尽头，大家看到了晚会的主人，他化身为皮肤黝黑的苏丹，蓄着白色的大胡子，手执一条象牙柄的鞭子。通向宝座的台阶上，他的妃子们玉体横陈，围在他脚下，似乎在等着承受他的怒火。幸运的宾客们都被分批带到这里，按照伊斯兰教的传统

❶ Édouard de Max，1869 年 2 月 14 日出生于罗马尼亚，1924 年 10 月 28 日逝世于巴黎。法国著名戏剧和电影演员。——译者注

向苏丹致敬。三百名贵客集结完毕，他从王座上起身，在妃子们的簇拥下，走向关着他的挚爱的笼子，还她自由。她像飞出囚笼的鸟儿一样逃离，他则快步追在后面，装模作样地甩着手上的鞭子。至此，餐会正式开启，演出拉开帷幕。隐藏在暗处的乐队将演奏音量控制到若隐若现，绝不破坏这醉人夜幕下低调奢华的基调。保罗·普瓦雷，现实版的了不起的盖茨比。

他的宴会还有其他主题。"国王的节日"中，他重现了路易十四起床的时刻；举办"酒神巴克斯之夜"的时候，普瓦雷夫妇租下了加布里埃尔设计的布塔德馆❶。后来普瓦雷还在自己的花园里建了一个室外剧场，由工程师瓦赞（Voisin）设计了一个充气结构的顶棚，以备不时之需。所有这些宴会都得到了杜诺耶·德·塞贡扎克❷、梵·邓肯❸、杜菲等当下最有名气的艺术家的支持，他们帮着做空间设计和服装设计，构思奢华的节目，想出了各种光怪陆离的新点子。

在媒体的争相报道下，这些奢华的派对变成了民众热议的话题。为了让话题保持热度，普瓦雷趁热打铁，请来保罗·伊里布❹根据他的服装创作版画。这些雅致脱俗的杰作被集结成册，全球发行，这就是今天的时尚产品目录的雏形。两年后，普瓦雷再次推出作品画册，这次的画作是由乔治·勒帕普❺创作的一系列彩色时装效果图。

保罗·普瓦雷的另一个成就是：早在 1911 年他就推出了自己的

---

❶ Pavillon du Butard，法国建筑师昂热·雅克·加布里埃尔（Ange-Jacques Gabriel，1698 年 10 月 23 日 ~ 1782 年 1 月 4 日）为路易十五所建的一座庭院，是凡尔赛花园中的一部分。——译者注

❷ André Dunoyer de Segonzac，1884 年 7 月 7 日 ~ 1974 年 9 月 17 日。法国画家、平面设计师。——译者注

❸ Kees Van Dongen，1877 年 1 月 26 日 ~ 1968 年 5 月 28 日。荷兰的野兽派画家。——译者注

❹ Paul Iribe，1883 年 6 月 8 日 ~ 1935 年 9 月 21 日。法国装饰艺术风格插画家、设计师。1931 年与可可·香奈儿相恋，直到他生命最后一刻。——译者注

❺ Georges Lepape，1887 年 6 月 26 日 ~ 1971 年 2 月 15 日，法国著名时装插画师、海报设计师、插画师。——译者注

香水，是时装设计师中的第一人，比香奈儿早了10年，比朗万早了15年。他在朋友米迪（Midy）博士的制药实验室里看到有机化学的快速发展，感到非常兴奋。在这之前，植物萃取物主要以花卉精油的形式被使用，而有机化学的进步使得将植物萃取物合成重组成为可能。他像淘汰粉嫩的颜色一样淘汰了香甜的气味，研发出一些更有特色调性、更有个性魅力的香味。他马上着手建了几个实验室，之后又添了一家玻璃器皿厂和一家纸板厂，用于生产由当时最有才华的平面设计师和插画家创作的包装。以他女儿名字命名的罗西纳（Rosine）公司就此诞生了。这在今天是一件顺理成章的事，但在当时却是一项革命性的创举，彻底改变了法国的香水业。普瓦雷将香水比作像奢华首饰一样令人着迷的馈赠佳品，并且将它与时装创作相结合，让它成为服装的自然延续。他的时尚霸主地位得到了进一步巩固。

怀着空前的征服心，普瓦雷携夫人于1913年9月启程前往美国，9月20日抵达纽约。他并非第一个踏上这片土地的法国时尚大师，因为早在1910年，帕坎夫人就已经在这里举办了盛大的时装巡演。普瓦雷在纽约宣布将推出一部由他执导的关于模特走秀的电影（然而这部电影后来却因为有一些让人感到不适的、过于挑逗的服饰，而被美国的审核机构禁止上映）。24日下午，他在哥伦比亚大学做了一场讲座，晚上在广场酒店，面对精选的贵宾做了一场演说。第二天，他又去布鲁克林的普瑞特艺术学院开讲。在一场主题为"波斯花园——普瓦雷、朗万、卡洛时装展"的展览上，邀请函上印着普瓦雷的一句名言："太阳每天从东方升起，所有的美学革命也是在东方孕育。"

他的讲话非常现代："在欧洲，我们很早就相信时尚和女子都是善变的。我们都知道，今天的正装礼服到20年后就会变成化装舞会的服装，而我们祖先的礼服在今天看来是滑稽可笑的。唯一能逃避这一自然规律的，就只有军装了。不要以为每一个新的时尚都是一种全新服装类型的最终胜利，并且一定会取代被我们所抛弃的服装。这不过是一种演变。如果单就高级定制服装而言，这是一种新的美学表达，力求展现在旧时的服装中没有被强调的女性魅力。时装设计师应该善于并且习惯于预测会影响服装功能改变的流行趋势。在巴黎的一场正式阅兵中，曾经展示过一些百年前的军装。在这样的场合下，这些服装并没有被当作是戏剧服装，但是如果把它们和民间服装放在一起，大众的敬意会全部转化为爆笑。"

❧

　　普瓦雷还向山寨品发起了进攻，他创立了"高级定制服装保护委员会"，得到了深受其害的同行们的拥护。他说，"美国买手现在用的手段就是剽窃创意，入侵设计工坊。"然而，在他所投入的所有事业中，最感人、最有爱的非玛蒂娜学校（École Martine）莫属。"我曾梦想在法国开启一场思想运动，来普及在室内装饰和家居设计方面的新时尚。"

　　1911 年他招收了几个有艺术天赋，但是家里无力负担其专业学习的少女。这个名为玛蒂娜（普瓦雷另一个女儿的名字）的机构，最大的特色在于完全的创作自由。在一位女教员的带领下，这些女孩去植物园采风、在卢浮宫观摩、去巴黎的温室观察或者去乡村体验生活。在工厂里，杜菲向她们展示了修色技艺和面料印花工艺。回到工作室后，她们就从这些田野考察中汲取灵感，创作水粉画，有时一天多达 300 幅，挂满了工作室。"她们给我带来了很多惊喜，比如金色麦田中开满了雏菊、虞美人、矢车菊……手法自然、淳朴……我的角色在于激发她们的活力和兴趣，但是绝不左右或者评判她们的创作，力求保护她们最原始的灵感源泉。"

　　一年的时间，玛蒂娜的学员们就创作了极其丰富的作品，因此普瓦雷决定在福布尔圣奥诺雷（Faubourg-Saint-Honoré）路开一家精品店，专门销售由他的学员们创作的地毯、纺织品、墙纸、花瓶、灯、瓷器等产品。柏林和费城的大商场里开设了玛蒂娜专柜，而在伦敦则开了一家特许经营店。由这位时尚大师亲自录取并培养的玛蒂娜学员们在成为母亲之后仍然对他保持着很深的感情。即便后来他的时代已经结束，普瓦雷依旧和她们保持着联系。后来他持续策划大量的项目来复制这一即便今天最先进的教学法都无法否认的成功经验，直到生命最后一刻。

1914年战争的爆发打断了他高歌猛进的步伐，并且夺走了他的一切。被招募为二等兵的他关闭了自己的时装公司，把自己的房产都改造成了诊所。他试图解释自己并不懂缝纫，但是无济于事，他仍然被指派担任裁缝一职。也因此他免于奔赴前线。于是，他设计了一款新的军大衣，可以节约60厘米的面料。即便得到了克列孟梭❶的支持，他的设计要投入使用还是要走那些荒谬的流程，并且在这个过程中遭遇了很大的行政阻力。普瓦雷承认，"相较于服从命令，我更习惯于发号施令。"在这期间，他还花时间按照自己的风格，为在米西亚·塞尔特❷组建的救护车队做司机的年轻的让·科克托做了一套职服。

❀

时尚与战争是天生犯冲的，而冲突带来了变革。战争期间男性在前线战斗，女性在后方生产。和平重新到来以后，那些职业女性不再认可普瓦雷所塑造的"车美人"的那种梦幻风格。

在战争期间，很多高级定制时装屋照常营业，比如由女性设计师主导的朗万、谢吕夫人、卡洛姐妹和维奥内，由男性设计师主导

---

❶ Georges Clemenceau，1841 年 9 月 28 日 ~ 1929 年 11 月 24 日。政治家、新闻记者，人称"法兰西之虎"或"胜利之父"，曾任法兰西第三共和国总理。——译者注

❷ Misia Sert，1872 年 3 月 30 日 ~ 1950 年 10 月 15 日。波兰血统的钢琴家，曾在巴黎主持艺术沙龙。她是众多艺术家的赞助人和朋友，也是香奈儿的好友。——译者注

的杜塞、雷德芬、沃斯等。他们分走了原来属于普瓦雷的客户群。不仅如此，帕图、香奈儿、勒隆、莫利纽克斯等新秀也正在崛起。可可·香奈儿很快就输出了自己的时尚准则，并且树立了精致简约的风格。她仅用几个月的时间就淘汰了普瓦雷，把"车美人"变成了穿着短裙无拘无束的现代女性。短发的假小子造型和装饰艺术风格的家具一样，都让人无法抗拒。

尽管如此，普瓦雷还是对未来充满信心。战争结束后，他重启了自己的三家公司：玛蒂娜、罗西纳和高定时装屋，并且在他的花园里打造了一个新的梦幻乐园，名为"绿洲"。它像是一座夏季露天舞场，举办了很多奢华的晚会。然而巴黎对此并不买账。在爵士乐流行的年代，他似乎已经落伍了，而他本人也意识到了一点："从创新作品中获益的并非总是革新者本人，因为新事物的成熟是缓慢的，或者换言之，公众需要长时间的思考才能理解它。"

他在 1925 年选用灯芯绒面料创作的第一套女式西装长裤套装就面临了这样的情况。不久，他就感受到了来自债权人的压力，让人完全无法理解的是，他投入了一些对他而言全新领域的创作：为美丽的斯皮内利（Spinelly）设计舞台剧服装，为马塞尔·勒赫比尔（Marcel L' Herbier）执导的电影《无情的女人》（L' Inhumaine）中的演员乔治特·勒布朗（Georgette Leblanc）设计连衣裙，出版了一本免费发放的豪华广告画册以推动法国的奢侈品产业（出发点是相当好的，但是带来的财政赤字也是不可忽略的），在各种时尚杂志上发表文章和画作。普瓦雷继续发展他的创新理论："不要管那些所谓流行，穿最适合自己的衣服！"

他去美国举办了巡回演讲。将自己的名字授权给袜子手套生产商和杜邦公司使用，这就是如今的"特许经营权"的前身。接着又出版了一本图文并茂的食谱《107 个食谱及珍馐美馔》（107 recettes ou curiosités culinaires），书里有一个沙拉的食谱出自这位"新穷人"。新的理财师迫使他搬离自己改造的豪华府邸，搬到了位于香榭丽舍环岛广场的一间公寓里。这只受伤的"公牛"在 1925 年著名的装饰艺术博览会上发起了最后一战，将自己的名字留在了装饰艺术风格中。他在亚历山大三世大桥下花大力气布置了三艘游艇：爱情号、快乐号、管风琴号，以及一个旋转木马，雕刻的街景代替了木马。

船上的14幅绘画作品出自杜菲之手，装饰品、纺织品、家具、香薰瓶是罗西纳和玛蒂娜公司的出品。他为了重振业务而采取的这一尝试并未被理解和接受，变成了一场彻头彻尾的财务灾难，并最终导致生意的彻底失败。银行家们对他说："您的那些瓶瓶罐罐，那些新鲜玩意儿我们都不要，它们太贵了。我们是银行家，不是艺术家，我们要赚钱！别再弄这些怪里怪气的东西了，我们要的是寻常的但是可以卖给所有人的产品。我们有我们的方法，我们可不会乱花我们的钱。"另一个人对他说："您的短裙裤简直是胡闹，我们可不要这样的产品，这会激怒客户的。您设计的有些款式太滑稽了，我们都没办法把它们展示出来。"还有一个人则禁止他继续创作新的家具和挂毯的设计图，对他说："得先把我们的库存都卖了！"他再也无法接近那些生产商，也不能再给任何人灵感。所有员工都接到了切断和他一切联系的命令。

❧

普瓦雷躲到了巴黎郊区的梅兹。他在那里有一座请著名的立体派建筑师马莱·史提文斯（Mallet-Stevens）设计的尚未完工的未来主义城堡。他开玩笑说："我拥有唯一的现代废墟。"被全世界抛弃的他重新投入了绘画。1930年，文艺复兴画廊展出了他创作的24幅布上油画，得到了媒体的一致好评。出版商贝尔纳·格拉塞（Bernard Grasset）支付给他一笔预付款，请他撰写自己的回忆录。在这部名为《给时代换新装》的佳作中，普瓦雷展现了自己的幽默感和面对逆境时的智慧："我曾是很多新事物的发起人，或者我更愿意说，我是点燃了很多火炉的那一把火，但是这些火炉离开我之后就灭了，或者被灰烬覆盖。我并不因此而心生怨怼。对于不再富有这件事我已经习惯了。不习惯的应该是我的税务官。"

在公司破产、他的同名品牌被剥夺之后，保罗仍不死心，在女儿玛蒂娜的帮助下组建了一家新公司，名为帕西（Passy）10-17（数字是他原来的电话号码）。然而还是以失败告终。柯莱特❶邀请他在舞台剧《流浪女伶》中和她演对手戏。演出获得成功，他赢得了尊重。接着，这位设计师又得到了达尼埃尔·达里厄❷主演的电影《潘图尔》中的一个角色。这时，巴黎春天百货的董事皮埃尔·拉吉奥尼（Pierre Laguionie）向他伸出了橄榄枝，请他为客户设计几款成衣，并且向他支付了超过 20 年的预付款。这是一个以全新模式推出服装款式的长期合作平台，然而也没能逃脱夭折的命运。

~❀~

面对考验，保罗·普瓦雷仍然保持自己的优雅。1934 年一个阳光灿烂的夏日清晨，这位昔日的王者走进巴黎九区的区政府登记失业。面对冲他不停拍照的兴奋的媒体，他展示了自己的失业卡和失业金：“对于像我这样的艺术家，这座城市连一席之地都吝于施舍，对此我深表同情。”在巴黎高级定制时装公会的一次会议上，他曾经的助手罗伯特·皮盖❸提意为他提供年金。他曾经的同事和朋友让娜·朗万、吕西安·勒隆、玛德莱娜·维奥内和艾尔莎·斯基亚帕雷利都大力支持，甚至坚决主张提高补助金额。但是有一个人对这一提案强烈反对：公会主席雅克·沃斯。

---

❶　西多尼·加布里埃尔·柯莱特（Sidonie–Gabrielle Colette），1873 年 1 月 28 日 ~ 1954 年 8 月 3 日。法国女作家、演员、记者。诺贝尔文学奖提名作家，龚古尔学院首位女主席，法国首位享有国葬之礼的女作家。被誉为 20 世纪法国最杰出的女作家之一。《流浪女伶》（*La Vagabonde*）是她写的小说，并由她本人导演并出演舞台剧。——译者注

❷　Danielle Darrieux，1917 年 5 月 1 日 ~ 2017 年 10 月 17 日。屡获殊荣的法国舞台剧、电视和电影演员、歌手和舞蹈演员，法国伟大的电影明星之一。——译者注

❸　Robert Piguet，1898 年 5 月 6 日 ~ 1953 年 2 月 22 日。法国著名服装设计师，迪奥、纪梵希都曾在他手下接受指导。——译者注

为了赚点小钱，普瓦雷尝试了各种方式。在夏莱诺曼德餐厅，这位曾经的富豪为一些仁慈的宾客朗诵拉封丹的诗，比如《知了和蚂蚁》。他曾经的模特雷吉娜在剧院广场拥有一家小餐馆，保罗先生亲自装修了其中的阁楼。作为交换，他每天都可以在这里接待他最好的朋友。柯莱特、皮埃尔·拉扎雷夫❶、弗朗西斯·卡尔科❷还成立了普瓦雷朋友联盟。

在"二战"法国被占领时期，这位从未被打败但是变得更加平和的老人隐居在圣特罗佩，仍然没有什么生活来源。他只是不知疲倦地绘画。1944年在夏邦杰（Charpentier）画廊为他组织了一个很棒的画展。科克托在展览的前言中不吝赞美之词："看看他，就像是在暴风雨中作画的幽灵船的船长。普瓦雷向这座生他养他的城市的血液中注入了缤纷的色彩……"

几周后，在诺伊利（Neuilly）的诊所里，他的女儿们，以及代表着他的梦想的玛蒂娜学校的毕业生们陪伴在他床边。4月28日，他终于安详地走了。在此之前，他也没少哀叹护士服带来的悲伤气氛。

这位催化了时装、装饰和生活艺术的流行趋势演变的大师在贫困潦倒中离开人世，而他的作品和影响力也都被遗忘。作为承上启下的关键人物，保罗·普瓦雷的命运可谓跌宕起伏，他一方面代表

---

❶ Pierre Lazareff，1907年4月16日~1972年4月21日。法国记者、报社老板和法国电视台节目制片人。——译者注
❷ Francis Carco，1886年7月3日~1958年5月26日。法国著名作家、诗人、记者。——译者注

了19世纪第三代伟大的高级定制时装大师，同时也是当代时装设计师的先驱，在时尚发展史之外自成一体。或许他只是错生在了一个过于老派的年代。

让·帕图

（Jean Patou）

　　还有比让·帕图听起来更像法语的名字吗？这三个音节代表了两次世界大战期间魅力四射、无忧无虑的社会生活。他出生于1887年，服兵役至1918年，在1936年离世。他49年闪耀的人生轨迹在疯狂年代❶占有独一无二的地位。

❀

　　事实上，他肩负着两个角色。一方面作为设计师，他做出的每一个选择都准确无误。他力排众议推出了精致简约的风格，因为他感觉时机成熟了。他将纯净的线条、几何图案相结合，兼顾功能性和奢华感。另一方面作为管理者，他特别睿智。他是第一个将拥有超过1000名员工的时装屋管理得有条不紊的人。在艺术家和工业家的双重身份之外，他在公关方面也天赋异禀。

　　如果说保罗·普瓦雷对广告的敏感度不亚于这位大老爷肆意挥霍的程度，可可·香奈儿天生善于引导时髦的走向，那么让·帕图在市场营销方面则有着与生俱来的天赋，他很快就明白，为了吸引客户，他也应该营造话题。

　　他推出了世界上最贵的香水，邀请美国人做模特，还给最当

---

❶ Les Années folles，指20世纪20年代，亦称咆哮的20年代。——译者注　　037

红的明星设计服装，从密斯丹格苔（Mistinguett）到波拉·尼格丽（Pola Negri）、约瑟芬·贝克（Joséphine Baker），再到露易丝·布鲁克斯（Louise Brooks）。他开发了一些特有的色调，比如"大丽花黑"，发明了针织长袖开衫和套头衫两件套。他为网球冠军苏珊·朗格伦❶设计的服装是运动装的鼻祖。他热衷于赌博、飙车和美女。他是一个忙碌的高定设计师，深受包豪斯和《未来主义宣言》的影响。对他来说，优雅是全天候的乐趣。

〰️

让·亚历山大·帕图于1887年9月27日出生于巴黎一个富裕家庭。他的父亲查理在埃南库尔莱阿格❷（Énencourt-Léage）经营着一家知名的皮革公司。他专注于生产用于制作精装书皮的最上乘的皮革。他还和一个合伙人共建了一家骨胶制造厂，起初生产动植物油脂，后来又生产用作化妆品成分的鲸蜡醇。

小让和妹妹玛德莱娜相差7岁。兄妹俩在瓦兹度过了平静的童年。让和妈妈让娜的关系特别亲。在他后来塑造的爱炫耀的人设之外，他一直都保持传统的家庭观，是一个模范儿子。只要他那位坚守传统、决不放弃巴斯克地区祖传下来的朴素服饰的老母亲一声召唤，他会立即放下所有的广告行为。

18岁的他从博维中学毕业了。尽管他暑假都会在油鞣车间工作，对于被染成精美色调的各种皮革——海豹皮、山羊皮、小牛皮等都了然于心，他并不想继承父亲的事业。令人作呕的气味、腐蚀性的产品、费时费力的鞣革工作都不是他的"菜"。为了逃避父亲的命令，他在1905年应征入伍，成为志愿军。1906年，他被任命为下士，

---

❶ Suzanne Lenglen，1899 年 5 月 24 日 ~ 1938 年 7 月 4 日。法国网球运动员，女子网球历史上最伟大的运动员之一，是第一位转为职业网球选手的女子网球运动员。——译者注

❷ 位于法国北部瓦兹省的一个市镇。——译者注

1907年为中士，1908年9月25日退伍。他想和当时的女朋友维奥莱特·席斯格尔（Violette Schisgall）结婚，然而她却拒绝了他的求婚。

❀

于是他选择在繁忙的工作中寻找安慰。他先加入了叔叔的一家皮草公司，在那里他了解了狐皮、黑貂、紫貂、水貂等各种皮草，以及用来装饰外套领子和袖口的白鼬皮、羔羊皮、鼹鼠皮、毛丝鼠皮。他在这里最重要的收获是理解了裁剪的重要性。1910年，他低调地成立了第一家高级定制时装屋，并在里面加了一个皮草工坊。然而这一尝试却没有得到家族的财务支持。他并不气馁，在1911年又开了一家新公司，这次比上次更为成功。1912年，他卖了这家公司，收购了位于香榭丽舍环岛4号的帕里（Parry）公司。这家公司经营下午装、晚装和皮草。他的隐名合伙人玛丽·安托瓦内特·索讷维尔（Marie-Antoinette Sonneville）是他的情人，他们的爱巢位于乔治五号大道21号的一套舒适的公寓。

❀

这位后来因为极其简约的设计而闻名的年轻人，对那个时代裙摆曳地、装饰浮夸，穿上后基本只能待在令人窒息的闺房而很难走上大街的服装抱有怎样的态度呢？求新的欲望通常在一季季新推出的越来越复杂的系列和色彩中得到满足。服装设计师们选用最贵的面料，而且必须柔软，能展现漂亮的折裥，以展示当时流行的最飘逸的线条。冬天是皮草、天鹅绒和羊毛的天下。夏装和晚装占主导的是轻薄的棉、麻、丝质面料，名字也都优美贴切：平纹纱、流星纱、珍珠纱。紧身的裙子、层叠的蕾丝、笨重的首饰、夸张的帽子：服装的设计还是更注重装饰性。没错，这时的保罗·普瓦雷勇于创新，让娜·帕坎令人惊艳，但是穿帕图的女子还没有诞生。

而且他那时既没有和时尚大师们竞争的野心，也没有做时尚的愿望。但是他也有给一些演员和上流社会的交际花设计服装。他总能将长及脚踝的各种高腰裙、裹身裙、紧身裙和督政府时期风格的薄纱巾和褶皱袖完美结合。他钟爱简约的风格、纯净的线条，而这也在将来成为他的标签。然而他还是在当时突然涌起的对时尚的强烈欲望驱使下创作了一款裙裤：下装是蓬松的白裤子，但是在褶裥的掩映中仍然像是裙子，上身是一件饰有白色勃兰登堡绦子排扣的蓝背心，红色的小领子带来了一丝东方气息。他的妹妹玛德莱娜自告奋勇扮演他的灵感缪斯。他风流倜傥的举止、1.78 米的身高、俊朗的外形、优雅的气质，以及脚上那双在勒皮克街（Lepic）的多克索瓦（Dauxois）店里定制的皮鞋，都成为最好的广告。

❧

　　1913 年，一位美国买手的出现使得让·帕图的才华得到了认可。他来的时候只想买两三款冬装，最后却带走了整个系列。帕图借着这个机会把公司卖了，并决定在圣弗洛伦丁（Saint-Florentin）路 7 号创建以自己名字命名的新公司，并定于 1914 年 8 月 1 日开业。这个场地的年租金为 5.6 万法郎，靠近和平路、马克西姆餐厅和丽兹酒店，看起来非常适合迎接成群结队的社交名流。一切准备就绪，就等第一个系列发布了。

　　然而，这家新公司真的是生不逢时。因为奥地利皇储在萨拉热窝被刺，欧洲各国的大使馆群情激昂。奥地利向塞尔维亚发起了战争，德国向俄国宣战。1914 年 8 月 2 日，法国也被卷入战争。帕图收到了重返 269 步兵团的命令。一开始担任军需处军官，1914 年 9 月被提拔为中尉，派遣至 139 旅参谋部担任联络官，直至 1915 年。他在法国前线待了 2 年，阿尔多瓦的战壕让他非常厌恶。之后他转战东线战场，加入了 148 步兵团。

　　他从马赛出发，于 1916 年 4 月 1 日登陆萨洛尼卡，进入希腊山地战区。他的个性让他的上级都拿他没办法。他连军装都是精致考究的，在部队里显得特立独行。他从前线给家里寄去自己画的草图和面料创意。在他列给母亲的包裹清单里，明目张胆地写着蜡、鞋刷、鞋油、滑石粉、皮革去污油。优雅从发丝武装到脚趾。

安纳托利亚的风景为他后来设计如首饰般精美的佩普洛斯风格的礼服以及他那些充满雕塑感、美到窒息的服装提供了很多灵感。

1919年，他以上尉军衔退役。经过战争的洗礼，他变得热衷于冒险，且善于煽动人心。他的勤务兵，阿尔萨斯人莫里斯·勒博尔泽（Maurice Le Bolzer）后来担任他公司的人事总监。战争中持续的高压对他的影响一直延续到了战后，他用冒险的生活来麻痹自己，将享受当下作为他的人生哲学。5年的部队生活之后，他在1918年12月登陆马赛。身无分文的他立即启程前往圣雷莫享受美丽人生。他从法国副领事那儿借来了一切可以抚慰精神创伤的享受，豪华酒店、知名餐厅、美酒佳肴，还有一位年轻的舞台剧演员作伴。他将享乐主义发挥到了淋漓尽致。

1919年初，让·帕图终于回到了面目全非的首都，并且立即为公司的生存而努力战斗。战争期间，他的所有客人都流向了其他时装屋。他的退伍金早就被他挥霍完了，但是他仍然努力让自己的工坊起死回生。他雇用了40名左右的工人，还让人把一楼和楼上17世纪风格的试衣间重新布置，将墙刷成灰色，配上黑色靠背的小椅子。

他急切地捕捉周围新的审美和品味。他在丽兹酒店吃午餐，去仙乐斯餐厅用晚餐，到普吕尼埃餐厅享饕餮，又前往多维尔和比亚里茨激发自己的创造力。在经历了时尚和战争无法调和的5年之后，被迫走上工作岗位的女性急需能适应新的职业人身份的服装。再见了紧身褡、鱼骨撑、假胸垫以及所有夸张的服饰。腰线消失了，胸被藏了起来，头发剪短了，女子想让自己看起来和男性一样。

一个新的世界诞生了：汽车取代了车马随从，及膝无袖连衣裙取代了长拖裙。1914年前的世界，女性高傲、僵硬，她们被丈夫带到沙龙、剧院、赛马场或者舞会炫耀，她们就像是洋娃娃，只是一个豪华的装饰，在成为母亲之后，她们变得更加安静、顺从。战争和疯狂年代将为这些女性带来自由，让她们可以自在跳舞，自娱自乐，享受生活。

她们抛弃了奶奶的凸花花边，穿上针织运动连衣裙、短款晚装裙、水手裤，从白天到晚上都能让人保持优雅的针织小套装，1919年的女性表达的不仅是她们对新时尚的喜爱，更是对新生活的渴望。

势不可挡的三人组"朗万—维奥内—香奈儿"推出了短发的"假小子"风格，舒适方便的低腰短裙一统天下。让·帕图也加入了这场游戏。因为浪潮日益高涨。在混乱不明的局势下，服装设计师们必须自寻出路，走出困境。这时迎来了爵士乐队、跨大西洋巡航、速度的提升以及疯狂年代 。节奏变得越来越强。活在当下的享乐主义也推动了没有历史记忆的新时尚的发展。一位作者讽刺地写道："再也看不到兜帽了，连宽檐帽也越来越少。"

❦

帕图很快就跟上了新的节奏。他用了5年时间让自己的名字在时尚界占有一席之地，到他真正成名的1924年，他已经37岁了。1919年他设计了一款上身偏长、下身搭配著名的钟形裙的"牧羊女裙"。这些服装成为初入上流社会社交活动的少女们的经典之选。1920年，他推出了更窄的半身裙，以及长及脚踝的直身连衣裙，裙子由裁片拼接而成，很多饰有荷叶边。为了给服装增加一抹新意，他和香奈儿不约而同地想到了使用淳朴的俄罗斯刺绣，这是由一大批流亡到巴黎的俄国流亡人士很高兴地接下的刺绣的活儿。

他和俄国大公夫人玛丽亚·帕夫洛夫娜❶成为密友只是机缘巧合吗？他的1920 ~ 1921系列充满了斯拉夫风情，裙子上是层叠的刺绣

---

❶ Maria Pavlovna，1854 年 5 月 14 日 ~ 1920 年 9 月 6 日。德国梅克伦堡—什未林大公弗里德里希·弗朗茨二世的女儿。1874 年，玛丽亚和俄国沙皇亚历山大二世的三儿子弗拉基米尔大公结婚，成为大公夫人。——译者注

荷叶边，灰底的波雅尔❶风外套上也满是色彩鲜艳的刺绣。这些服装的线条仍显笨拙，但是这些精美的刺绣却赋予了它们别具一格的吸引力。一款名为"恶之花"的大衣大获成功，那是一件焦糖色的丝绒大衣，后背绣着花朵。1922年向巴克斯特❷致敬的服装系列中有几款大受欢迎："萨达纳帕拉"（褶裥长裙外搭绣着黑色狐狸的晚装斗篷）、"清晨"（上身是一件皮草领的格子外套，下身是直身裙）、"卡丽娜"（鸡尾酒裙）、"中国之夜"（刺绣和饰珠的丝绸）以及"许墨奈俄斯❸"（镶嵌长项链的喇叭袖婚纱）。

每一间时装屋都有自己的运作模式和固定供应商。很多公司以固定付费的形式购买设计理念，但是制板师却是每家公司都必须雇用的，她们大都是在当地定居的妇女。帕图则和一家真正的绘画工作室开展合作。在此基础上，他扮演着全能创作者的角色，设计师的每一张设计稿他都会做出修改。每次发布会前的几个月，他会给设计团队一些面料小样和刺绣样品，并且针对服装风格和色彩提出一些他想要的明确的设计方向。在此基础上开展的研究成果会被不断修改，直到完全满意为止。选中的画稿才会被交付制作。为了推出一个300款的服装系列，在做出最终筛选之前，他通常需要创作600款。

和让娜·朗万一样，他很快建立了一间面料库，而这也将成为他最佳的灵感源泉。他也和一些纱线厂合作，比如著名的里昂丝绸

---

❶ Boyard，公元10世纪~17世纪古罗斯和俄国大土地占有者，拥有世袭领地的大封建主阶层。——译者注
❷ 莱昂·巴克斯特（Léon Bakst），1866年1月27日~1924年12月28日。俄罗斯画家、舞美设计师和服装设计师。他是谢尔盖·狄亚基列夫朋友圈和俄罗斯芭蕾舞团的成员，创作了大量充满异国风情、色彩鲜艳的舞台和服装。——译者注
❸ Hyménée，古希腊神话中的婚姻之神。——译者注

制造商比安奇尼·费里埃（Bianchini-Férier）或者罗迪埃（Rodier）。包袋、首饰、别针、鞋扣等配饰大都在外采购。在这个几乎是被女性占领的世界里，他很懂得如何将个人魅力投射到他的员工和模特身上。

❀

1922年，随着他那些带有装饰艺术风格裙子的推出，他的个人风格也逐渐明朗了。他将米色定为流行色，而他这一季款式最重要的特点是加入了几何形褶裥，并且凭借其精湛的裁剪，既增加了穿着者的活动自由，又不显宽阔臃肿。这种形似古巴比伦庙塔的褶裥非常前卫，*VOGUE* 杂志在介绍他的一款卷毛羔皮镶边的棕色粗羊毛大衣时，说它几乎带着清教徒般的朴实无华。

订单接踵而来，帕图很快就用赚到的钱在费桑德里路55号买下了一栋府邸。建筑师路易·苏和画家安德烈·马尔将自己的现代风格注入这座房子，使用了一些非常男性的颜色：护壁板是棕色的，沙发的真丝垫是黑色的。没有花哨的装饰，只有利落完美的线条。壁炉、大理石浴室和鸡尾酒吧台为整座房子奠定了别致奢华的基调。这里很快就举办了几场著名的招待会，被提拔为公关总监的艾尔莎·麦克斯韦（Elsa Maxwell）为当时的知名杂志提供了各种物料，足以描写一个成功故事。她为帕图打造了一个精力充沛的形象，热爱豪赌，经常驾着他的运动型汽车或者汽艇出入蒙特卡洛、夏纳和比亚里茨的赌场。他是一个充满魅力的斗士，有高挑的身材、栗色的头发、清澈的眼睛。他永远风度翩翩，黑色西装三件套搭配翻领白衬衣，皮鞋擦得锃亮，土耳其香烟从不离手。

这个形象舍弃了帕图的文学修养，而仅仅保留了他将上流社会生活和工作紧密结合、品味卓越的特征。帕图风趣幽默，充满吸引力，男女通吃，女人臣服于他的魅力，男人则折服于他坦率的性格。他思如泉涌，又热衷于各种娱乐活动和赛车。他那80套量身定制的西装为他赢得了最优雅的美誉，美国杂志被他的优雅和随性打动，将他捧上了天，称他为"欧洲最优雅的男人"。他也是法国第一个穿上双排扣燕尾服的人。

❋

在经过3年研究之后，帕图在1924年推出了取材于运动服装的新风格。这种独一无二的服装线条很快就赢得了成功：运动的概念、纯净的色彩、自由的身体，无不凸显了时代特征。经历了巨变的女性不再是温室娇嫩的鲜花。她们喜欢在泳池和大海中畅游，热衷于在阳光下滑雪。古铜色的肌肤成为标配。帕图的客人们也许从来没有踏足过网球场或者高尔夫球场，但是她们会穿上他的衣服，让自己看起来像是运动健将，哪怕实际上她们最多就是走几步路去丽兹酒店。

每个女人都想变成网球冠军苏珊·朗格伦。当她穿着一条长度刚过膝盖的百褶裙，外套白色无袖羊毛开衫，头上绑着一条橘色发带出现在温布尔登球场上的时候，场边的贵妇们惊呆了。多么鲜活的广告！"网球界的尼金斯基❶"变成了国际巨星，而且最大的受益者则是帕图。每一个打网球的姑娘都想要"朗格伦束发带""朗格伦连衣裙"。同年，一件西瓜红的全棉运动外套给他带来了真正的成功。这件外套上有白色的绗缝，做出麦尔登呢的效果，配有黑色绉绸翻领。

面对VOGUE杂志的特派记者，这位设计师揭开了这个行业的神秘面纱："您看这件开衫，在髋部收紧，这样抬起手臂的时候，衣服是不是就不会往上跑了？朗格伦这一季穿的就是这款开衫，搭配白色双绉绸或摩洛哥绉纱的百褶裙。您也看到，我很喜欢玩对比。在回归更加女性化时尚的同时，也会伴以非常典型的男性元素。我的

---

❶ Vaslav Nijinski，1889年3月12日～1950年4月8日，波兰裔俄罗斯芭蕾演员和编导。被誉为20世纪芭蕾史上"最伟大的男演员"。1918年因精神分裂症而退出舞台。——译者注

羊毛套装有一些有趣的小细节，有些配着小领子，领子上却装饰着大大的蝴蝶结，有些则是高领。"

帕图的特点在于纯粹的线条、几何图案或者立体派的图案、极强的实用性同时又不失奢华。他专注于从蓝色到白色过渡的色调，以及深浅不一的卡其色，他的时尚从不卖弄炫技。帕图的设计使得毛线衫不仅可以日间穿着，只要系上一根精致的腰带，就可以摇身一变成为晚装。他精心设计的简约风格总能给人带来惊喜。

1923年底，帕图进一步完善了他的运动装风格。他直接借鉴板球运动员和赛艇运动员的上衣，推出了用同样的条纹面料制作的运动上衣。1924年他推出了一套由毛线衫、丝巾和双绉百褶裙组成的图案相呼应的套装。还有在色彩和图案上与之配套的包袋和帽子。这套服装一经推出，立即成为销售冠军。穿帕图的女人就像是从菲兹杰拉德❶书中走出来的人物。所以他成为这位作家的夫人泽尔达的设计师也是顺理成章的。

❈

帕图的另一个天才想法是，将自己的姓名首字母设计成图案用在服装上。因为他很敏锐地察觉到，在他的客人中有一部分渴望彰显自己的暴发户和新贵，希望能炫耀自己穿的服装的品牌和档次。他也发现，他名字的缩写"JP"能给单色的毛线衫增添优雅气质。香奈儿和很多其他设计师很快就明目张胆地抄袭了他的这个主意。

他还有其他让人眼前一亮的营销方案。比如1925年1月，他在位于圣弗洛伦丁路的公司一楼大堂里开辟了一个运动专柜，销售专门为滑雪、高尔夫、垂钓或海滩活动设计的服装。他的泳装风靡一时：这款针织泳装为了防止透明而织得比较厚，并用皮腰带收腰。

❶ 弗朗西斯·斯科特·基·菲茨杰拉德（Francis Scott Key Fitzgerald），1896年9月24日~1940年12月21日，美国著名作家、编剧。代表作：《人间天堂》《了不起的盖兹比》。——译者注

他的阔腿裤搭配漆皮小凉鞋的沙滩装也走在潮流尖端。于是他顺势先后在多维尔、比亚里茨（他还在那里置办了一座华丽的别墅）、戛纳和蒙特卡洛开设了专卖店。不久后，他与双胞胎杂耍歌舞剧明星桃丽姐妹❶达成合作，她们在生活中的服装全部由他独家提供。这对在舞台上穿着亮片和羽毛服饰，手腕、脖子和耳朵上都带着真钻石的双人舞蹈组合在巴黎赌场大获成功，是记者们的宠儿。她们为帕图打开了在美国的知名度。

他追求现代风格，希望自己是潮流的引领者而不是追求者：他以自己独特的方式在高级定制时装的各个领域闪耀光芒。他重视色彩，选用最前卫的面料，将皮草部门放到战略性重要地位。在让·帕图最鼎盛的那几年里，他改变时尚界的能力和确定创新战略的能力都令人望尘莫及。他是一个真正的企业家，目光远大，立志要让法国的光芒照耀到美国。

❀

1924年，他决定来一个媒体轰炸，在英语报纸上登了如下广告：

招聘赴巴黎工作的模特

让·帕图正为他的工作室寻找三位年轻貌美，有志在高级定制时装领域工作的美国籍姑娘。您需要有优雅的气质、高挑纤瘦的身材、美丽的双足、纤细的脚踝，以及良好的教养。合同期一年，薪水不菲，来回机票全包。有意者请到 VOGUE 杂志社参加面试。

很难想象这则招聘广告带来了怎样的冲击力，因为在这之前，所有巴黎高级定制时装屋的模特一直都是法国人。有些人立即就喊出了威胁的口号："美国佬，滚回去！"甚至连伟大的柯莱特都将其视为一种挑衅："这些至尊天使会把时尚带上越来越苗条纤长的

---

❶ Dolly Sisters，20 世纪 20 年代风靡美国一时的双胞胎滑稽戏舞娘，桃丽姐妹组合，有一部同名电影就是讲述姐妹俩的故事。——译者注

方向。"

500 名姑娘参加了面试，评委会在丽兹酒店选出了100位进入第二轮。最终，6 位不同类型的美国美人入选。从纽约到勒阿弗尔❶的旅程中，她们经历了一场又一场的照片拍摄和临时组织的新闻发布会，她们穿着米色缎面的浅口单鞋和设计师一起出现在画面中。帕图在大西洋两岸都登上了头条新闻。除了成功地制造了话题，他还精准地掌握了各种文化中展现的肢体语言，也因此，他赋予了模特作为"衣架子"以外更有价值的角色：品牌大使。

他也是最早推出香水的服装设计师之一。1925年，他针对不同发色的女性推出了一组系列香水，金发的"爱·情（Amour-Amour）"、棕发的"我有何知？（Que Sais-Je？）"和红发的"再见乖乖女（Adieu Sagesse）"，瓶盖都是菠萝的造型。他还请来了保罗·普瓦雷的香水师亨利·阿尔梅拉（Henri Alméras）。1928年，他推出了首款中性香水，"Ta 的（Le Sien）"。这款运动香水男女都适用，是历史首创！ 1930年，"喜悦（Joy）"推出。这款香水选用的都是最昂贵稀有的香精，以法国鲜花为原料，尤以玫瑰花和茉莉花为甚（所有原料中最珍贵的），这款香水在当时只有极少数幸运儿可以享用到。每盎司要消耗10600朵茉莉花和28打玫瑰花。这淡雅迷人的芬芳是对它名字的完美诠释。帕图用他与生俱来的对生活的热爱，对这场波及了各个领域的经济危机表示不屑一顾。

"喜悦"并不在一般的香水化妆品店销售，而必须到圣弗洛伦丁路预定。每一瓶都为客人单独装瓶，并且在标签上写上客人的名字。香水瓶由路易·苏设计，巴卡拉（Baccarat）水晶工坊制作，每一个都像是一件精美的首饰。工作人员将香水一滴一滴地导入点缀着金叶片、切割完美的水晶玻璃瓶中，然后装上瓶塞，再在瓶颈处手工绕上金色的装饰线，并封上蜡印。这种非常精贵的销售方式，满足了那些最虚荣的人心。"最贵的香水"这个营销口号刚刚推出的时候

---

❶ 法国北部海滨城市，上诺曼底大区滨海塞纳省的一个副省会城市。——译者注

让人觉得不可思议，但是事实却证明，它有非常好的心理暗示作用，尤其对于那些无论如何都不想被比作守财奴的慷慨的赠与人而言。"全世界最昂贵的香水"可以彰显他们的阔绰，而如果选择的是最大瓶的，就更甚。

东方花香调的"高光时刻（Moment suprême）"在1931年诞生。1936年，他紧跟时事，随着诺曼底号跨大西洋首航纽约的成功，推出了"诺曼底"。当法国因带薪休假制度的通过而普天同庆的时候，他将"度假"的概念商业化了。香水瓶塞变成螺口设计，可以拧紧，瓶身变得扁平，装入皮套中，看起来与众不同。帕图的香水可以与普瓦雷的礼服相提并论。但要说他最惊才绝艳的创新，就不得不说他1927年推出的史上第一款助晒产品——迦勒底❶之油，致敬美索不达米亚及那里盛产的蜜色肌肤的东方美人。作为防晒助晒产品的先驱，这款产品由橙花、琥珀、水仙性感融合而成，选材尽显奢华。游艇甲板上或者比亚里茨沙滩上的美人们见证了这一发明的伟大胜利。

除了这些香水和助晒油之外，帕图还开发了一系列化妆品：脂粉、香皂、口红和面霜。这条产品线的名字也很大胆："性感魅力"。

❈

这个男人对现代营销规则了如指掌。

他在圣弗洛伦丁路的高定时装屋一楼开辟了一个"香水吧"。吧台是立体主义风格的，胡桃木贴面上饰有镀铬的装饰，吧台后站着一位一丝不苟的店员。这是一个奇妙的空间。贵妇们试衣之后在这里浅酌小憩，绅士们在这里耐心等待，一边与人调笑，一边品着香槟、金酒或鸡尾酒。这里只提供三种口味的鸡尾酒：干鸡尾酒、甜鸡尾酒和苦甜鸡尾酒。让·帕图明白，留住他的客人，尤其是她们

---

❶ 即新巴比伦王国，位于美索不达米亚，两河流域南部、叙利亚、巴勒斯坦及腓尼基。——译者注

的丈夫，才是重中之重。而说到香水，客人们可以在这里试用各种香精，并且由专人当场进行专业调制。

帕图认为，金发女郎的肌肤与鲜花精油或者有明确花香调的香水珠联璧合。而棕发女郎则适合香味更馥郁的以麝香和龙涎香为基调的香水。媒体最爱他的各种金句，并且在社交版面上大肆宣扬这间巴黎上流社会钟爱的精致时装屋。《时装报》注意到："帕图时装屋的电梯是巴黎极少见的永不停歇的电梯之一。那里还有宽敞的试衣间，装修现代、设备齐全的制衣工坊，以及一个配有小舞台和顶尖照明设备的摄影棚。"

他的时装公司里还开辟了一个"杂物专柜"，是小饰品、扇子、配饰、浮夸的时装首饰、皮具以及珠宝的天堂。在这同一个空间里，汇集了镶嵌在贵金属上的真珠宝，以及廉价、新奇的时装首饰。

❖

他在所涉及的每一个领域都取得了成功。他的毛线衫将各种色彩和造型巧妙结合。他那些缀着水晶珠子和亮片串成的流苏的晚礼服，奢华又细腻，充满了魔法般的魅力。他开发了一些新色，比如一种浓郁的蓝紫色——新蓝，以及一种他主要用于针织百褶连衣裙的米色，被称为"白鹦"。帕图不排斥任何颜色，他推出了一种绿色——帕图尼罗河绿，一种新的紫红色——帕图尼亚，还有一种带着隐约粉色调的米色——香木。

1929 年，他强推一种橘调的"旱金莲红"，并且决定用马蒂斯风格的黑夜蓝——帕图新蓝取代黑色。每当他推出新系列，媒体都会大肆报道那些新色。色彩之所以对这位设计师这么重要，是因为他需要用颜色来平衡一场有 300 套服装的发布会。运动装（100 套）在上午走秀，日装和晚装（200 套）在下午 3 点走秀。受邀嘉宾并不像今天的时装秀那样沿着 T 台排排坐，而是分坐在小圆桌旁，还有托着香槟酒和鹅肝酱的侍应生在圆桌间穿梭。这些时装发布会是上流阶层的社交盛会，宾客们都经过精挑细选，被百般照顾，排座也是经过了深思熟虑的。现场演奏的是美国音乐。每一次新系列推出，他都会印制产品手册。这在第二天面向外国买手的商务秀上可以大派用场。

很多名媛贵胄的日常着装都出自他之手，比如女飞行员露丝·埃尔德（Ruth Elder）、无声电影明星波拉·尼格丽（Pola Negri）、加比·莫尔莱（Gaby Morlay）、罗马尼亚的玛丽（Marie）王后、希腊的伊丽莎白（Élisabeth）公主、波利尼亚克（Polignac）伯爵夫人、诺阿耶（Noailles）子爵夫人、阿宾登（Abingdon）夫人、阿尔弗雷德·法布尔·卢斯（Alfred Fabre-Luce）的夫人以及妮科莱塔·阿里瓦本（Nicoletta Arrivabene）女伯爵等。这位女伯爵与导演卢齐诺·维斯康蒂❶的兄弟喜结连理时的婚纱也是由他设计的。帕图的猎爱名单也可以与电影字幕相媲美。在流传的众多与他有关的爱恨情仇中，最著名的要数1927年他与娜塔丽·帕蕾公主❷的爱情故事，而这位公主最后却嫁给了他的同行吕西安·勒隆。因为对俄罗斯贵族的共同关注，他和自己的竞争对手可可·香奈儿走得很近，然而后者却将俄罗斯的迪米特里大公带到了他面前。

香奈儿和帕图，一个在康邦街，一个在圣弗洛伦丁路，在咆哮的20年代，他们密切关注对方的动态。他们的竞争是显而易见的。两人都掌握了微妙的沟通技巧，力求把自己打造为唯一的参照样本，并摧毁来自竞争对手的攻击。当香奈儿推出米色紧身连衣裙的时候，帕图马上推出白色凸纹布镶边的海军蓝百褶连衣裙。1926年，她推

❶ Luchino Visconti，1906年11月2日～1976年3月17日。意大利电影导演。1963年，凭借电影《豹》获得第16届戛纳国际电影节金棕榈奖；1965年，凭借剧情片《北斗七星》获得第30届威尼斯国际电影节金狮奖。——译者注
❷ Nathalie Paley，1905年12月5日出生于巴黎，1981年12月27日卒于纽约。俄国沙皇亚历山大二世的孙女，模特、演员。

051

出了面料单一素净的小黑裙，而他则将各种材料互相镶嵌，营造出类似编织、剪贴和雕塑的效果。伟大的香奈儿从英格兰纱线厂采购面料，优雅的帕图则在苏格兰定制面料。

如果说，香奈儿的创作凭借的是她与生俱来的天赋，对剪刀和大头针的灵活使用和与面料的亲密接触，帕图则是高定时装设计师的典范，他用科学的方法进行创作，喜欢从一个抽象的想法出发，兼顾外观的美感和实用性。她在肃静中用她的十指、指甲、掌峰、掌心直接在衣服上操作。他则喜欢在团队的包围中，看着连衣裙在噪杂的讨论和各种操作中逐步呈现出完美的轮廓和褶裥。没错，香奈儿钟爱柔和的线条，而帕图则更强调结构，他们之间很快就会出现新的竞争。

1927 ～ 1928 年，很多品牌都推出了露出膝盖的款式。1929 年秋天的基调是由帕图定下的。膝盖？腰线？他把它们全部遮起来。不再展现膝盖，几何线条也不再出现！在肋骨下方出现了一条腰带，把妈妈们勒到无法呼吸。腰线不在髋部的位置了。新的完美女性形象诞生了。体型被拉长，曲线更清晰，美背被展露，成为新的性感之地。双腿隐藏在柔软的细布连衣裙中，脖子重新裸露出来，头顶的小帽子在脸上投射出神秘的阴影。

时尚界有些迷茫。没搞错吧？帕图把日装裙加长了，晚装裙甚至都拖地了。加布里埃尔·香奈儿对此有什么看法？所有人都快速冲向她的秀场，就为了第一时间知道她的想法。可可小姐走向那个有多面镜围着的楼梯。这是一个令人屏息凝神的时刻，就像一个最著名的乐队指挥举起了手中的指挥棒。比其他秀场上更加瘦小的模特们一个个从后台走出。终于，"他"的影响不再存在，膝盖得到了特赦。在那件饰有缎带的著名小外套里，缝着一条细金属链子，以增加后背的垂感，衬衣的下摆并不是自然垂到腰臀中间，而是被塞进了裙腰里，腰线就显出来了。

结束了！几何学设计师们干巴巴的设计被取代了。整个冬天两派人都在战斗，一派是直线干练线条的忠粉，另一派则始终追随最新调性、潮流和线条。1930 年春天，各个女性期刊都记录下了这一变化。一种新的廓型正在逐渐盛行。没有腰线，没有厚度，只有长度的这种体型被凹凸有致的女性曲线所取代。设计师们都放弃了20世纪20年代的线性轮廓和未成年人的形象，取而代之的是强调女性身体曲线，更加柔软，线条如雕塑般优美的服装。

让·帕图在媒体上宣称，他的新风格其实是受到香奈儿的启发。他说，当他受邀去朋友家喝茶的时候，他注意到，坐在对面穿着极短的Chanel连衣裙的女子，在不经意间展现出的魅力，尤胜当下已经不再苛求的端庄。他突然得到灵感，回到工作室修改了整个系列的服装。这极大地触怒了巴黎时尚教母。他还兴致勃勃地向 *VOGUE* 杂志解释新的时尚条规："午间裙的新长度是离地60厘米。如果是去餐厅吃晚餐或者参加舞会，裙摆的长度则落在脚踝以上一些。如果是参加一些重要场合，裙长可以及地。无论是日装还是晚装，从正面看，腰线都在自然的高度，但是在背面，有时候会略向下延伸，或者隐藏在膨起的后背中，又或者被短外套遮盖。领口的造型更加柔和多变。上衣和衬衫上都像是加了披肩，其实是褶裥翻领。衣服的纽扣或者按扣都藏在披肩领下，上衣的下摆通常收在裙腰里而不是垂在外面。"

为了更好地与伟大的香奈儿对抗，他充满恶意地宣布："我将用我所有的权力和影响力，将众所周知的著名的小黑裙永远驱逐出时尚界。"随后，他推出了一款白色缎面紧身连衣裙，几乎成为晚装的必备单品。为了更好地调和冷色调和黑色，他推出了一种名为"黑色大丽菊"的暗红色，在红线与金线交织的面料上能看到的一种基调红色。他使用一种新面料，推出了一个双色睡衣系列，这种名为"丝之花"的面料是一种罗马绉绸，既有双绉的垂感，又有平纹纱的透明度。他大胆地在媒体上说："六七年前，所谓时装设计师就是做简陋的米色小制服；最近这几季，他们变成了建筑师，并且越来越喜欢复杂的结构和巧妙的裁剪。现在，应该做得更好：重拾对美丽色彩的渴望，在研究色彩搭配时勇于迎难而上，简单来说，就是要有一双画家的眼睛。"

❦

帕图终于在纽约的第五大道开设了分部。他仍然雇用美国模特，但是还没有到好莱坞开专卖店，虽然他的好友查理·卓别林一直鼓励他这么做。

但是 1929 年的经济危机慢慢地漂洋过海影响了欧洲，随着问题的加剧，迫使这种极速扩张戛然而止。整个世界分崩离析，天空乌云密布。外省店铺的关门大吉和公司的债台高筑破坏了这个一直在行动的男人的好心情。1932 年他推出的以中世纪为灵感的服装系列也遭遇了滑铁卢。也许是那两颗冉冉升起的新星吕西安·勒隆和艾尔莎·斯基亚帕雷利让他黯然失色。虽然帕图仍有忠实的追随者，但是他已经不再是时尚的指挥官了。

1935 年，他携着一个黑白斑马纹印花礼服系列重新回到聚光灯下。无论在时尚杂志、夜总会，还是诺曼底号跨大西洋首航中，都能看到它们的身影。但是新兴的时装屋带来的竞争是残酷的。华里丝·辛普森❶开始穿美国人曼博谢（Mainbocher）的服装，英国贵族转投爱尔兰设计师爱德华·莫利纽克斯（Edward Molyneux），丽娜蕙姿（Nina Ricci，1932）成为大资产阶级的新宠。每一个新品牌都找到了自己的定位，向与自己风格一致的客人精准投放自己的创意。每个品牌都有自己独特的制作秘诀和工艺，这种百花齐放、共生共荣的景象，是那几年巴黎高级定制时装业的主要特征。

1936 年给眼光独到的帕图带来了新的灵感。在法国，带薪假期的实施推动了滨海旅游的突然兴起，一大批游客热情地涌向海边。户外活动的流行促使服装设计师们开始关注我们今天常说的运动装

---

❶ Wallis Simpson，1896 年 6 月 19 日 ~ 1986 年 4 月 24 日。本名贝西·华里丝·沃菲尔德（Bessie Wallis Warfield），生于美国，温莎公爵夫人。两度结婚，辛普森为前夫的姓。后与英国国王爱德华八世交往，后爱德华八世为娶她为妻，选择退位，后改称温莎公爵，华里丝也获得"温莎公爵夫人"的头衔。——译者注

的开发，而帕图则是这个领域真正的先锋人物。那时候还没有"成衣"一说，但是"商品"这个词已经被用在运动服装上。从长裤到泳衣，从缠腰裙到运动衫。可惜，帕图在这一年的春天突然离世。

✳

　　热爱享乐、花钱大手大脚的让·帕图总是行色匆匆，他在大好的年华，因一场有迹可循的心梗❶，带着似火的热情离开了。1936年3月8日，刚刚完成春夏系列发布的他在乔治五世医院去世，享年49岁。他没有继承人。媒体还没来得及写讣告，他就已经在帕西公墓落葬了。他的墓地没有宗教标识，只有一个雕刻的十字军功章，在他的名字下，是两个大写字母"JP"交织组成的一件永恒的毛线衫。

　　正如佳士得（Christie's）拍卖行纺织品部协调员梅瑞狄斯·埃瑟林顿·史密斯（Meredith Etherington-Smith）所说，帕图懂得如何将不断演变的时代精神融入时尚。他发明了针织套头毛衣和开衫两件套，率先推出了与服装配套的配饰，也是第一个将名字缩写字母变成设计元素的人。他从不将自己的想法强加于人。他的设计，以精确计算、朴实无华的线条和不断探索、推陈出新的色彩而著称，适合于各种类型的女性。他是现代服装线条的真正的推动者。

　　公司由他的妹夫雷蒙·巴尔巴（Raymond Barbas）接手后，维持了前任的风光，继续屹立在时尚界的顶端。在结束其高级定制时装业务之前，担任设计总监的先后有热拉尔·皮帕尔（Gérard Pipart）、马克·博昂（Marc Bohan，1945～1946、1953～1957）、罗西娜·德拉玛尔（Rosine Delamare，1946～1949）、伊夫·库塔雷尔（Yves Coutarel，1949～1950）、马克斯·萨利安（Max Sarian，

---

❶　在弗拉马里翁（Flammarion）出版社发行的让·帕图的纪念册中，作者埃玛纽埃尔·波勒（Emmanuelle Polle）提出了一个传奇性的假设：让·帕图在完成了一天的工作后，筋疲力尽。于是决定泡一个澡，然而他不慎将电动剃须刀掉入浴缸，不幸触电身亡。

1950 ～ 1952）、胡里奥·拉斐特（Julio Lafitte，1952 ～ 1953）、莫德·卡庞蒂埃（Maude Carpentier，1957 ～ 1958）、卡尔·拉格菲尔德（Karl Lagerfeld，1958 ～ 1963）、米歇尔·葛马（Michel Goma，1963 ～ 1972）、安杰洛·塔拉齐（Angelo Tarlazzi，1973 ～ 1976）、罗伊·冈萨雷斯（Roy Gonzalès，1976 ～ 1980），以及克里斯蒂安·拉克鲁瓦（Christian Lacroix，1981 ～ 1987）。现在还保留着的只有这位创造了经典风格的翩翩公子当初以一贯的高效开发的香水部门❶。

---

❶ LVMH 集团已经于 2018 年宣布重启 Jean Patou 女装，全新更名为：Patou，并委任纪尧姆·亨利（Guillaume Henry）为新任艺术总监，于 2019 年 9 月在巴黎推出其首个女装成衣系列。——译者注

克里斯特巴尔·巴伦夏加
（Cristobal Balenciaga）

　　他的名字Cristobal让人联想到宝石。他将自己姓氏的四个音节变成魔法，在作品中展现出对极致低调和优雅的探索。凭借对裁剪的绝对把控，对服装工艺学的深入研究，对廓型、比例、体态完美融合的不懈追求，了不起的巴伦夏加的作品可以与建筑相媲美。

　　他拒绝模仿，喜欢在沉默中秘密创作。他的服装高冷神秘，就像是高定界的葛丽泰·嘉宝❶。他是一个追求极致奢华又满足于粗茶淡饭的王子，能将素淡内敛和巴洛克式的强烈输出融合到一起。1937～1968年，他是巴黎式精致考究的巅峰代表。但是关于他从巴斯克地区一个穷水手的儿子一步步成长为国际顶级名人的路径，关于他私下的性格，却始终无人知晓。

　　克里斯特巴尔·巴伦夏加于1895年1月21日出生于坎塔布里亚海边的小渔港吉塔里亚（Guetaria）。他的父亲何塞·巴伦夏加·巴苏托（José Balenciaga Barsuto）在1886年2月16日与年轻的玛蒂娜（Martina）喜结连理。他们的家位于扎卡约路10号，堪称陋室。在这个家里，5个孩子先后出生：露西娅、玛丽亚·奥古斯蒂娜、胡安·马丁、马塞丽娜以及克里斯特巴尔。其中两个女孩在年幼时就

---

❶　Greta Garbo，1905年9月18日～1990年4月15日。生于瑞典斯德哥尔摩，瑞典籍好莱坞影视演员，代表作《茶花女》《安娜·卡列尼娜》等。她神秘而充满距离感，被称为"瑞典斯芬克斯"。——译者注

夭折了。但是他们也没有时间自怨自艾。父亲为了捕捞沙丁鱼与大西洋凶猛的风浪作斗争，母亲则在家炖番茄甜椒炒蛋。1906年，他刚满十一岁的时候，他的父亲因脑卒中猝然离世，让这个清贫的家庭雪上加霜。所幸，奥古斯蒂娜和胡安都已经到了工作的年纪，可以养家了，而玛蒂娜也是个心灵手巧的女人。何塞·巴伦夏加在1901年之前只是个渔民，但是到他去世的时候，已经是一艘轻载排水量小型海上巡逻艇"吉普斯科纳号"的船老大了。这并非无关紧要的小细节。在每年夏季，这艘巡逻艇都会在西班牙王室前往圣塞巴斯蒂安（San Sebastian）度假的时候为其服务。

玛丽·克里斯蒂娜（Marie-Christine）王后和未来的阿方索十三世（Alphonse XIII）的荣耀为克里斯特巴尔黑白的童年注入了一束光。在吉塔里亚，一到节假日，他就会观察那些精美的节日服饰，也留意到夏季来临的时候，海滨旅游的蓬勃发展。那些无所事事的有钱人陶醉在海天一色的美景中，当地人则充满羡慕地悄悄讨论，说她们穿的衣服都来自巴黎，那里有制作连衣裙的秘密。

她的母亲在失去了丈夫之后，将加倍的热情投入了缝纫工作。她是一个非常有天分的裁缝，甚至建了个小工坊，帮人制作衣服，在她的客户名单中，就有未来的比利时王后法比奥拉（Fabiola）的奶奶卡萨·托雷斯（Casa Torres）侯爵夫人。克里斯特巴尔占据了有利位置，仔细解密袖窿的细节变化，感受衬里的性感秘密，观察扣眼的精致工艺。闲暇时，他在透明纸上拷贝衣片的纸样，用铅笔描绘出每一条缝缝或者放置鱼骨的位置。玛蒂娜教育他的儿子要有家庭观念，要保持沉默，要对工作精益求精。

每次去卡萨·托雷斯侯爵夫人布兰卡·卡里略·德·阿尔沃诺斯·埃利奥（Blanca Carrillo de Albornoz y Elio）的住处维斯塔·奥纳别墅❶，克里斯特巴尔都会一边和他们家的孩子一起玩耍，一边羡慕地观察他们的服装。13岁的时候，幸运之神降临了。这个家的女主人注意到了他，问他长大了想做什么。"我要设计漂亮的衣服，就

❶ 如今已改建成巴黎世家博物馆。

像你穿的一样。"他一边回答，带着点初生牛犊的口气，一边测量她身上长及脚踝的德雷科尔的浅色山东绸套装。她听了哈哈大笑，问他会做什么。"我会缝纫。"他说，为了给她留下更直观的深刻印象，他紧接着补充道："只要给我足够的麻质面料，我就能复制您穿的这身衣服。"

面对少年的豪言壮语，她接受了这个挑战，第二天就将衣服和一些面料寄给了他，却笃定这是不可能完成的任务。少年在他母亲的缝纫机上埋头苦干，终于成功地制成了那件衣服。他非常自豪地亲自将劳动成果交到了侯爵夫人的手上。她简直不敢相信自己的眼睛。传说在这之后，她就向他敞开了通往圣殿之门：他可以在她的衣柜里随意选择那些最美的衣服进行复制。他欣喜若狂，求知若渴地观察那些时下巴黎最棒的时装大师的裁剪和用料。她决定资助他去圣塞巴斯蒂安的卡萨戈麦斯（Casa Gomez）做裁缝学徒。她就是他的幸运女神。后来，当她的外孙女和比利时的博杜安（Baudouin）国王结婚的时候，也是请他设计的婚纱。

一年后，还是在她的资助下，他到纽英伦（New England）公司继续学习。1911年，他开启了自己的职业生涯。在开设在圣塞巴斯蒂安的卢浮宫百货商场女装柜台做裁缝。在接下来的几年里，他刻苦学习法语，想要在时尚界获得成功，这是必不可少的。他相信，机会是留给有准备的人的。第一次世界大战爆发，巴斯克海湾迎来了很多前来避难的贵族和富有的企业家，他们都是他的潜在客户。

⁕

1917年春，他与贝妮塔（Benita）和达妮埃拉·利扎索（Daniela Lizaso）这两位富商姐妹合作，在圣塞巴斯蒂安的贝尔加拉路2号开设了一家时装公司。1918年9月9日，他发布了自己的第一个服装系列。他出色的天赋很快在上流社会口耳相传。1924年，他在利伯塔德2号成立了自己的独资公司。同年9月5日的春夏系列发布会吸引了西班牙王后和多位王室成员亲临观摩，整个系列大获成功。

20世纪20年代是巴伦夏加快速发展的时期，他显而易见的独特风格得到了大家的认可。宫廷贵妇们紧跟玛丽·克里斯蒂娜的步伐，成为拜访他的沙龙并且购买他的作品的第一批客人。巴伦夏加也会定期前往法国，以获得一些款式的独家复制权。他只光顾那些时下最好的品牌：Molyneux、Paquin、Patou、Chanel。大家很快就认识了他，并且殷勤地接待这个待人礼貌疏离，头发梳得像探戈舞者一样锃亮的英俊买家。他身材高瘦，态度傲慢，就像是来自老卡斯蒂利亚❶的贵族。明察秋毫的马德莱娜·维奥内注意到，他只选最好的。从法国回来后，他就开始埋头创作下一季的服装，其中会插入几个巴黎最新款。

这个巴斯克人不仅引起了巴黎同行的注意，他还有一个秘密武器。一个比他年长很多的英俊男子进入了他的生命，他就是弗拉齐奥·亚沃罗夫斯基·达坦维尔（Wladzio Jaworowski d'Attainville），人称弗拉迪（Wlady），是玛丽·埃莱娜·达坦维尔（Marie-Hélène d'Attainville）的儿子。他将陪在这个英俊的伊比利亚人身边，成为他最亲密的合作伙伴，为他建言献策，见证他的平步青云。在天主教教义深入人心的西班牙，情人之间的互相信任是必不可少的。早在贝尔热（Bergé）和圣洛朗、弗朗西斯·梅努热（Francis Menuge）和让·保罗·戈尔捷这两对同性恋搭档之前，这位渔夫的儿子和马塞纳元帅❷的后裔就已经将两人的爱情与事业交织在一起了。而后来，当爱人在1948年骤然离世时，巴伦夏加受到了极大的精神打

---

❶ Castille，卡斯蒂利亚王国（1035 ~ 1837 年），伊比利亚半岛中部卡斯蒂利亚地区封建王国。由西班牙西北部的老卡斯蒂利亚和中部的新卡斯蒂利亚组成。现在西班牙的君主就是从卡斯蒂利亚王国一脉相传。

❷ 安德烈·马塞纳，里沃利公爵，埃斯林亲王（André Masséna, Duc de Rivoli, Prince d'Essling，1758 年 5 月 6 日 ~ 1817 年 4 月 4 日），法国革命战争和拿破仑战争中重要的法军指挥官，1804 年拿破仑称帝后首批获授帝国元帅的 18 名法军将领之一，被昵称为 l'Enfant chéri de la Victoire（"胜利之子"）。
——译者注

击，一度打算停止一切业务。

❋

　　1927年，这对搭档开了第二家公司，名为"艾萨时装（Eisa Couture）"，价格更为亲民。好评如约而至。但是随着1931年西班牙第二共和国的成立和王室贵族的流亡，公司原来蒸蒸日上的业务受到重大冲击，他事业的前进步伐被打断了。但是很快就在1935年重振旗鼓，在马德里❶和巴塞罗那❷开了新店。但是西班牙内战爆发，歌舞升平觥筹交错的好日子结束了。他决定远走他乡。在伦敦短暂停留之后，他在朋友弗拉齐奥的陪伴下来到了巴黎。他带来了在时尚行业20年的经验，以及在他后来的创作中不断展现的各种创意和艺术影响。在他的伴侣和一个富有的同胞尼古拉斯·比兹卡龙多（Nicolas Bizcarrondo）的帮助下，他在1937年创立了一间时装公司。这家公司的成立及其迅速取得的成功，给他带来了久违的信心。

　　公司选址在乔治五号大道10号，一个具有魔力的地方。1937年8月9日，他的第一个系列在这里发布。一位穿着蓝色制服的门卫将记者们带向电梯，梯箱被暗淡的红色皮革完全包裹，并饰有垂花饰。到达四楼，经过两边都是镜面门的长廊，到达表演厅。三排金色的椅子静候嘉宾。窗框包裹在巴洛克造型的石膏装饰中。弗拉迪在后台给模特们带上沉重的喇叭形高帽或者巨大的黑色绢纱软帽。一切准备就绪，演出可以开始了。双色横条纹的羊毛晨间西装小套裙，色彩非常考究。连衣裙上排布着精美的褶裥。收腰大衣完全贴合男士礼服的线条，上面有皮草做装饰。巴伦夏加很喜欢用蝴蝶结装饰天鹅绒面料，很多款式上都点缀着蝴蝶结。日装中占主导的颜色是黑色和温和的中性色。晚装中能看到更加鲜艳的色调，比如橙色和紫色。晚装的头饰中嵌入了鸟儿，变得更加俏皮。一个模特头上顶

---

❶　何塞·安东尼奥大道9号。
❷　圣特雷莎路10号。

着的像是一只鸽子，其他模特则是在晚宴裙的领口边镶着一只小一些的鸟。

非常高级的氛围，无法忽视的个人风格：这位设计师鲜明的原创性得到了大众认可。波利那·德·罗斯柴尔德❶（Pauline de Rothschild）写下了她的赞美之词："黑色的蕾丝和绸缎的丝带是那么优雅。还有那些让人词穷的像雾凇般的轻盈刺绣，倾流而下的大片螺钿。略硬挺的浅色绸缎中巧妙地镶嵌了金银丝线，让人无法判断首先看到的是那条裙子还是其中透出的光影。"在此后的30年里，她一直是巴伦夏加的主顾。

埃尔·格列柯（El Greco）、戈雅（Goya）、委拉斯凯兹（Vélasquez）、桑切斯·科埃略（Sanchez Coello）、潘托哈·德拉克鲁斯（Pantoja de la Cruz）……他从这些西班牙画家的作品中借鉴来的风情带来了美学冲击。这个巴斯克人非常喜欢缀满了黑玉的重工绦带绣，在玫瑰花的装点下更具柔情的黑色蕾丝，颠覆传统的大礼服，以及圣母长袍的纯净。他既欣赏陪媪❷的严肃，也爱王子的优雅。他的晚礼服像是一幅幅画，都遵循一定的布局和规则。云纹绸和厚缎的魔力、刺绣的魅力、色彩的搭配，无不展现了他敏锐的观察力。再看那些材料，有的鼓起绉泡，有的像甜蜜的糖浆一样流淌，有的卷曲缠绕，有的褶皱成裥，就像祖巴兰笔下的圣女一样光彩夺目、可爱迷人。罗缎像球一样鼓起，就像是被一只无形的手掌控的黑色甘蓝。

仅靠这一场秀，克里斯特巴尔·巴伦夏加就被捧上了神坛，他被誉为精致简约时装的新教皇、返璞归真的预言家，他所有的教谕都将被当作金科玉律。他既有礼貌疏离的一面，也有桀骜不驯的一面，很快，他就将自己置身于一种近乎偏执的神秘氛围中。他疯狂地保护自己的私人生活，并且从来不在T台现身。他工作室里弥漫

❶ Pauline de Rothschild，1908 年 12 月 31 日 ~ 1976 年 3 月 8 日。法国作家、时装设计师。1969 年入选全球最佳着装人士名人堂。——译者注

❷ 西班牙等国旧时雇来监督少女、少妇的年长妇人。——译者注

着隐修院的气氛，那些想要一探究竟的记者都觉得那里笼罩着西班牙宗教法庭时代的阴影。就好像离开了隐修就无法做出时装。公司的橱窗就像是祭坛。甚至有人思忖，那些故意摆出傲慢姿态的模特是否是被焚烧的异教徒的亡灵。

虽然没有设立专门的媒体部门，但这并不妨碍他成为时尚编辑的宠儿。不需要专门维护公共关系，全世界的买手、客户和贵妇都会纷至沓来。很快，他的西装套裙就出现在各个高级场合了。而他本人，无论在晚宴、跑马场还是剧院，都不会看到他的身影，尽管他很快就将为爱丽丝·柯西亚（Alice Cocéa）、阿尔莱蒂（Arletty）、玛丽·戴姆斯（Marie Daems）、埃莱娜·佩尔德利埃（Hélène Perdrière）等设计舞台剧服装。作为一个优秀的服装设计师，他更关注的是背后的故事。舞台的后台，衣服的里子、缝缝，才是重中之重。他必须保持努力工作，默默努力、不屈不挠、艰苦卓绝地劳作。有着鹰一般性格的他，傲慢地藐视一切平庸的东西，所以他有时候连续几天都围绕着一条连衣裙工作，拆了缝，缝了拆，在模特身上反复调试，直到完全满意为止。

"观摩巴伦夏加的试衣，是见证奇迹的时刻。"于贝尔·德·纪梵希激动地说，"模特是一个身材高大的西班牙女子，已经不太年轻。随着他一步步地将面料在模特身上排布和调整，蜕变开始了，脖子变挺拔了，圆润感消失了。简直就是整容手术！"巴伦夏加的设计使人体和服装和谐统一，客人们穿上他的衣服都觉得自己变美了。这位设计师有意识地在雇用试衣模特的时候涵盖了不同年龄、不同体型和不同国籍的人。对这位大师而言，模特应该给设计师带来灵感，以优雅的姿态和分寸感驾驭他的作品，但是一定不能喧宾夺主，让人忽略他的衣服。他的连衣裙通常会将背面的体量转到正面，所以他要的是个性鲜明的女性而不是满足梦想的尤物或目空一切、优雅高贵的女孩。他要求模特走出试衣间的时候，尽可能展现出凶悍的表情。"杰出的女性总是会摆出不客气的表情，"他解释说，"而且我喜欢那些血统高贵纯正的人。"

和他合作时间最长的超模索朗热（Solange）后来描述了他那极

致的完美主义。为了达到完美的效果，他可以把一只袖子拆装数十次。而且，他也是少有的全能型设计师。在必要的时候，他会拿起针线手缝、踩缝纫机、裁剪面料，有时甚至亲自熨烫礼服。越是难处理的面料，他越是喜欢挑战。无论是对比强烈的呢绒与皮革，极硬的棱纹面料还是厚羊毛，他都可以轻松应对。更有甚者，他左右手都能自如地裁剪。

这个棕发男人就像所有喜欢自加压力、挑战不可能的人一样，有着易燃易爆的性格。他的怒火总是像暴风骤雨般要摧毁一切。所有人都知道，在他手下工作6个月，能抵在任何一个设计师手下工作10年的收获。所有认识他的人在谈到他的时候都会用到最高评价。正直、慷慨、真诚、勤劳、永不知疲倦。在发布会的前一晚，整个工作室的人都提心吊胆的。巴伦夏加先生有可能会将一切推翻重来。

"一个服装系列完成了，但是他觉得有必要再加一套：于是这最后加上的西服套裙通常是由他自己裁剪、缝合，在最后一刻完工。"于贝尔·德·纪梵希回忆道。后来和他一起工作的模特达尼埃尔·斯拉维克也说："哪怕发布会受到热烈喝彩，他也可能在第二天重新修改其中的一两个款式的板型。"他是一个强硬派，抵制任何形式的讨价还价和借用。他甚至会拒绝某些订单，而他的连衣裙没有一套是低于6000法郎的。尽管如此，客人试衣的时候他也极少亲自出面接待。

❧

战争的爆发会改变他高傲的姿态和神圣的地位吗？这个时期的定量配给制和艰苦岁月似乎都没有影响到他。即便在法国被占领期间，他仍然保持神秘专注于自己的工作和创作，对战事漠不关心。他的高定时装屋门口的门卫出其不意地换成了退伍老兵。这是自行车、末班地铁和物资匮乏的年代。但是无论在时装屋还是在街上，灰色面料都取代了其他原材料。巴伦夏加和他的同行们都试图抵制那个想把巴黎变成柏林分支的占领者。每场秀的款式数量被限制在了75套以内。晚装变短了，出口被禁止，利润大受影响。杂志的稀缺也对品牌传播带来了严重的负面影响。

法国的高级定制时装设计师们向世界证明，他们的品味、声望，更重要的是人才，并没有消失。因为时尚还在抵抗，用他们微不足道的力量。帽子扮演了重要的角色，配饰是王道。演艺明星——科里娜·吕歇尔（Corinne Luchaire）、吕西安娜·布瓦耶（Lucienne Boyer）、阿尔莱蒂、爱丽丝·柯西亚等——还是经常光顾高级定制时装。

巴伦夏加将战争的年代看作命运带给他的考验，让他进一步提炼他的优雅理念。1944年冬，因为缺乏天鹅绒、罗缎、全丝硬缎、蕾丝等材料，他干脆没有推出任何服装系列。

如果说德国终于输了战争，美国也没有赢得时尚。巴黎还是巴黎，高级定制时装及其未来的衍生品都是法国的。高级定制设计师们即将联合起来，这个行业的上千名工人终于可以重新满足全世界优雅女子太久无法实现的愿望了。巴伦夏加的新工坊重启了。

❦

1946年，穿Balenciaga的女子变得前所未有的圣洁高贵。这个巴斯克人以其过人的才华和精湛的技艺，让他的连衣裙说出了他心底深处的秘密：宿命感。1946年9月推出的新系列似乎深受亚洲文化的影响，有时也有维拉斯凯兹的痕迹。皮草镶边的外套特别长，下摆差不多到大腿中部，线条圆润，只有极少数几款搭配的是窄裙。后背有向下延伸的效果，像1925年的风格。

他把灯芯绒作为重要的面料，按照横向或者纵向条纹裁剪，制作后背宽松的双排扣收腰大衣。非常紧身的黑色连衣裙外，穿了一件波莱罗式短袖卷毛羔皮小外套。好几件大衣在肩部饰有双层披肩，或者凸起的珠绣图案。绦带或者花边做成优美的蔓藤花纹图案，点缀在连衣裙或者外套上。晚礼服里，既有窄长的帝政风直身裙，也有宽大裙撑的路易十四风格的落肩裙。金线刺绣和珠绣蕾丝让这些礼服更显华贵。罗缎或重缎的裙子上缀着绢纱和珠片做成的立体花朵。黑色的蕾丝方巾披在色彩轻柔的裙子上，让人想起了安达卢西亚女子的头纱。突然，在整个系列即将走完的时候，沙龙里传来了此起彼伏的赞叹声：一个模特穿着一件白色绸缎的撑架裙走来，外面套了一件镶嵌了真钻的绿色天鹅绒波莱罗式开衫。一个神圣的时刻。

1947年迪奥登上时尚舞台，并且取得辉煌的成绩，但是无论是他横空出世的新风貌（new-look）还是他名扬四海的姓名，都没有削弱巴伦夏加的美誉度和国民度。这位征服者继续大步前行。

❦

对他而言，真正的考验是他的朋友弗拉迪在1948年因来势汹汹的胰腺癌骤然离世。巴伦夏加连续几个月都生活在痛苦绝望之中，没有任何事能把他从这种情绪中拉出来。他的沙龙负责人勒内（Renée）小姐，工艺师拉蒙·埃斯特拉扎（Ramon Estraza）试图为他排解情绪，但是无济于事。这个巴斯克人把自己关在位于马尔索（Marceau）大道的秘密公寓里，被黑色天鹅绒和老贵族的装修风格包围，放任自己沉溺在悲伤的情绪中。他姐姐开着车将几个家人从西班牙千里迢迢带到巴黎。但是什么都无法抚平失去一生挚爱的忧伤。他后来决定用工作来逃避一切，而工作也确实是治疗一切负面情绪的良药。据说，当他看到一个客人穿着去年的西式套装进入他的沙龙的时候，他敏锐的眼睛注意到了领子上的一处瑕疵，并且激发了他纠错的本能。他之前已经连续几周没有碰过那些面料了。这时他突然站起来，请求这位客人将外套留给他，有些地方要调整。他回到工作室，在裁剪桌上亲自修改这件衣服。他得到了救赎！

✦

　　他很快就投入周而复始的工作中。每当新一季的产品开始开发，那些面料代理商们就会带着一沓沓的面料小样去向各个时装设计师推销。这时，他会亲自接待那些代理。其他买家在选择面料的时候都会犹豫不决、反复比较、听取意见。而巴伦夏加完全不同。他把面料册全部摊开，一言不发地扫过那些面料，尽管里面有很多相近的颜色，他还是可以毫不犹豫地指出他要的那一种。他喜欢强健的面料，以及可以抓住光阴的肌理感强的面料。有一次，一家专营天鹅绒面料的知名美国公司开出了大价钱，请迪奥和巴伦夏加用他们生产的面料来设计制作服装。在忍受了几天的坏心情之后，他给迪奥打去了电话：

　　"那面料太丑了，我什么都做不出来。"他操着西班牙口音说，"您呢？"

　　"我也一样。"迪奥回答。

　　"太好了，"巴伦夏加当机立断，"我们直截了当地回绝了吧。"

　　那时，所有知名法国高定时装设计师都会针对美国市场，将自己的作品简化后批量发售，而巴伦夏加却让所有想将他的品牌出口到美国的人无功而返。一次，纺织品巨头赫克托·埃斯科博萨（Hector Escobosa）为了说服他使出了浑身解数，让人尽可能忠于他的原作批量制作了一些服装。巴伦夏加面带微笑，饶有兴趣地审视了这些衣服。

　　埃斯科博萨以为自己赢了，然而"非常棒，"巴伦夏加说，"做工很不错，您可以卖出几千件。"

　　埃斯科博萨喜笑颜开。

　　"但是有一个条件，"巴伦夏加话锋一转，"那就是，我的名字永远不能出现在这些服装上。"

　　当有人提出用他的品牌开发领带的时候，他怒斥道："绝不可能。他们把我当什么了！"大家跟他解释，授权经营与这个行业未来的发展紧密相关，试图以此来平息他的怒火，然而也是徒然，他只觉得这是一个恶俗的想法。他非常注意维护品牌精致考究的形象，当他觉得有些合作会让他自降身份的时候，无论对方提出多么诱人的条件，他都会拒绝签约。

他在美国市场授予的唯一特许经营权，是他的第一款香水"十号（Le Dix）"。他答应到纽约待一个月，助力香水的发行。但是才第三天，他就被吓得躲到了他的设计师朋友海蒂·卡内基（Hattie Carnegie）家中。

"昨天晚上一个记者把我吵醒了，问我穿了什么颜色的睡衣。"

被这种无孔不入、惯于擅自入侵他人隐私的行为激怒，他后来再也没有踏上美国的土地，而且一生只接受过一次采访。当然，事实证明，他的这种神秘感和对媒体冷冰冰的态度，与其他时装屋的公关政策所达到的广告效应是一样的。当他的同行抛出各种醒目的口号的时候，他保持沉默。他让人敬畏。如果他开口，那也是为了抛出一些简短冰冷的驱逐令，就像教皇宣布开除教籍的教谕。

巴伦夏加甚至将一位国际时装界的教母赶出了他的秀场，因为她在最近的一篇文章里隐晦地说了有些贬低他的话。在他鲜有的照片中可以看到他那双有些近视的眼睛隐藏在乌黑浓密的眉毛下，嘴角有一条苦涩的皱纹，他漂亮的手指似乎在控诉。外国买手需要有人介绍才能去他的公司。这还是因为他无法选择客人。当一个优雅的贵妇天真地表示想看看他的服装系列的时候，他的回答是："好奇的女人在这里不受欢迎。"他的商业格言很简单："概不出借，概不打折。"他的沙龙负责人勒内小姐就像修女一样严肃，对他忠心耿耿。

❈

1950 ~ 1958年是巴伦夏加创造力最旺盛的时期，他创造的远不止一个原创的廓型，而是一种真正的风格。1950年的秋冬系列弥漫着神秘的气息。整体线条是直线形的，大面积的黑色上大胆添加醒目的亮色，带来了强烈的冲击。经典西式裙套装，上身是一件收腰短外套，衣服的下摆线条分明，在髋部张开。宽松款的大衣纽扣扣到很高的位置，衣服的线条向后倾斜，显出高傲的气场，有些款式外还搭了件短披风。所有连衣裙都盘绕着，或松或紧地裹在身上，那些柔软的面料（平纹薄呢、针织面料、法兰绒）更凸显了胸部的曲线，极其大胆。蕾丝或者绢纱的晚礼服透露着浪漫的气息，像花冠一样张开，直拖到地上。如墨似夜的长斗篷增添了一丝夜行者的氛围。

1951年夏，巴伦夏加独树一帜地明显加宽了肩部廓型，显得与众不同。柔软的背部与正面相反，极其贴身。这一工艺使得气派的外套正面看起来就像是背心，让大衣看起来像是宽松大衣和收腰大衣的结合体。这一特别的裁剪使得袖窿在前片必须挖得很深，后片则需要保留尽可能大的宽松量。袖子几乎只在手肘以下放宽。宽松的领口微微打开，露出里面的皮草背心或者有柔软褶皱的缎面领饰。

这一年，晚礼服的裁片设计精美绝伦，裙摆张开成优雅的线条。有些礼服上绣着古老的阿拉伯藤蔓花纹，或者在撑架裙上布满了精美的褶裥，让人想起委拉斯凯兹；另一些则用方领的紧身胸衣束紧了上身，就像是从戈雅的画中走出来的。珍贵的重磅真丝礼服上披着珠罗纱外套。蕾丝面料的收腰上装和绸缎的斗篷式披巾刻画出了17世纪的典雅。鲜亮的颜色只出现在傍晚的礼服上，与白色的绸缎形成鲜明对比。查尔特勒红、板栗棕、堇菜紫、水仙黄是这个系列的主色调。

1953年2月推出的系列，巴伦夏加仍然忠于自己的风格。大衣宽肩广袖，袖子长度只到前臂。这些大衣用轻薄的丝绸、柞丝绸、羊驼呢甚至棉布制作，背部异常宽松，甚至掩盖了衣袖。套装的上衣下摆很短，下面是一条包臀长裙。很多提花面料的套装上衣宽大，像农妇的衣服一样在肩章下打褶。大多数"夹克风"连衣裙都忽略腰身而将重点放在髋部，束一条羚羊皮褶皱腰带。纯净白或孤寂黑的晚礼服舍弃了刺绣，气质古典，线条纯粹。最引人注目的是一条黑色卷毛绒紧身长礼服，两条宽大的白鼬皮饰带演化成了裙拖。

接下来一季的服装，线条进一步简化。套装遵循一个规则：后背宽松而前片略微贴身。这一季再次出现了背部像夹克般膨起的紧身连衣裙，束在髋部的宽腰带，以及有四个口袋的外套。服装的整体廓型变小了，袖子没那么宽大，领口抬高了。他在大衣上加了双门襟，扣眼开在内门襟上，创新地将纽扣隐藏在门襟中。白鼬皮或白狐皮的宽大领饰为朴实庄严的晚礼服增添了一抹亮色。

1954 年冬，晚礼服依然让人赞叹不已。真丝提花晚礼服将人的视线吸引到背后；印花绸缎晚礼服盘绕着裹在身上；花冠形的裙子前短后长，前面露出脚，后面则延伸到拖地，衬裙的荷叶边也若隐若现。1954 年夏，这位设计师研究了一些新的细节，使裁剪与开缝更加精妙，其中还加入了一些创新元素，比如将后腰带装在粗花呢半身裙上，而不是那件刚刚及腰的短外套上。

1955 年 2 月，这位完美掌控了线条和平衡美感的建筑师在两件式套装中加强了对腰线的刻画。袖子略呈弧形，肩部线条通常较为硬朗，顶部用褶裥将线条抬高。在这宽阔的肩型下，服装的整体线条更加精炼，只有隐约的曲线，非常优雅纯粹。

1956 年夏，巴伦夏加并没有带来令人耳目一新的革命性元素，而是延续了之前的创新手法，展现其全部精髓。每当他推出一个新理念，他总能深入研究，挖掘出它的各种可能性。他这个系列主打的是直身衣。它甚至可以演变成西式裙套装风格，呈现出三层结构：上面是不收腰的低领短外套，接着是线条特别干净利落的直身衣，下面露出一截裙子；直身衣还可以穿在针织连衣裙外，外面再套一件九分袖的大衣或者斗篷。

他的西装肩宽、领大、下摆短，有时前片是直身的，只在后片有分割。直身大衣的后腰带从腰部降到了膝下的高度，这一改变使得它看起来就像是穿在修长半身裙外的收腰长夹克。他的长裙充满魅力，绢纱与绸缎的组合相得益彰，浓妆淡抹的色调相映成辉，质朴纯粹的线条如无瑕白璧，充满了诗意。

1957 年，直身衣变成了衬衣，到 1959 年演变成了帝政风线条：高腰连衣裙和睡袍式裁剪的大衣。每一场秀，他对结构的掌控都超出了大家的认知。美国时尚教母戴安娜·弗里兰（Diana Vreeland）

对于他的技艺总结出如下箴言："当您穿上巴伦夏加的连衣裙，您周围的女性就不复存在了。"

然而，20世纪60年代伊始，时尚编辑们开始厌倦他的这种摒弃一切装饰的朴素美学了。他令人叹为观止的画稿看起来太浮夸了。他的工艺无可指摘，那些低调奢华的造型令人赞叹，但是服装款式只在微妙的工艺和材料上有变化。一本亵渎神明的杂志刊出了大不敬的评价："很美，但也仅此而已。"然而这一言论似乎得到了验证。品牌的客户群变老了，年轻的一代更喜欢伊夫·圣洛朗、玛丽·奎恩特（Mary Quant）、卡丹、库雷热和恩加罗（Ungaro）——后面这两位曾经接受过巴伦夏加的培养。

每次新系列发布，嘉宾们仍然会趋之若鹜，秀场里人声鼎沸，但是大家的期望值已经没有原来那么高了。如蜂鸟般体型优美的模特们踩着轻盈的猫步，表情冷漠地走到那些富有的宾客面前。在这个时尚界发生翻天覆地巨变的时期，巴伦夏加深切地感受到，他所倡导的那种优雅已再无立足之地了。他对身边发生的这一切和街头文化的盛行深感痛心。他的西班牙同胞帕科·拉巴纳的作品让他非常恼火。

高级定制时装战后不断演变，带来的结果就是，对于大多数时装屋而言，定制时装已经变成次要或者接近次要的业务了。"接近"是一个很微妙的概念。事实上，公司的利润主要来自那些品类越来越多的副业：香水已经很普遍了，在此基础上又增加了方巾、手套、丝袜、鞋子、包袋、帽子、珠宝、化妆品，甚至男士领带。配饰可不是配角。时装作为公司龙头产品，巩固品牌知名度，从而助力其他产品的销售。见证了这一系列变化的巴伦夏加意识到，某种风格的奢华正在被淘汰，高定精品时装的市场正在萎缩。

1968年，时尚界除了伤感怀旧和顺应变化已经别无选择，伊夫·圣洛朗推出了成衣线，而克里斯特巴尔·巴伦夏加则选择急流勇退，关闭了他位于乔治五号大道的公司，遣散了他的 500 名员工。73 岁的他想要回到他已经离开了 32 年的深爱的西班牙。

戴安娜·弗里兰在回忆录中写道，当时她正在卡普里岛，接到康苏埃洛·克雷斯皮❶从罗马打来的电话，开门见山地告诉了她一个噩耗：伟大的克里斯特巴尔刚刚关闭了他的时装屋，而且是"永远"。而且他宣布这一决定之前，没有通知任何人，包括他最著名最忠实的客人邦妮·梅隆❷。这位卓越大师的另一位忠实追随者莫纳·卑斯麦❸知道这个消息后，大受打击，连着三天都不愿走出房间！《标准晚报》（*Evening Standard*）用大标题写着："Balenciaga 关门了，时尚已不再是原来的样子。"

事实上，高定时装的魔力消失了一些。时尚界的一部分人在他离世前 4 年就已经将他埋葬："穿 Balenciaga 的女人是呢绒搭建的建筑，绸缎塑造的结构。但女人可不是立方体，而是由曲线构成的。"这是昙花一现的时尚女祭司埃玛纽埃尔·卡恩❹在接受 *ELLE* 杂志采访时漫不经心地给出的评价。而他只以自己傲慢的沉默予以反击。

回到位于圣塞巴斯蒂安附近的伊格尔多（Igeldo）的家中后，他也时常会去他在卢瓦河畔的一处乡村城堡"雷内里"❺小住，感受那透着粉色调的灰泥墙的迷人气息。作为最高纪录一天审核 120 次样衣试穿的工作狂，他突然变得有点无所事事。但是他还是亲自为佛

---

❶ Consuelo Crespi，1928 年 5 月 31 日 ~ 2010 年 10 月 18 日。出生于美国的意大利伯爵夫人，意大利版 *VOGUE* 的编辑，对国际时尚行业具有重要影响。——译者注

❷ Bunny Melon，1910 年 8 月 9 日 ~ 2014 年 3 月 17 日。美国著名园艺家、慈善家和艺术品收藏家。——译者注

❸ Mona Bismarck，1897 年 2 月 5 日 ~ 1983 年 7 月 10 日。美国社交名媛、时尚偶像、慈善家。——译者注

❹ Emmanuelle Khanh，1937 年 9 月 12 日 ~ 2017 年 2 月 17 日。法国时装设计师、模特。她夸张的眼镜设计非常有名。——译者注

❺ La Reinerie，建于 18 世纪的一座乡村城堡，位于法国 Fay-aux-Loges。经过几次转手之后，于 1943 年被巴伦夏加购置。——译者注

朗哥❶的外孙女加的斯公爵夫人设计并缝制了最后一件礼服，一袭婚纱，就像是一场秀的压轴之作。

1972年，他因心梗在哈韦阿（Javea）猝然长逝，极其低调地埋葬于巴斯克地区，那个带给他稳重内敛性格的他热爱的故乡。宗教仪式在吉塔里亚渔民的教堂里举行，伴随着巴斯克地区的歌谣，看似简单却震撼人心，就像他留给人们的印象。巴伦夏加很喜欢说一句话："一个好的服装设计师应该在设计规划的时候像建筑师，调整造型的时候像雕塑家，选择色彩的时候像画家，整体调和的时候像音乐家，把握分寸的时候像哲学家……"这是他的继任者们必须学习的要领。

❀

1978年，德国赫斯特（Hoechst）集团从他的继承人手中收购了这家公司，但是只经营配饰类产品。1986年，积客宝格（Jacques Bogart）香水公司成为这家公司的新买家，并且任命米歇尔·葛马担任设计总监。1992年，荷兰设计师约瑟夫斯·梅尔基奥尔·蒂米斯特（Josephus Melchior Thimister）临危受命。但是直到1997年，年轻的尼古拉·盖斯奇埃尔（Nicolas Ghesquière）如天神般降临，担任艺术总监，才给品牌带去了新的气息。2001年，Balenciaga品牌被Gucci集团收购，随后被弗朗索瓦·皮诺（François Pinault）的集团接管❷，使得品牌发展更上一层楼。

对于尼古拉·盖斯奇埃尔这位雄心勃勃的美学家而言，挑战是巨大的：让Balenciaga起死回生。从一开始，他就坚定地将低调奢华

---

❶ Francisco Franco，1892年12月4日～1975年11月20日。西班牙内战期间推翻民主共和国的民族主义军队领袖，西班牙国家元首，大元帅，西班牙首相，西班牙长枪党党魁。——译者注

❷ 2001年7月，Gucci集团收购了Balenciaga公司。同年9月，François Pinault创立的PPR集团（2013年更名为开云集团）对Gucci集团全面收购。——译者注

的分寸感印在他的作品中，凝聚成了鲜明的个人风格，迅速引起大家的注意。仅仅几季，品牌就取得了质的飞跃：他将自己对当下的解读融入作品，从而为品牌注入了时代的气息。他那些超级机器人风格的发布会，每一位模特都经过精挑细选，每一个廓型都经历千锤百炼，所以大家都争先恐后地想要得到第一排的位置。他成功地将 Balenciaga 变成了反 bling-bling 的大本营。2012 年 11 月，他与品牌之间的爱情故事落幕了。PPR 集团和这位设计师共同宣布了结束合作的决定。很快，盖斯奇埃尔去了 Louis Vuitton，而亚历山大·王（Alexander Wang）成为他的继任者。

❈

在真爱粉的眼中，巴伦夏加的风格一如既往的光芒四射，洒脱不羁。他的作品回顾展接二连三地举办，他的博物馆在吉塔里亚的建立都充分展现了他的才华。在这个时尚似乎已经被标签、品牌、副牌、流行潮人淹没的时代，在这个每一次时装周都要发掘新话题的时代，巴伦夏加的教诲依然令人信服。绝对的优雅来自细节、裁剪和美到令人窒息的纯粹的气质。这是这位伟大的西班牙人留给世人的宝贵财富。

克里斯蒂安·迪奥
（Christian Dior）

科克托曾说，迪奥（Dior）这个迷人的姓氏是"上帝（Dieu）"和"金子（Or）"的结合。1947年2月，随着称为"新风貌（New Look）"的时装革命在巴黎发生，这四个字母变成了全球知名的名字。谁曾料到他会取得这样的灿烂辉煌呢？

❈

1946年，迪奥已经41岁了，还是个一事无成的失败者。第二年，他的名字被全世界传唱。他对他的出资人马塞尔·布萨克（Marcel Boussac）说："我想开一家低调的小型时装屋，为那些精心筛选的真正优雅的女性创作。"不到一年的时间，他就初步建立了一个时尚帝国，并且把业务拓展到了美国。

这时的法国，千疮百孔、百废待兴，因物资短缺而实行了配给制，社会动荡不安，与布尔什维克主义和解的同时，勒·柯布西耶❶设计的住房被大力推广。而迪奥却在这时推出了紧身腰带、长及小

---

❶ Le Corbusier，1887年10月6日~1965年8月27日，出生于瑞士，1930年加入法国籍。20世纪最著名的建筑大师、城市规划家和作家，是现代建筑运动的激进分子和主要倡导者，机器美学的重要奠基人，被称为"现代建筑的旗手""功能主义之父"。——译者注

腿中部的花冠裙，蓬帕杜夫人❶风格的低领，一切都是极尽奢华。在这个应放眼未来的时代，他却坚定地转向了过去、传统和文化遗产。从普瓦雷、香奈儿，到库雷热、戈尔捷，20世纪的所有服装创新都是革命性的。对于迪奥而言，时尚是一场复辟，保守却又新颖。那些年轻、现代、举止端庄的女孩纷纷选择他的设计或者模仿他的风格。

20世纪下半叶即将随着社会的繁荣复兴开启，正是这位看起来最与世无争的设计师的出现，高级定制时装界迎来了大洗牌。相较于他设计的那些华美裙装，他更大的贡献在于奠定了此后奢侈品贸易的基石。

千万不要小看看似平静的水面。克里斯蒂安·迪奥过了40岁才觉醒，之后只享受了10年的荣耀。他还未来得及完成他未竟的事业，就在1957年被突发的心脏病夺去了生命。他生前一共卖出了10万条连衣裙，用了150万米长的面料，画了1.6万张画稿，有将近1000名员工为他效力。这位优雅大师还建立了一个由特许权、香水、化妆品等构成的商业帝国。他所构建的这一切，使今天Christian Dior公司的股票为世界上最大的奢侈品集团LVHM增添了吸引力。

拿破仑用数千人的鲜血书写了自己的传奇。而迪奥只是给几个贵妇设计华服就创造了自己的传奇。他不仅是首位向全球推行自己的优雅准则的美学家，也是最后几位具有政治家风范的法国企业家之一。他是女装界的洛克菲勒或阿涅利，将自己的生活、情感和个性全部与业务合为一体。

让我们追溯这位才华横溢、富有远见卓识的大师的命运线，看他是如何创造辉煌的。

---

❶ Madame de Pompadour，1721年12月29日~1764年4月15日。法国皇帝路易十五的著名王室情妇、社交名媛，凭借自己的才色，蓬帕杜夫人影响到路易十五的统治和法国的艺术。——译者注

❦

克里斯蒂安·迪奥于1905年1月21日出生于诺曼底海滨度假胜地格兰维尔（Granville）。他们家住在一栋带花园的大房子里，粉色的墙，灰色的瓦，可以俯瞰芒什海峡。他在家里5个孩子中排行老二，有两个兄弟和两个妹妹。他的父亲亚历山大经营着由他曾曾祖父于1832年创立的家族化肥企业。母亲给予了他很好的教养，她总是举止文雅，特别注重仪表尤其是室内和花园的布置。正是她，给未来的时装大师带来了深远的影响。也是在格兰维尔，他结下了珍贵的友谊，很多朋友后来都变成了他的合伙人和合作者。

他的表外甥让·吕克·迪弗雷纳（Jean-Luc Dufresne）说："和很多1914年前出生的中产家庭孩子一样，克里斯蒂安·迪奥一直对这种美好年代典型的、以孩子为中心的传统家庭生活充满怀念。他很快就继承了母亲对花园的热爱，并且对派对、服装、密室、旧时风格越来越感兴趣，这些元素后来都在他成年的生活中重复出现。"

少年时的他有一次去格兰维尔俱乐部参加化装舞会时，把自己打扮成海王尼普顿。这是他与服装的首次结缘。

当他14岁的时候，发生了一件好像对他产生重要影响的事。在一场慈善义卖集会上，一位看手相的占卜师提议为他预测未来。她作出了如下预言："您会发现自己不值一文，但是女性对您是有助益的，您也将会通过她们而获得成功。您将从中获得巨大的利润，而您也必须为之付出巨大的努力。"他的人生轨迹就这样被描绘出来了吗？

事实上，虽然克里斯蒂安·迪奥花了很长时间才明白自己的使命是什么，对于自己不想干什么，他很早就清楚了。视察父亲的工厂对他来说是件痛苦的事："从那时起，机器就是我的噩梦。"他说。

18岁的迪奥对艺术产生了浓厚的兴趣，并且想要成为建筑师。他向父母表达了想要报考巴黎国立美院的想法，但是他父母希望他成为外交官。为了让他们高兴，1923年他开始了在巴黎政治学院的学习。作为交换，他好不容易从父母那里争取到了学习音乐创作的机会。

很快，他就爱上了萨蒂❶、斯特拉文斯基❷和六人团❸。让·科克托鼓励年轻人要有创新活力，他听进去了。在家庭公寓里的一场场奇特的晚会中，大家席地而坐在半明半暗中（这是当时的习惯），演奏当代音乐。机缘巧合之下，作曲家亨利·索盖❹也是这一活动的常客。他刚刚写了一组钢琴曲，名为"法国女郎"。迪奥的作曲中也有一首同名作品。于是他们组织了一场音乐会，轮流演奏各自的"法国女郎"。

很快，其他朋友加入到索盖、迪奥和他们的小团体中，索盖称为"俱乐部"。他们每周在特隆歇（Tronchet）路的足尖（Tip Toes）酒吧聚会，吃着甜点，喝着鸡尾酒，好不快乐。和马克思·雅各布、克里斯蒂安·贝拉尔❺、马赛尔·赫兰德❻、勒内·克雷维尔❼、皮埃尔·加克索特❽在一起，一切都可以成为欢笑的由头。他们聚在一起

---

❶ Erik Satie，1866 年 5 月 17 日～1925 年 7 月 1 日。法国作曲家。代表作品有钢琴曲《玄秘曲三首》《三首萨拉班德》，交响戏剧《苏格拉底》，舞剧《游行》《炫技表演》和《松弛》等。——译者注

❷ Igor Fyodorovich Stravinsky，1882 年 6 月 17 日～1971 年 4 月 6 日。美籍俄国作曲家、指挥家和钢琴家，西方现代派音乐的重要人物。——译者注

❸ 指 20 世纪前期法国六位作曲家，即奥里克、迪雷、奥涅格、米约、普朗克、塔勒费尔。初由法国音乐评论家科莱于 1920 年提出。六人共奉萨蒂为宗师，在创作上反对印象派捉摸不定的笔触，提倡简洁、鲜明的风格，并间有复古倾向。——译者注

❹ Henri Sauguet，1901 年 5 月 18 日～1989 年 6 月 22 日。法国作曲家，主要作品有《蒂博一家》《特鲁埃尔情人》《Paul Valry》。——译者注

❺ Christian Bérard，1902 年 8 月 20 日～1949 年 2 月 11 日。法国著名艺术家、时尚插画家和设计师。——译者注

❻ Marcel Herrand，1897 年 10 月 8 日～1953 年 6 月 11 日。法国舞台剧和电影演员。——译者注

❼ René Crevel，1900 年 8 月 10 日～1935 年 6 月 18 日。法国超现实主义作家。——译者注

❽ Pierre Gaxotte，1895 年 11 月 19 日～1982 年 11 月 21 日。法国历史学家。——译者注

闲聊八卦，恶搞模仿。突然，有人变成了"唱着瓦格纳❶的德国女歌唱家"或者"得了鼻炎的英国贵族"。

晚上9点，他们跑去看演出。星期五去梅德拉诺（Médrano）马戏团，为弗拉特利尼家族❷或者男扮女装的巴贝特（Barbette）喝彩。星期六去北方布非剧院（Bouffes du Nord）看索朗格·达米恩斯（Solange Damyens）剧团戴着假发和"母亲的十字架"演出保留剧目《两个孤女和惭愧的罗歇》。

巴黎是属于年轻人的。酒吧里的一句玩笑话，喝醉后随口说的胡话，都有可能经由那个年代著名的艺术资助人查尔斯·德·诺耶斯（Charles de Noailles）或者艾蒂安·德博蒙（Étienne de Beaumont）之手，在几周后变成芭蕾舞或者歌剧的素材。青春期不再被嫌弃，而是被宠溺、被照顾、被保护的。在经历了一场巨大的悲剧，原来的生活方式被完全打破之后，我们需要它，需要它喷涌而出的新思想，需要它的乐观幽默，勇于探索。

在"屋顶上的牛"❸酒吧，让·科克托、谢尔盖·狄亚基列夫和埃里克·萨蒂倚靠在维纳❹和杜塞❺的钢琴上，教导他要勇于创新，追求卓越。他最大的成就可能就是将冈察洛娃❻、毕加索或斯特拉文

---

❶ Richard Wagner，1813 年 5 月 22 日 ~ 1883 年 2 月 13 日。出生于德国莱比锡，浪漫主义时期德国作曲家、指挥家。——译者注

❷ Fratellini 家族，20 世纪初到 20 世纪 20 年代欧洲著名的马戏世家，以保尔、弗朗索瓦和阿尔贝特三兄弟扮演的丑角而闻名。继三兄弟之后，保尔之子维克多及维克多之女阿尼在法国成功继承了家族在丑角方面的表演传统，延续了这个丑角家族的艺术生命力。——译者注

❸ Bœuf sur le Toit，巴黎著名的歌舞表演酒吧，创立于 1921 年，曾是先锋派艺术界的聚集地。——译者注

❹ Jean Wiener，1896 年 3 月 19 日 ~ 1982 年 6 月 8 日。法国钢琴家、作曲家。——译者注

❺ Clément Doucet，1895 年 4 月 9 日 ~ 1950 年 10 月 15 日。比利时钢琴家。——译者注

❻ Natalia Goncharova，1881 年 7 月 3 日 ~ 1962 年 10 月 17 日。俄国前卫女艺术家、画家、服装设计师和舞台设计师。——译者注

斯基❶过于艰涩难懂的艺术作品中难以感知的美普及给了大众。

❈

　　但是到了1928年，仍然没有任何人料想到迪奥会对他所在的时代带来怎样的影响。他已经23岁了，还只是个可爱的艺术爱好者，脑子里充满了各种各样的幻想，好像是为了欣赏美而不是创造美而生的。他放弃了音乐，但是和一个朋友在布瓦西·当格拉（Boissy-d'Anglas）路合伙开了一间画廊。可惜啊，这个神圣的画廊虽然卖出了很多深受喜爱的画作，却并没有真正赚钱。

　　但是钱算什么！这是一个充满虚假幻象的年代。距离华尔街金融危机还有6个月的时间，这时大家还相信，既得的财富是永恒的。克里斯蒂安可以接受他的处境和伴随着他的那些戏言。他的朋友们总是提醒他，他是住在帕西❷的富家子弟。

　　然而在有些情况下，他也会让朋友们大吃一惊。当时流行乔装改扮。所有的舞会，即便是在伯爵夫人家举办的舞会，也会有一个特别的环节：宾客匆匆穿上女主人准备好的艳俗的衣服，以滑稽的造型表演一场即兴的滑稽短剧。在这个游戏中，迪奥一直是王者。和他相比，其他人看起来都像是四旬斋狂欢日❸上的乔装演员。只有他知道如何将那些滑稽的旧衣变成完美的衣着。当他出现的时候，大家不会关注被他当作襟饰的年代久远的正装胸衬，只是高呼：

---

❶　Igor Stravinski，1882年6月17日~1971年4月6日。美籍俄国作曲家、指挥家和钢琴家，西方现代派音乐的重要人物。——译者注
❷　Passy，位于巴黎十六区的富人街区，在克里斯蒂安5岁左右的时候，迪奥一家搬到巴黎后的住处。
❸　四旬斋的第三个星期的星期四。四旬斋也称大斋节、封斋节。据《新约圣经》记载，耶稣于开始传教前在旷野守斋祈祷40个昼夜。教会为表示纪念，规定棕枝主日前的40天为此节期。

"看，是塔列朗❶！"

迪奥的这种社交天赋将助力他在20年后成为行业大师。每场发布会后，讨厌他的人都会叫嚷："美则美矣，但是那些连衣裙，十件有五件是没法穿的。"没法穿？也许吧。但是耀眼迷人是毋庸置疑的。这些设计不是为了让人一见倾心，而是在于刷存在感，颠覆那些尊贵的客人们墨守的成规，这样经过两年的审美熏陶，她们就会将这些"无法穿"的服装变成"必备款"。迪奥是首位将自己的作品变成象征符号的时装大师。

❋

天将降大任于斯人也，必先苦其心志。在跻身全球最知名的10位在世法国人之前，他还要经历财政崩溃的考验。这位时尚大师在自己的回忆录里讲述了那一段黑色故事："1930年，当我度假归来，一个不祥之兆给我带来的冲击远大于股市暴跌。在空无一人的房子里，一面镜子从墙上掉落，碎了一地。厄运降临我们这个被庇护的幸福家庭了。我的哥哥不幸罹患一种无法治愈的神经疾病。我深爱的母亲，因忧思过度，身体迅速衰竭，不久就撒手人寰。现在回想起来，影响了我一生的母亲的离世，对她而言，何尝不是一件幸事。这位完美的妻子、温柔的母亲早早地离我们而去，所以不必经历那些命运带给我们的极其艰难的未来。事实上，1931年初，由于我父亲将资本都投资到了房地产业，几天后他就发现自己破产了。所有在今天看来是安全投资的东西：不动产、艺术品、绘画——更别说股票了——都必须快速以最低的价格廉价处理。"

他坦然接受了家境骤然衰败的事实。这时的他几乎是无家可归了。万幸的是，他有很多朋友都愿意收留他，在朋友们的不同生活

---

❶ Charles Maurice de Talleyrand–Périgord, 1754年2月2日~1838年5月17日。法国资产阶级革命时期著名外交家，为法国资本主义革命的巩固做出了极大贡献。

环境中，他得以忘却现实带给他的苦难。这样的生活持续了一段时间，直到有一天，他的一位密友，当时还没成为演员而是时尚插画师的让·奥泽纳（Jean Ozenne）对他说："你何不和我一样画时装画呢？你会画画，品味又高。而且以前你家境显赫的时候，几乎游遍了欧洲的博物馆。要知道，在我们这一行，有时候重点就是让过去焕发新生。在这个领域碰碰运气吧！"

于是迪奥闭门不出，拿出纸笔开始潜心创作。几天后，奥泽纳带回了好消息。迪奥委托给他的一幅作品，轻松地卖出了100法郎。而立之年的迪奥终于找到了自己的职业道路，这条道路曲折而漫长，在经过皮盖和勒隆的工坊后，才最终将他指引到位于蒙田大道的著名府邸。

于是他开启了新的职业生涯，并且前往南部去磨练自己的画功："不管你们信不信，我虽然有很好的审美能力，有很多画家朋友，过去的工作也是跟绘画相关，但是要说到拿起画笔，我真的不是很熟练。"他继续说道："在那两个月里，我没日没夜地练习，设计了一些款式，然后我回到巴黎。揣着我的大量画稿，我决心为自己争取一席之地。帽子的画稿找到了一些买家，但是裙子的画稿就没那么幸运了，不太被认可。"

VOGUE 杂志的主编米歇尔·德布吕诺夫（Michel de Brunhoff）和室内设计师乔治·杰弗里（Georges Geoffrey）为他的新事业做向导，1935 ~ 1938年，他成功吸引了很多时尚品牌的注意，包括阿涅斯（Agnès）、斯基亚帕雷利、莫利纽克斯、巴黎世家、丽娜蕙姿、帕图、梅吉·罗夫、帕坎和沃斯。多么美好的世界啊！

1936年，迪奥为《费加罗》日报画插图，他的收入很快就让他搬入了位于皇家路（Rue Royale）10号的属于自己的公寓。1938年，乔治·杰弗里将他引荐给了设计师罗伯特·皮盖，后者立刻就聘他做工艺师，并且传授他制衣的技艺。迪奥后来说："在这里，我将会深入了解一件礼服从创意到成品的全部秘密，我将会小心翼翼但是专心致志地进入首席工匠和工坊的世界，我将会努力弄清楚斜裁和直裁的秘密。皮盖是一个充满魅力但反复无常的老板。他很喜欢玩弄权术，只有这时候，他那疲惫的双眼中才会闪过亮光，但是这让人员关系变得更复杂。还好，他很欣赏我的工作，我设计的款式也为他赢得了真正的成功。"

1939年8月，他应征入伍。反对黩武的他拒绝参加军官培训，因此被安排进了工程部队成为二等工程兵，但是他极少参与战斗。1940年停战协议签署之后他就复员了，到普罗旺斯去找他的妹妹卡特琳娜（Catherine）。迪奥家族在卡利昂（Callian）还留有一块地。克里斯蒂安·迪奥在妹妹的帮助下，摘花、翻地、种蔬菜。他们就靠着亲手种植四季豆和豌豆，把它们拿到戛纳或者周边的市场上去卖，来维持生计。一位朋友从美国寄来了一张1000美元的支票，用来换取那个早已不存在的画廊剩下的画作。这张珍贵的支票让他们能够安心等待第一季的收成。

当罗伯特·皮盖重新联系上他的工艺师，希望他能够回归的时候，他已经成为一个实实在在的农夫了。所以，他又一如既往地踌躇不决。当他终于在1941年年底出现在皮盖公司的时候，工艺师的职位已经被人占了。心烦意乱的他向保罗·卡尔达格斯（Paul Caldaguès）诉说烦恼，而后者将他介绍给了吕西安·勒隆。他被录用了。迪奥表示："Lelong公司是学习定制时装的一所绝佳的学校。娜迪纳·卡桑德尔（Nadine Cassandre）领导下的出色的首席工匠队伍，使坚实的手工艺传统在这里得到延续。而我到目前为止，总共只在皮盖公司学习了一年，因此我亟须在一家对我而言全新的、规模更大、员工更多的公司深入我的职业学习。"

款式设计的任务并不都在他身上，因为战争爆发前就在Lucien Lelong公司工作的皮埃尔·巴尔曼回来复职了。他们这些年的合作中，并没有因为竞争而产生任何不合。他们对时装的爱超过了对自己的爱。巴尔曼和他永远不会忘记勒隆在紧缩政策最严苛的时候，在被面料短缺深深困扰的时候，在时刻担心公司突然倒闭的时候，仍然在向他们传授技艺。他们逆风而行，向阳而生，终于坚持到了解放之日。

那时的时尚就是……那副样子。完全臣服于乘地铁、骑自行车和穿着木底鞋步行的交通要求。因为面料短缺，无法做出膨起的裙子，只能用帽子来补救。这些用其他地方都用不了的碎布料做成的帽子，向当时的不幸和常规发起了挑战。这种风格和爵士乐迷男装风格共同构成了服装时尚史上最令人困惑的时期。迪奥将以怎样愉快的心情来对它进行反击！

❈

1944 年，巴尔曼离职去创立自己的品牌了，留下他独自担任勒隆的艺术总监。迪奥总是无法下定决心迈出那一步。他的这种胆怯和谨慎可能与他默默承受的自己是同性恋的事实有关。在 Lucien Lelong，他的工艺制作能力得到了明显的提高。这家公司有非常强的手工艺传统，在与那些出色的首席工匠共事的过程中，他学习到了服装制作中最重要的基本原则：面料的纹路方向。一定要学会掌握面料的自然动态，否则就无法做出完美的连衣裙。

命运之神很快就化身为他在格兰维尔的儿时好友出现在他面前。"我们已经多年未见，"迪奥说，"他那时候在位于圣弗洛伦丁路的加斯东（Gaston）时装屋做经理，他知道我做时尚画师了。他高举双臂向我保证，是上天让我们重逢。加斯东时装屋的持有人布萨克先生想要让这个品牌更上一层楼，所以正在寻找一个能为品牌注入新鲜活力的工艺师。我认识这样的稀有人才吗？我认真地想了一下我认识的人，然后很遗憾地告诉他，我想不出来有谁合适。为什么我就没想到我自己呢？"他的这种谦逊是发自内心的。

几天后，他们第二次相遇，他再次拒绝了这个机会。下一个礼拜，他们第三次见面。命里有时终须有。迪奥思忖："既然如此，我为什么不可以呢？"他已经41岁了，但还不太晚，这是最好的时机。接下来要做的就是和马塞尔·布萨克见面，并且说服他。

这个男人以自己的方式创造了传奇。他父亲是沙托鲁（Châteauroux）的面料商，1908年，年仅18岁的他就开始负责销售。那时的法国女郎，若非穿着巴黎时装大师设计的高定时装，则几乎都只穿黑色、海蓝色和灰色的衣服。从他接触业务的第一年开始，布萨克就找到了自己人生的主要目标：打破千篇一律。巴黎变成了他的业务主场。他在这里重遇了自己的母亲，她已经改嫁成为作家卡蒂尔·孟戴斯（Catulle Mendès）的妻子。他努力向孚日山区的面料厂商灌输自己的观点。他很快取得了巨大的成功，在他的鼓励下，61家工厂从纺纱到织布，生产出了70种棉织品，而在美国工厂里，只能生产4～5种。他用有品位的前卫印花让这些棉布更显高贵。无论是怀旧花卉、超现实主义魔法、装饰艺术风格，抑或是抽象线条和色彩，布萨克的面料与时俱进地表达了这些流行趋势的演变。棉布从此大放光芒。

为了跳过中间商，更加快速、精准地把握消费者尤其是女性消费者喜好的变化，马塞尔·布萨克从1928年开始，就收购了一家小型服装公司作为观察点：菲利普和加斯东（Philippe et Gaston）。现在需要扩大这家公司的规模，并且赋予它年轻的气息了。

迪奥答应去这家公司看一下，但是公司的破败程度把他惊呆了。"时装屋紧张而繁忙的生命比人类的生命还要短。一想到要冒这么多风险，要掀起那么多尘埃，要面对那么多勾心斗角，要面对那些已经在这里工作了很多年的员工，要在这个不断更新的行业里用'旧瓶装新酒'，我就退缩了。一走出Gaston，我就意识到，我没有起死回生的能力。"回忆起这段经历时，他说。

于是迪奥找到马塞尔·布萨克，拒绝了这个职位。不过这时，这个腼腆的男人却突然大胆地提出了一个后来让他痛并快乐着的计划：成立一个以他的名字命名的时装屋，规模很小，门槛很高，用最优良的传统工艺定制时装，只为那些真正优雅的女性客户服务。

在这里只出品那些看似简单但是制作工艺非常考究，能满足战后复苏的海外市场对巴黎的新期待。他设想的裙子是用层层叠叠的衬裙撑起的蓬松长裙。布萨克立刻就意识到，这种时装会消耗大量的面料，这将重新推动纺织工业的发展。

于是他向迪奥提供了1000万法郎作为新公司的启动资金。可是迪奥却在和布萨克的得力助手亨利·法约尔（Henri Fayolle）谈判的过程中突然落荒而逃。他找到自己的占卜师德拉哈耶（Delahaye）夫人，寻求她的意见。她消除了他的顾虑："接受！"她说，"一定要接受！您应该创立Christian Dior公司！无论起始条件如何，您之后都不会遇到比现在这个更好的机会了。"

得到这么明确的保证之后，他屈服了，或者更准确地说，他决定顺应天命。迪奥是一个非常迷信的人。他的幸运数字是8，幸运字母是M，还有铃兰花和星星也是他的吉祥物[1]。他又去找第二个占卜师咨询，这位占卜师像被附身一样激动地宣告："这间时装屋将会给时尚带来革命。"

现在，是时候告诉吕西安·勒隆这个消息了。勒隆听完后，建议可以两人联名。然而为时已晚，命运的骰子已经掷出。迪奥答应继续做两季服装，以确保与新工艺师的交接平稳过渡，同时着手新公司的筹备。

做事地道的布萨克最后决定将这个项目的投资提高到5000万法郎。作为一个心思缜密的商人，他指派了一个自己手下的经理人雅克·鲁艾特（Jacques Rouët）担任新公司的行政总监，管理公司的业

---

[1] 克里斯蒂安·迪奥非常相信直觉和命运的征兆。可能是受到那位他深爱的，并且总是预感很准的外婆的影响，这位时尚大师对占卜术情有独钟。他会定期拜访他的占卜师德拉哈耶夫人，执着于一切能给他带来好运的事物。因此，迪奥的幸运手环是从不离身的。手环上是他收集来的各种护身符和吉祥物：两枚心形饰、一枝铃兰、一块雕刻的金饰、一小块木头、一片四叶草。这些也都在他的服装系列中得到体现，比如"吉祥物""四叶草""星座""幸运星""吉普赛女郎""纸牌占卜师""铃兰花"等都是他给自己设计的服装起的名字。他对扑克牌的热爱也有迹可循，有些款式名叫"纸牌占卜""纸牌戏法""彩票"。

务。迪奥则是艺术总监，负责创作和生产。布萨克在香榭丽舍大道和塞纳河之间的巴黎八区核心地带，出资买下了位于蒙田大道30号的一栋五层大楼。店铺由克里斯蒂安·贝拉尔画设计图，室内装修的任务交给了维克多·格朗皮埃尔（Victor Grandpierre）。迪奥坚持室内的主色调是灰色。他觉得灰色能让房间看起来有一种素雅的氛围感，而且和服装相比更中性。他选择用或深或浅的灰色和白色间隔。

❊

迪奥从Patou抢来了玛格丽特·卡雷（Marguerite Carré）担任技术总监，掌管一个由30名工人组成的工坊，同时又从各处挖来最巧手的缝纫工和最机灵的销售员，业界对他的这种强取豪夺的行为咬牙切齿。玛格丽塔·卡雷的任务是将他的画稿完美展现为服装。泽纳克（Zehnacker）夫人离开Lelong开始了新的征程。迪奥说："雷蒙德（Raymonde）就是第二个我，或者更准确地说，是我的补充。她在奇思异想中注入理性，在天马行空中建立秩序，在自由中制定规则，在冒失中提前研判，在矛盾中维系平衡。总之，她带给了我所有我还没来得及掌握的，让我得以在这个我才涉足没几年的定制时装世界里如鱼得水。"

接着，Molyneux曾经的设计师米扎·布里卡尔（Mitzah Bricard）也加入了他的团队。他说："我认为，她那独特的他人无法模仿乖张特质完美地平衡了我源自诺曼底的过于理性的特质。她为我营造了一个很好的创造氛围，并不盲从，而是会有反对甚至反抗的意见。另外，她在定制时装传统工艺方面极其丰富的经验，以及决不妥协的精益求精的精神，在我看来是对抗那个时代不修边幅、马虎随意最好的良药。布里卡尔夫人在我公司将我最喜欢的那句箴言化为了行动：我会坚持。"

设计和行政管理团队建成以后，下一步就是要考虑其他同样重要的岗位人选了，比如沙龙服务和销售。他的家乡诺曼底再一次帮了他：这一次他的救星是来自他故乡格兰维尔的苏珊·卢玲

（Suzanne Luling）。之前她一直在广告行业工作，法国被占领期间她进入了时尚业。"活力四射"还不足以形容她，"风风火火"勉强符合。她在任何时候都是心情愉悦、生机勃勃的样子。她为销售员加油打气，激发顾客的购买欲望，与人沟通时，眼睛里总是闪耀着热情和活力。为了迎合时代的变化，他还招了一个广告主管。有人给他推荐了一个渴望留在法国的年轻美国人哈里森·埃利奥特（Harrisson Elliot）。本身就是一个最佳公关的克里斯蒂安·迪奥明确地定义了他的职责："相较于诱导消费，他首先要避免过度广告。"

然后就是招募模特了。诺埃尔（Noëlle）、宝乐（Paule）、约朗德（Yolande）、吕西尔（Lucile）、塔尼亚（Tania）和玛丽·特蕾莎（Marie-Thérèse）是他的第一批模特。她们是新风貌的代表模特，她们旋转的步伐创立了新流派。他到1946年7月才忙完这一切，决定将公司开业定在12月15日，在1947年春天推出第一个服装系列。他组织了一个对他来说颇为伤感的小型聚会，向Lelong公司的同事告别。这场气氛友好的下午酒会标志着他"学徒期"的终结。也是在这场告别会上，另一个更加残酷的信息提醒他，无忧无虑的青年时代一去不复返了。他接到一个电话，得知他在南部安享晚年的父亲突然离世了。是时候奋发图强了！

迪奥独自隐居到他的朋友皮埃尔·科尔（Pierre Colle）和卡门·科尔（Carmen Colle）夫妇的家中，在枫丹白露森林中开始几天的头脑风暴。漫步于漫天大雪中，他得到了灵感。他希望他的连衣裙也有那样纯净的气质。他知道，他推出的第一个花样女郎服装系列将会为他的奇异花园增添光彩。这位设计师明确指出："我们刚从战争的阴影中走出来，告别了军装，摆脱了强壮如拳击手的女兵形象。我把女性幻化成花朵，肩线柔美，上身丰腴，腰肢如藤蔓纤细，裙裾如花冠盛开。但是我们知道，这种脆弱的外表需要的恰恰是特别严谨的结构。为了实现我对结构和造型的准确要求，必须采用一种与当时的工艺截然不同的新工艺。我希望我的裙子是以女性曲线为基础构建的，并且能美化这种曲线。我收紧腰部，增加胯宽，凸显胸围。为了让这些衣服更加挺括，在我的要求下，几乎所有的密织棉和塔夫绸都加衬了，从而恢复了已经被抛弃很久的传统。"

他为第一场发布会设计了90套服装，但是他后来说，当他推出这些作品的时候，从来没想过掀起革命。他甚至在自己的回忆录中强调了他是如何轻巧地完成这个系列的："我必须实事求是地说，在我做的所有服装系列中，开幕之作反而是我花了最少精力，最不担心的。因为我还是个无名之辈，大众对我没有特别的期待和苛求，所以我也不用担心会让他们失望。当然我需要取悦大众，但是更重要的是我自己的想法。对我来说，首要目标是推出做工精良的作品。掀起时尚革命并不在我的计划内，我只想老老实实地将我的设计落到实处。我的理想是被大家认可是'一流工匠'，这可不是一个徒有其表的名号，它包含着我最欣赏的真诚的态度和优良的品质。"

创作的热情和创业的激情还是高涨的。他周旋于公司装修工程、人员招聘、服装设计中，应接不暇，精疲力竭时，只能在面料堆上休息，那是现场唯一还能坐的地方。模特只有6名，成百上千次试衣，让他们的精神和体力都备受摧残。

面料也把他吓得直冒冷汗。"它们给我带来了很大的麻烦。"他说，"当时面料的质量和今天相比差距还很大。而且我设计的服装需要用的面料必须有硬挺的质感，比如用染色丝线织的塔夫绸、罗缎、公爵夫人缎、硬毛呢面料等，而这些面料在当时都很稀缺。它们已经被柔软的罗马绉绸或者乔其纱、平纹细布或者针织面料取代好多年了。"

在装修工程还没有完全完工的时候，充斥着工人的沙龙里就进行了几次排练。然后迪奥组织了一场正式彩排，向他的密友们展示他的设计作品。宾客名单中包括艾蒂安·德博蒙、玛丽·路易

<u>丝·布斯盖</u>❶、克里斯蒂安·贝拉尔，以及一些媒体朋友，比如埃莱娜·拉扎雷夫❷、米歇尔·德布吕诺夫、保罗·卡尔达格斯、詹姆斯·德科盖（James de Coquet）。贝拉尔发出赞叹的惊呼，玛丽·路易<u>丝</u>·布斯盖更甚之。迷信的迪奥冲向最近的木头摸了一把❸。这一切对他来说美好得就像是一场梦，他害怕梦会醒。

终于到了 1947 年 2 月 12 日。这天早上的巴黎冷得让人瑟瑟发抖。记者们都在无限期罢工中，所以法国人反而是最后才知道，在蒙田大道的一座府邸刚刚上演了一出闻所未闻的大戏：一位时尚大师的诞生。

玛丽·特蕾莎是第一个穿上服装化好妆的模特。10 点半，沙龙里已经座无虚席，大秀开始。特别紧张的玛丽·特蕾莎在走第一圈的时候出错了，回到后台止不住哭泣，之后就无法穿上衣服了。很快，随着模特们的出现，现场爆发了热烈的掌声。迪奥捂住了自己的耳朵，因为最初的喝彩声总是让人害怕。他不敢相信这是真的，但是不断传回的捷报终于让他相信，他的团队在塔尼亚的严格训练下取得了进步。克里斯蒂安·迪奥后来讲述了这场秀的高潮："模特穿着最后一套衣服充满热情地上场了，玛格丽特夫人、布里卡尔夫人和我在更衣室相视无言。雷蒙德喜极而泣，过来找我们，将我们推向表演大厅，迎接我们的是满场掌声雷动。这是我一生中感受到的最幸福的时刻，没有任何事情可以与之相比。"

在这间珍珠灰的沙龙里，他被激动的人群团团包围。*Harper's Bazaar* 的主编卡梅尔·斯诺（Carmel Snow）说了一句有历史意义的话："这就是一场革命，亲爱的克里斯蒂安。您设计的服装展现了一种新风貌。它们太棒了，您知道吗？"

---

❶ Marie-Louise Bousquet，1885 年 9 月 29 日 ~ 1975 年 10 月 13 日。法国时尚记者。被认为是最早发现克里斯蒂安·迪奥潜力的人之一。——译者注
❷ Hélène Lazareff，1909 年 9 月 21 日 ~ 1988 年 2 月 16 日。法国记者，*Elle* 杂志创始人。——译者注
❸ 法国人相信摸一下木头会得到老天的保佑。——译者注

于是，克里斯蒂安·迪奥署名的第一个服装系列就被大家称为"新风貌"了。这个名称将在全世界所向披靡。Dior公司的第一个服装系列被致以雷动的掌声和持续的欢呼。新风貌创造了辉煌。迪奥让巴黎重放光彩，让饱受创伤的法国重新成为世界时尚中心。

克里斯蒂安·迪奥从他的第一个服装系列开始就赢得的非凡成就，是一个看似矛盾的结果，而这种悖论只有在特定的历史和环境下才会成立。在这一天（接下来的几季也是如此），这位设计师通过回看过去，完全颠覆了时尚和女性轮廓。"定制时装想要回归正途，重新找回它最初的功能，也就是修饰女性，让她们变得更美丽。"他写道。而这也正是他想要满足的愿望。

服装史专家安妮·拉图尔（Anny Latour）看得很透彻，她说："新风貌只是对旧风貌的一种必然反抗。旧风貌是战前就开始流行的时尚：直身短裙，厚重垫肩。而随着战争的延续，这些特征越发明显：裙子越来越短，肩型越来越宽，蓬乱的头发和帽子越来越高，木质鞋底纷乱的脚步声放肆地与德国军靴的步伐对抗。这种流行趋势，终于随着和平的回归，画上了句号。"

❦

首先是对20世纪40年代物资短缺催生的时尚——窄身短裙、宽大的肩膀、累赘的帽子、厚重的木底松糕鞋——的反抗。接着灵感乍现。一目了然的显著变化是裙子令人咋舌的长度。除此之外，新风貌完全颠覆了女性身体的比例，重塑了她们最优美的自然线条。上半身勾勒出了丰乳纤腰，层叠的衬裙打造了圆润的臀围，肩部变窄，小腿隐藏在裙下，模特拥有一张巴掌脸，迪奥打造的时尚曲线柔美，再现了女性的婀娜之姿。

湮没在时光中的所有真实或想象的优雅都和他如影随形。1947年，被让·科克托称为"原子弹"的新风貌把裙子的下摆降落到离地25厘米的高度，而在裙围达到30米的半身裙内，紧身褡束起了纤腰。他的设计藏起了美腿，还胆敢在那个面料紧缺的年代推出宽阔的裙摆，这场震惊全球的带着历史记忆的时装秀，仅用50分钟的时间就让2000万女性被时尚淘汰了。

巴黎差点爆发骚动。住在勒皮克（Lepic）路的家庭主妇对前来为《巴黎竞赛画报》（*Paris-Match*）拍摄的模特破口大骂。这个在巴黎发生的小插曲，以及新廓型的横空出世，演变成了一个席卷全球的现象，而在美国，甚至引起了公愤。什么！这个法国人怎么胆敢如此糟蹋面料，毫无爱国精神？谁给他的权利藏起美国美人的美腿？他们结成了联盟，走上街头游行，大喊"烧了Christian Dior""Christian Dior滚回家去"。

只要看一眼各个品牌1947年春夏的发布会，就不难看出整体廓型发生了变化。不仅在Dior的秀场上，在Fath、Balmain-Balenciaga、Piguet、Dessès的秀场上也都能看出，线条变得更加女性化了。

第一季的辉煌战绩超出了他所有预期。先是媒体，接着是客人纷沓而至，将他接下来两季的发布会挤得水泄不通。面对如此大的人流量，必须扩宽楼梯平台，取消一架古老的电梯。还不够，涌入的客人从平台又挤到了楼梯上，每一级台阶都像是剧场中的一个VIP阶梯座位。迪奥被迫无奈地不停地拒绝来宾，最后创立了座位预约制，以减少别人对他的怨怼，也避免了那些无法入场的人认为自己是某个个人行为的受害者。这个制度还有一个附加的优点，是可以帮助过滤掉那些抄袭者和只是凑热闹的人，把位置留给那些真正的优质客户。

在他的秋冬系列中，迪奥将裙子的下摆抬高到了离地35厘米的高度。*Harper's Bazaar*对此表示热烈欢迎。这次他推出了"双翼"和"旋风"的廓型。"双翼"廓型跟在"起飞"廓型之后出现，包括一些形似翅膀的半身裙和衣袖。一款名为"妖艳"的连衣裙呈现的身段，很难不让人联想到19世纪70年代的时装。"旋风"廓型中有一款名为"风标"的连衣裙，由抹胸款黑色天鹅绒紧身上衣和塔夫绸裙子组成，裙子上的巨大褶裥由鬃毛加固形成。

1949年秋冬系列中，迪奥又开创了"剪刀"型和"风车"型。波浪形的布条像剪刀的刀刃或者风车的扇片一样互相交叉。质感对比强烈的面料更增强了这种效果：天鹅绒搭配羊毛，绸缎搭配天鹅绒，毛呢搭配绸缎。媒体盛赞那些极其宽大的大衣上巨大的披肩领。迪奥解释说，他的灵感来自牧羊人穿的斗篷。"视错觉"系列中的多款连衣裙终于在秋冬系列中推出了。

1950年，迪奥推出了"纵向"线条。上衣像套头毛衣一样裹在身上，大多无袖，领口突出了胸部线条，迪奥称为马掌领。总的来说，贴合髋部的褶裥让整体轮廓变瘦了，但是也有些用纬向剪裁的山东绸布片构成的体量巨大的春夏大衣。

1950年秋，"斜线"轮廓诞生了。衣服的翻领很像建筑上的三角楣。这个系列的整体造型上直下阔，是后来的A型线条的预演。同一时期推出的全新的"铃兰"线条也有下部放宽的日间连衣裙。

1951年春，迪奥回归更自然的风格，强调了胸部和髋部的曲线。袖子上部宽大，从手肘部分开始收紧。1951年的"修长"线条中，外套的下摆消失了，露出了更长的裙子，类似于督政府时期和帝国时期的风格。

"曲折"型是1952年春季推出的。突出的肩部线条和紧身胸衣告一段落了。腰线要么特别高，走帝政风格，要么落到髋部。1952年秋季最有代表性的是衬衫裙的推出，晚装裙变得更加纤长，裙摆比上一季加长了10厘米。宽宽的紧身裙使模特的身形更加紧致。1953年春，"郁金香"系列推出，用迪奥自己的话说："这种廓型将比例完全颠倒了。上身宽大，使呼吸更加顺畅。与之相对的是，髋部包紧，让行动变得更加困难。"蓬蓬裙只在晚礼服中出现。

1953年的"活力"廓型灵感来自巴黎的穹顶和埃菲尔铁塔，为H型线条的推出埋下了伏笔。迪奥突然将裙摆缩短到了刚过膝的位置。终于，在围绕花冠型的女性线条做遍了各种变化设计之后，他在1954年掀起了一场新的革命。横行了7年的新风貌，只用了3个小时就覆灭了，现场观众眼睁睁地看着它被"四季豆"女郎取代，目瞪口呆。所谓改变，这就是改变！而且，正当时。四季豆女郎又称H型线条或者平板线条，极其优雅，极其华贵，抹去了胸、肩、髋的曲线，以至于玛丽莲·梦露公开表示抵制这些裙子。

这个潮流在接下来的几季中得到了延续。充满流动感的松身连衣裙描绘出了一个暧昧的少女形象，线条流畅的上衣，滑落的腰带以及露出的美腿——但是膝盖是无论如何不会露出来的，因为对迪奥来说，这是女性身体上最丑的部位。丰乳肥臀纤腰这些迎合直男审美的标准终结了。时尚另辟蹊径，让女性变得更加性感。这场关于诱惑的永恒的游戏再一次重新洗牌了。

1957年秋冬系列是迪奥的绝笔之作，主打"纺锤"线条。简洁的连衣裙没有腰身，上下比较合体，缝份都和人体结构相吻合。他一反常态地设计了一种非常舒适的廓型，与他1947年推出的那个引起全球骚动的廓型完全背道而驰。这是1955年就进入工作室的年轻的伊夫·圣洛朗在1958 ~ 1960年接手Dior设计总监之前的预演。

从1947年春夏系列到1957年秋冬系列，克里斯蒂安·迪奥一共设计了22个高级定制服装系列。媒体试图了解他的创新秘诀，迪奥的答案很明确："经常有人问我是从哪里获取灵感的，老实说，我也不知道。也许某位精神分析学家（并且同时也是服装设计师）通过研究我一季季的作品能挖掘出我过往生命中的感动。但是他一定找不到大家想象中设计师一定会有的从中寻找灵感的资料集的痕迹。我并不是否定这种方法，只是我知道这对我来说毫无帮助。时尚有它自己的生命以及理性无法理解的原因。就我个人而言，我只知道我设计的连衣裙全都来自我的忧虑、烦恼和激情，这些服装只是我日常生活的反映，蕴藏着生活中的感动、温情和欢乐。如果说有人欺骗背叛了我，其他人则像我爱他们一样衷心地爱着我。因此我可以说，我生命中最令人振奋、让人感动的奇遇就是我的裙子们。它们让我深深着迷。它们让我魂牵梦萦，全神贯注，操不完的心。它们构成了一个天堂与地狱并存的循环，我在其中痛并快乐着。❶"

每次推出新系列的时候，他都胆战心惊。

创作期间，每天早上醒来，他都会坐在他绯红色华盖的老式床上，以一杯薄荷茶开启新的一天；然后在他绿色大理石的浴缸里泡个澡。几个小时后，他拿出了几百张设计草图。接着，在智囊团的帮助下，他根据画稿提炼出这一季的廓型，确定出150 ~ 200款服装，将画稿分发给各个工坊开始做坯布样衣。

每一套服装都会经过这位大师的亲自检查和确认。每当这时，他都穿着一件白大褂，坐在扶手椅上，手执一根金手柄的长棍，指出有问题的地方，让换一个蝴蝶结，移动一条缝份。大家重新裁剪，增增减减，匆匆忙忙。每一季的服装系列中，都会有5 ~ 6套盛大的礼服，被称作"特拉法加尔"，因为它们就是一场灾难。这些带来视觉冲击的礼服每次都能引起广泛讨论，这位大师故意为之的夸张设计就是为了震惊全场。

发布日越来越近了。整个公司里压力激增。首席工匠们情绪恶劣，模特们累到晕倒。迪奥自己的情绪已经绷到了极致。发布会当天的上午，他躲到了更衣室，穿衣工在那里激动地忙忙碌碌，首席工匠们焦急地做最后一刻的调整。

灰色和金色的大厅里，气氛就像是剧院的首演之夜那么紧张。那些精心打扮的美妇们满怀期待地等待着开秀，她们这一刻的优雅在下一刻就将过时。大厅里嘈杂的讨论声突然停了。第一个模特出现了。一位穿着低调的黑色连衣裙的销售员在一边报幕："一号，鸽子。"

这就是迪奥等待的静默时刻。

在接近2小时的时间里，模特们一个接着一个，以优雅的姿态完成这一场充满仪式感的演出。随着她们先后回到后台换装，迪奥紧张地向她们询问观众的反应。终于，掌声响起，迪奥羞怯地从幕

---

❶ 《克里斯蒂安·迪奥与我》（*Christian Dior et moi*），维伯特（Vuibert）出版社于 2011 年出版。

后走出，向观众致意。前来朝圣新优雅的观众们离开金色的座椅，他们将向全世界宣布来自时尚独裁者的号令。

迪奥在格兰维尔的童年好友苏珊·卢玲是他的心腹，掌管着沙龙和客户关系。在对他的世界了如指掌后，她和迪奥一起列了一张应该争取到的女性客户名单，主要是一些外国的亿万富翁。这位设计师对"生意"表现得漫不经心："我给自己做了一个规定，决不踏足沙龙，决不直接干涉业务，极少与客人见面。哪怕是最亲密的朋友，一旦她来到蒙田大道30号，她拜访的就是Christian Dior公司，而不是我家。这才对！这样她才能自在地选择，决定是否下单。另外，如果有客人想要弃我们而去，最好也别干涉。"

苏珊·卢玲眼观六路耳听八方。每一个高定时装品牌的客户群中都不可避免地会有一些"讨厌鬼"，她们有些人不知道自己要什么，有些人永不知足，有些人总是试图讨价还价。Dior公司也无法幸免。

面对媒体的时候，马塞尔·布萨克对于他培育的新品牌所获得的成功也表现出了同样的漫不经心："Dior公司的业务只占我工作时间的五分之一，它只是我所有事业领域中的一朵小花。"但是他的妻子、女高音歌唱家法妮·赫尔迪能穿上迪奥设计的服装，对他来说还是非常重要的。

❧

经过几年的时间，Dior公司变成了一家大型公司，商业巨擘，拥有1200名员工。创立于1948年的Christian Dior香水公司坐落于弗朗索瓦一世（François-Ier）路上，这条路上还出现了法国制造的丝袜，结束了多年来从美国进口的历史。事实上，Christian Dior股份有限公司早在1948年就在纽约成立了，根据迪奥先生一年两次提供的设计稿制作高档华服。这个100款左右的服装系列直接在美国最好的服装零售商场里展示和销售。

也是在1948年，公司巴黎总部增加了一个皮草部门，并且发展迅速。1951年，销售皮草产品的公司在美国成立。1952年Christian Dior伦敦公司成立，1953年Christian Dior-Delman定制鞋履公司成立，由罗杰·维威耶（Roger Vivier）负责设计，已经和维威耶在纽约合作了多年的德尔曼（Delman）负责制作。同年，在加拉加斯开了巴黎总店的分店，完全复刻了蒙田大道上的第一家店面的样子，销售袜子、手套、香水、丝巾、时装首饰等各种全世界女性都喜欢的配饰。

Christian Dior在法国和海外的8家公司和16家联营公司在1954年全年共完成了60亿法郎的营业额。作为Dior公司最大的股东，布萨克始终躲在幕后。法国喜欢艺术家，不喜欢亿万富翁。广告宣传和资本力量都不能否认，迪奥和他是当之无愧的时尚之王。他被指责通过海外分支将法国高级定制拉下了神坛，出卖了它的工艺秘诀。但是，其他设计师已经在他的成功中得到了启发。开弓没有回头箭。

❦

Dior香水事业同样在全球高歌猛进。他们家的香水在库尔贝瓦（Courbevoie）的工厂生产和包装，一年的营业额超过35亿欧元。就像Dior公司的所有业务一样，质量始终是首位的。香精的品质，它们的原创性、持久性，以及高雅的傲慢气质。他们家的三款香水分别是："迪奥小姐（Miss Dior）""迪奥拉玛（Diorama）""迪奥之韵（Diorissimo）"。"迪奥小姐"带着喷薄欲出的女人味，花园的芳香融合了麝香和隐约檀香的气息。"迪奥拉玛"更热烈，以龙涎香为基调，散发出浓郁的晚香玉调，裹挟着淡淡的牛至香。性感尤物的真命香水！"迪奥之韵"是三者中最有活力的一款，它结合了铃兰的娇柔（迪奥先生的幸运花）、丁香的活力，以及茉莉令人心碎的香气，整体略带珍稀木材的香调。

萃取香精的这种品质与他们的高定所表现出来的低调奢华相得益彰。Dior的香水师可以和Dior高定设计师平起平坐。Christian Dior香水出口到全球83个国家，他们的广告不仅强力输出公司形象，更是对法国香水业声誉的推广。

❀

尽管已经取得了非凡成就，克里斯蒂安·迪奥还是时刻提醒自己时装屋是很脆弱的，很多东西都是很脆弱的。可能只有土地和房子才能带给他真实的安全感。

在米利（Milly）的库德雷（Coudret）磨坊，一位与众不同的波兰园艺师伊万（Ivan）为他服务。他们走在花丛中。他穿着下水道清洁工的那种防水靴，和专业人士认真讨论哪里最适合种一棵垂柳，当然不能破坏了覆盆子。他位于儒勒·桑多（Jules-Sandeau）大道的公馆是他的避风港。房子的室内装饰非常豪华，处处彰显他的品味：很多挂毯以及马蒂斯的油画。他在这里接待他的朋友和熟人，比如劳伦斯·奥利弗❶和费雯·丽❷、亨利·索盖、弗朗西·普朗克❸、鲍里斯·科奇诺❹、丹妮斯·图阿尔❺等。大家围坐在餐桌边，菜单由他亲自安排。

1956 年，当他在 51 岁之际出版自己的回忆录时，准确地提到了他对格兰维尔和他第一个住所的记忆。这座别墅是他父母在 20 世纪初购得，名叫"罗盘分位（Les Rhumbs）"，意指罗盘玫瑰的 32

---

❶ Laurence Olivier，1907 年 5 月 22 日 ~ 1989 年 7 月 11 日。英国电影演员、导演和制片人，多次获得奥斯卡奖、金球奖和英国电影和电视艺术学院奖。代表作《蝴蝶梦》《呼啸山庄》《傲慢与偏见》等。——译者注

❷ Vivien Leigh，1913 年 11 月 5 日 ~ 1967 年 7 月 8 日。英国电影、舞台剧女演员，先后获得奥斯卡奖、英国电影学院奖、戏剧奖托尼奖等。代表作《乱世佳人》《欲望号街车》等。1940 年与劳伦斯·奥利弗结婚，1960 年离婚。——译者注

❸ Francis Poulenc，1899 年 1 月 7 日 ~ 1963 年 1 月 30 日。法国钢琴家、作曲家，六人团成员之一。——译者注

❹ Boris Kochno，1904 年 1 月 16 日 ~ 1990 年 12 月 8 日。出生于俄罗斯，后取得法国国籍。诗人和歌剧剧本作家。——译者注

❺ Denise Tual，1906 年 5 月 15 日 ~ 2000 年 11 月 23 日。法国 20 世纪 30 年代的电影编辑和音效技师。——译者注

个分位，在别墅某个入口的地面上就有一个罗盘玫瑰的马赛克图案装饰。他当时有没有想到后来有一天这座房子会成为他的个人博物馆呢？

也许在自己家中，他才能更自在地享受自己的同性恋爱。他最亲密的男友是1930年出生的阿尔及利亚歌手雅克·贝尼塔（Jacques Bénita）。媒体从来没有提及过他的存在。

事实上，迪奥只在不得已的情况下才会出现在媒体面前。他非常腼腆，是优雅世界的嘉宝，只要电影或者电视的镜头瞄准了他，他就会变得笑容僵硬，口齿不清，他温柔的眼神也饱受折磨。他在摄影师面前谨慎地摆姿势。问题是，迪奥并不太帅。而且他无法抵制巧克力和小蛋糕的诱惑！工作室里包围着他的镜子每天都在提醒他，自己是一个肥胖的老男人了。1956年开始，他的身体变得虚弱，一年来他饱受心脏问题的困扰。所以尽管才53岁，他已经在开始考虑退休的问题了。

他决定认真地安排这件事。他想象着普鲁斯特在《重现的时光》（Temps retrouvé）中所描绘的那些画面，希望他养老的房子里能充满他童年的美好场景。他最后选中了墨山城堡（Colle-Noire）作为他安享晚年的住所。那是一座建于17世纪的老房子，位于瓦尔（Var）省，过去是格拉斯（Grasse）教区主教的住所。他想要把这座最后的住宅变成安全的避风港。他已经采取了很多预防措施，他的财产可以免受任何危机的影响。没有任何一个刁滑的建筑师可以危及他的财富。

他害怕死亡。他所受的良好教育不允许他和任何朋友说起这件事，但是他的朋友们早就通过种种迹象猜到了这个显而易见的秘密。其中的一个迹象就是他疯狂的迷信行为。他做任何决定之前，必定会去咨询他信任的纸牌占卜师的意见。每场发布会的前一晚，占卜师都会告诉他，模特走秀的时候他应该站在哪里。这种恐惧会随着他远离蒙田大道而加剧。他讨厌旅行。他害怕酒店房间里冷冰冰的气氛。和那些在他生命中最糟糕的时刻都对他不离不弃的朋友分开，对他而言是一件痛苦的事情。

1957 年 10 月 18 日离开巴黎前往蒙特卡蒂尼（Montecatini）的克里斯蒂安·迪奥感受到了所有这些担心害怕的情绪。但是他无论如何都必须好好休息一下了，这样才能回到蒙田大道面对春夏系列服装发布繁重的准备工作。意大利温泉圣地的疗养应该能让他重复健康。这次疗养还有一个任务是让他减肥，因为他总是受不住美食诱惑，暴饮暴食。他并非独自前往蒙特卡蒂尼。与他同行的还有一位 17 岁的小姑娘玛丽亚·科尔（Maria Colle），他的老朋友皮埃尔·科尔的女儿，以及他最忠实的合作伙伴雷蒙德·泽纳克夫人。

蒙特卡蒂尼弥漫着温泉旅游季结束的浪漫忧郁气氛。空了一半的酒店里只剩下了一些常客。大家在走廊里擦肩而过的时候，互相打个招呼，好像大家都是一个圈子的人。谈论的话题永远是同一个：或大或小的治疗。夜幕降临，在枝形吊灯照得灯火通明的空旷的大厅里，大家一起玩凯纳斯特纸牌戏。克里斯蒂安·迪奥接受的只是轻度治疗，所以他还是有些闲暇时间的。这些时间他通常用来给朋友们写长信。他也会接听来自巴黎的电话，因为在蒙田大道，无论是财务的问题还是设计的问题，没有他的意见都不能擅自做决定。

他看起来很开心，不停地说着关于下一季春夏系列的想法。

23 号晚上，拉帕齐酒店的门房告诉了克里斯蒂安·迪奥一个好消息：原计划 10 月底关门的酒店为他特别开放到 11 月 3 日，他疗程结束的那天。他很高兴，对此表示感谢，然后就和几个朋友相约一起玩他最爱的凯纳斯特纸牌戏。然而到了 10 点半，他突然觉得很疲乏，就在征得牌友同意后回房间休息了。过了一会儿，泽纳克夫人去敲他的门，想问问他感觉怎么样了。她没有听到他的回答，但是也没有继续打扰。

一小时后，她突然有一种不好的预感，连忙进入他的房间，卧室里没人。她跑进浴室，看到洗完澡的克里斯蒂安·迪奥倒在了地砖上。他被突发的心脏病击倒了。有人马上去叫醒了住在酒店的法国医生，他穿着睡衣就来了。泽纳克夫人打开了一个箱子，里面装满了这位时装大师从不离身的各种药。医生表示，这些都已经没用了，心脏已经停止跳动。而大家找来的神甫只来得及对着他的遗体祈祷。

他去世的消息让全世界都惊呆了。迪奥奋斗了40年得到了10年的成就，却以让人措手不及的方式突然离去。这个噩耗带来了巨大的悲伤，1957年10月29日，他的灵柩台上铺满了铃兰花。人群涌向了他所在的圣奥诺雷—岱劳（Saint-Honoré-d'Eylau）教区。在这些自发的人群中，包括温莎公爵夫人和让·科克托。他最终被安葬在了凯兰（Callian）公墓❶，这片他最热爱的土地上。

❧

迪奥的职业轨迹是完美的。1947年，他改变了全世界对优雅的定义。他试图让女性变得更加美丽和幸福，创造了一种充满梦想和魅力的无可比拟的风格。他创建的公司在短短几年内就变成了优雅、卓越、奢华的绝对象征。克里斯蒂安·迪奥是20世纪的标志性人物，他的名字永远像金子一样闪闪发光。

---

❶ 位于瓦尔省。——译者注

于贝尔·德·纪梵希

（Hubert de Givenchy）

　　1952 ～ 1995年，于贝尔·德·纪梵希给巴黎高级定制界带来了一抹独特的优雅色彩。这位拥有金手指的绅士为杰奎琳·肯尼迪❶、温莎公爵夫人、摩纳哥王妃格蕾丝以及全世界很多其他女性都设计过服装。奥黛丽·赫本，他的灵感缪斯和挚友，完美展现了那种超越时间的优雅的精髓。"优雅的秘诀，就是表现自我。"于贝尔·德·纪梵希在他令人尊敬的职业生涯中始终坚守这一箴言。他同样忠于自己的设计主旨，定义了一种真正的风格：显而易见的简洁。他以传统的精神追求完美，永不妥协。他专注于无懈可击的制作工艺，袖窿的缝合，精致讲究的细节：翻卷的衣领，诙谐的帽子，以及从他的小西装到令人惊艳的"小"裙子无处不在的简洁干练。

　　1927年2月20日，于贝尔·詹姆斯·塔凡·德·纪梵希在博韦（Beauvais）出生。他的父亲是吕西安·塔凡·德·纪梵希侯爵，他的母亲贝阿特丽丝出生于查特尔·桑苏瓦（Châtel-Censoir），娘家姓氏巴丹（Badin）。塔凡·德纪·梵希家族——就像小说家弗朗索瓦·奥利维埃·卢梭写的那样，"是一个代表了围猎的姓氏"——有着法国和意大利血统。

　　他们祖籍阿尔图瓦（Artois），是威尼斯非常古老的塔菲尼

---

❶　Jackie Kennedy，1929年7月28日～1994年5月19日。美国前总统约翰·肯尼迪的夫人，时尚偶像。——译者注

（Taffini）家族的后裔。1713 年 8 月 20 日，他们被路易十五封爵，担任国王的秘书，所有男性成员自动获得侯爵头衔。这位设计师的父亲吕西安·德·纪梵希也不例外，然而他在于贝尔 2 岁的时候就去世了。"虽然失去了父亲，但是我有一个非常幸福的童年。"他说，"我们住在我姑妈艾美（Aimée）的大房子里，在我心中，姑妈就是我的第二个母亲。"

家里阁楼的仓库孕育了他对面料的热爱，除此之外，没有任何迹象表明这个孩子会成长为时尚大师。他的爷爷是博韦手工坊的负责人和服装收藏家，留了很多宝藏在箱子里。"当我很乖的时候，作为奖励，我要求去阁楼仓库，我奶奶就会把那些漂亮的衣服拿出来给我看。"闲暇时刻，年轻的于贝尔会如饥似渴地翻阅当时的时尚杂志，陪他的母亲去采买面料。他的母亲是一个美丽优雅的寡妇，将全部的爱都倾注到了儿子们的身上。"我从 4 岁就开始玩面料了，7 岁的时候，我为母亲设计了我人生中第一套服装。我的母亲苗条、严谨、优雅，我经常陪着她去买东西或者试衣服。"

随着一年年长大，年轻的于贝尔投入越来越多的时间研究女性杂志上的时装画和时尚摄影。"照亮我的童年的更多是女性而不是男性。一直以来，我都会翻看我众多堂姐妹们买来的时尚杂志，她们是为了看那些连衣裙的纸样，而我则被巴伦夏加的设计风格深深打动。那样的尊贵、严谨、结构清晰……无与伦比的美丽！看似什么都没有，却什么都有：肩型、腰线……"

1937 年是于贝尔·德·纪梵希记忆中具有特殊意义的一年。5 月 24 日，世界博览会在巴黎开幕，这一届的主题是艺术与技术，其中设了 8 个时尚展。还是孩子的他陶醉其中，发现了一些绝美的服装，认识了一些响当当的名字：香奈儿、梅吉·罗夫、让娜·朗万、格雷夫人、斯基亚帕雷利……决定了他以后要做服装设计师。"对于我们这个来自外省的新教家庭，这并不是一个让人高兴的选择，他们更希望我成为银行家、建筑师或者其他更加体面的职业。"于贝尔很听话地读完了高中，在一个公证处实习，算是接近法律行业了。"幸运的是，我有一位善解人意的母亲。我不能告诉她，我这么想要成为服装设计师，从某种程度上来说是受到了她的影响。但是，她最后还是感觉到了。终于有一天，她同意我去做自己想做的事了。唯一的要求是，我以后不要抱怨也不要退缩。"全新的生活开始了！

❧

他是一个身材高大（2.01 米）的英俊小伙，受到良好的教育和教养，并且相信所有大门都将为他打开。显然，他会从巴伦夏加开始。"我试图约他，给他看我画的效果图，但是不太成功，他没有见我。对于这件事，我到现在还是耿耿于怀。"他说。于是这个年轻人又去了雅克·法特的公司，那是法国解放后时装界一颗冉冉升起的新星。"我在候见厅等了很久。等得越久，我就越不自信。最后，他终于来了。很帅，和其他人很不一样。他穿了一条灰色法兰绒马裤，开司米毛衣外套了一件狐皮大衣。"

纪梵希的画稿很让人满意，于是立刻就被录用了。他在 Fath 公司工作了一年，只是半工。另外一半的时间他在巴黎美院上画画课，完善自己的绘画技能。对于一个外省人来说，Fath 的世界是进入巴黎生活的敲门砖。画家勒内·格吕奥（René Gruau）在一次采访中回忆了那个时代的气氛："（解放后的）巴黎每天都是节日。每天晚上都有各种晚会和舞会。雅克·法特不仅是工作最活跃、最欢乐的服装设计师，他组织的晚会也很有名。晚会都在他的科尔贝维尔（Corbeville）城堡举行。现场布置得像仙境一般，天南海北的宾客蜂拥而至。"

这一时期的女性都很注重穿衣打扮。纪梵希参加了上流社会的各种社交竞技，他举止文雅，相貌堂堂，为他赢得了很多成功。他后来说，"芬芳的香水，旋风般团团转的高定时装的客人和营业员，声色犬马的气氛，这一切都让像我这样的年轻人感到兴奋。"

为雅克·法特工作是一个很好的学习机会。"公司里弥漫着香水的芳香；模特、营业员、所有的女人都让我惶恐不安。但是我太渴望工作了！早上我用水彩记录服装款式；下午我去博物馆，描绘各种领子、袖子、口袋的设计，还有各色漂亮的刺绣。"

但是法特给他的工资刚够他在巴黎的生活。正是在这个时候，室内设计师、画家克里斯蒂安·贝拉尔建议他去设计师罗伯特·皮盖那里试试。那是瑞士银行家的儿子，有一种病态的腼腆，甚至都不敢在自己的沙龙露面。至少他新教的信仰可以让纪梵希家的肃穆和时装设计师职业和解。

❀

这个年轻人的新工作主要是画大量的款式图，皮盖从中选出一些款式，然后于贝尔和第一工坊一起跟进这些服装的制作。每一次新系列的发布都是一场精准的仪式。皮盖会组织两到三场彩排，邀请克里斯蒂安·贝拉尔和他的伴侣鲍里斯·科奇诺来观摩。纪梵希在皮盖的公司待了18个月。

1946年，他受雇于盛于两次世界大战但此刻即将关门的 Lucien Lelong 公司，接替了后来引起话题的两位设计师：先后在1945年和1946年自立门户的皮埃尔·巴尔曼和克里斯蒂安·迪奥。他在这里工作了4年，之后又去为风格怪诞的艾尔莎·斯基亚帕雷利工作，这些经验让纪梵希进一步完善了自己的职业技能，并且形成了自己最初的风格。

由让·米歇尔·弗兰克❶在20世纪30年代负责装修的，位于旺多姆广场的精品店里，有他专门设计的一些简单的服装单品：外套、衬衣、可分开穿的套装，不像高级定制时装那么正式。"我设计了一些可以拆分搭配的单品套装，每个套装组合中包括一条长裤、一件外套、一条宽大的半身裙以及三件衬衣。它们之间都可以互相搭配，女性可以随心搭配，创造自己的时尚。这不就是成衣么！"他在这

---

❶　Jean-Michel Frank，1895 年 2 月 28 日 ~ 1941 年 8 月 3 日。法国著名室内设计师、家具设计师。艾尔莎·斯基亚帕雷利位于旺多姆广场的沙龙和展示空间均由他设计。——译者注

个组合套装里又增加了皮外套、针织衫，以及受到马蒂斯一幅油画作品的启发而设计的袖窿肥大的刺绣衬衣。从 Fath 公司到旺多姆广场，他完成了成长为一位时尚大师必不可少的巴黎学习生涯。

❀

很快他就和母亲一起搬到了位于巴黎七区法贝尔（Fabert）街的一间公寓。他开着自己的小跑车去上班，很好地体现了无忧无虑的一代人的精神状态。根据他的私密日记可以知道，于贝尔·德·纪梵希是在 1951 年他 24 岁的时候遇到了与他相伴一生的灵魂伴侣菲利普·韦内（Philippe Venet）。这是一个充满了创意的爱情故事，因为后来菲利普·韦内也创立了自己的高级定制时装屋。

也是在这一时期，纪梵希萌生了自立门户的想法。终于，在几个家族好友的帮助和普里苏尼克连锁店❶一位投资人的支持下，他在 1952 年创立了自己的时装屋，成为高定时装界新旧更替时代的接班人之一。这一时期，很多老牌时装屋先后关门，退出历史舞台：1947 年是 Lelong、1950 年是 Molyneux、1951 年是 Piguet。随后，Rochas 和 Schiaparelli 时装屋也鞠躬谢幕，只保留了他们的香水线。同一时期，迪奥的新风貌横扫时尚界。在他所有作品中，最著名的要数那套裙围长达 14 米的"酒吧（Bar）"套装。克里斯蒂安·迪奥甚至亲口承认，曾经耗费 200 米罗缎制作了一条午后连衣裙，美其名曰"心肝宝贝"。时尚翻开了新的一页，巴黎优雅的天空中升起了一颗名为纪梵希的星星。

❀

开始的一切都很低调，因为他焦虑不堪。"我发现我的名字很难

---

❶ Prisunic，1931 年 12 月 1 日创立的法国平价连锁店和便利店品牌，由巴黎
春天投资，2003 年结束营业。——译者注

读！"他的朋友们帮他筹集了资金，公司招聘了15名员工，选好了地址，在正对着蒙索（Monceau）公园的一座府邸里，他的第一场发布会准备就绪："我放了两块屏风，就这样开始了。我请了一些朋友来做模特：贝蒂娜·格拉齐亚尼（Bettina Graziani）、艾薇·尼科尔森（Ivy Nicholson）、苏茜·帕克（Suzy Parker）。"在观众中，有两位知名记者：*Elle*杂志的负责人埃莱娜·拉扎雷夫，以及影响力巨大的*Harper's Bazaar*的卡梅尔·斯诺。两位记者都被纪梵希的设计所折服，她们亲眼见证了一位时尚大师的诞生，并且用她们的笔将之昭告天下。贝蒂娜的加盟可以说是锦上添花，她是那个时代第一位真正意义上的超模，她的命运也即将和阿里·汗（Ali Khan）王子相遇。

他的第一场发布会大获成功。最受欢迎的是那些三色款。肩部加宽了，但仍保留了柔美线条，上半身腰线抬高，凹凸有致，流畅的线条顺着身体滑落，完美展现了它的形态。很多两件套的服装，可以演变出无限的优雅可能，因为只要调整一个元素，就可以改变整体造型：伞裙搭配无袖衬衣，紧身上衣搭配巨大的袖子。大衣简洁宽松，肥大的袖子有时在肩下打褶。晚装则两极分化，一半是勾勒身型的紧身窄裙，另一半则是摇曳生姿、如轻烟缭绕的宽大礼服……

苏格兰格子透明纱半身裙是一个美妙的创新。它搭配名叫"Gigi"的短上衣，并用紧身胸衣束紧腰身。有些黑色紧身裙上搭配薄纱披肩，带来了一丝邪恶的撩人魅力。衬衫布成为明星，尼龙面料也必不可少，如蝴蝶翅膀般脆弱美丽的阿留申纱赋予了那些宽大的晚礼服仙气飘飘，金银丝线交织的针织面料上添加了刺绣，让它更配得上夜间的奢华。白色的"洗衣女"获得了成功，紧接着出场的是蓝色的"贝蒂娜"、棕色的"克雷文A（Craven A）"。极具创意的面料选择、与众不同且永远相得益彰的全新的服装线条，一下子就确立了纪梵希的时尚地位。

这位年轻人凭着自己的第一个服装系列就获得了登上*Elle*杂志封面的殊荣，在这本发行量巨大的周刊的加持下，他一战成名。助他登上封面的是那款贝蒂娜罩衫,大领、宽袖、下摆饰有两排锯齿形的荷叶边。这件罩衫和这个系列中的其他很多服装一样,是用制作衬衣的薄棉布制作的。有趣的是,促使这位年轻的服装设计师做出这一选择的,并非因为他特别青睐这种面料,而是因为他当时只能选择便宜的面料。

两个月后,他受邀与另外4位法国时装设计师一起,在纽约华尔道夫为法国慈善机构举办的年度舞会上展示自己的作品。大家可能以为于贝尔·德·纪梵希会向"巴黎4月天"舞会提供散发春天气息的灰色全棉薄纱裙。但是他选送的却是几套精工细作、缀满刺绣的盛大晚礼服,奢华尊贵,以完全不同的方式吸引了大家的注意。大家发现他很善于选择面料,对于颜色和质地很有品味,这正是他娇俏的第一个服装系列中容易被忽略的。

❧

他是一个非常机智的人,并且具有与生俱来的说服力——也可能是一战成名赋予了他这种能力,他能要求面料商,尤其是一些意大利和瑞士的厂商,心甘情愿地为他独家印制他梦想的主题面料。因此,我们得以看到在某一季中,有几件绸缎连衣裙上的印花是中国象牙雕刻的图案。每一款图案都是不同的色彩搭配;另一年,是在蝉翼纱和平纹布上绣了一系列水果和蔬菜的图案,用来做连衣裙。还有一些古代细木制件和18世纪的版画也被绣到了真丝和绸缎面料上。蝉翼纱上绣了牡蛎,棉布上绣了竹子。他还要求模仿毛线的针法织羊毛呢。

1953年的春夏系列魅力无穷:阿拉伯风格的宽袍大衣舒适柔软。无领裙套装通常配了和服式连袖。为鸡尾酒会设计的裙子上是重工刺绣,搭配真丝或者蝉翼纱的开襟短上衣。晚装则是后背低开的礼服，裙子或紧身、或裙摆很大，还有一些以画家波提切利❶为灵感设计的礼服裙。还有逼真的刺绣：贝壳、水果、蔬菜、鲜花……上衣裁剪严谨，下装裙摆蓬松，宽大的帽子带来了一抹神秘色彩，与整体造型完美匹配。

1954年春夏系列的口号是柔软和年轻，还饰有一些幸运符号。套装裙曲线玲珑，紧贴腰臀，借鉴了连衣裙横向拉伸的松垮领口和短袖。皮领子是它们仅有的装饰。下部收紧的大衣线条和背部拱起的动态相吻合，整个轮廓看起来就像是昆虫的鞘翅。这些大衣也是无袖的。长大衣被很多背部隆起的短大衣取代了，甚至出现了一种用拉菲草织的新面料。棉布连衣裙非常收腰，柞丝绸打褶，做成衬衫款的衣服；印花连衣裙的灵感来自18世纪的版画。婚纱上散落着四叶草的图案。

❀

曾经到位于阿尔弗雷德·德·维尼（Alfred de Vigny）大道的时装屋采访他的塞利亚·贝尔坦❷写道："老式的门面，高大的门廊，一个缺乏打理、不太漂亮的院子里有时会停着几辆大大小小的卡车。穿过院子尽头的门，眼前就是一座有着笨重扶手的橡木楼梯，仿佛可以通向炼金术士的卧室。一些看起来经过精挑细选的年轻女郎在玻璃橱窗前聊天，她们周围的人台上裹着各种面料，挂着层层项链，穿着珠绣或者针织的连衣裙，橱窗里堆着刺绣套头毛衣、绦子饰边半身裙，所有这些都充满了创意、优雅，有趣又年轻。右手边的大厅就像是一座教堂，天花板就像是一艘倒扣的船。在大厅的尽头，

---

❶ 桑德罗·波提切利（Sandro Botticelli），1445年3月1日～1510年5月17日。欧洲文艺复兴早期佛罗伦萨画派的最后一位画家，意大利肖像画的先驱者。代表作《春》《维纳斯的诞生》《圣母子像》等。——译者注

❷ Célia Bertin，1920年10月22日～2014年11月27日。法国文学家、小说家，曾获得1953年的勒诺多文学奖。——译者注

透过小方格的新哥特风窗子，可以看到蒙索公园和他的小汽车。整个建筑是典型的英国风格，装修透着阿加莎·克里斯蒂❶小说的味道，史无前例，完全不同于我们传统的欣赏口味。这种超乎寻常与典型的巴黎元素融合在一起，在错乱中又达成了一定的平衡。"

这位记者注意到，在服装系列准备阶段，主厅就变身为工作室，在模特身上试看褶裥的效果、奢华的晚礼服和两件套服装。为此而架起的隔板上堆放着大量的面料，某个地方还有一张绘图桌，剪烫好的坯布挂在横杆上，到处充斥着创作的骚动。

除了面向媒体的类似彩排的发布会，于贝尔·德·纪梵希还会组织一场盛大的首演，这是一场针对品牌好友的晚会。大厅两侧搭起的阶梯看台上排满了金色的椅子，取代了工作室设备，瓦力强劲的白色聚光灯下，宾客们挤坐在两侧各4排的观众席上。

他蓝色的大眼睛、金色的肌肤和谨慎的态度，让他看起来就像是时装界的刘易斯·卡罗尔❷。他既能让人穿越镜中世界，也能组装和拆卸机械蝙蝠❸的部件。

1954年秋冬系列推出了"顺滑年轻"的廓型。有时，面料看起来就像是简单地搭在了身上，套装裙的上衣变得特别短，纽扣被系带所替代。大衣包裹全身，保护感很强的大衣领让衣服看起来更宽了，它们鲜艳的色彩——虹雉蓝、玛瑙红、橘黄色——下隐藏着的是深色的连衣裙。裙子的上半身曲线分明，没有用腰带，但是腰线清晰，裙子包裹着髋部，往下才用褶裥让裙摆绽放。

---

❶ Agatha Christie，1890 年 9 月 15 日～1976 年 1 月 12 日。英国女侦探小说家、剧作家，三大推理文学宗师之一。代表作品有《东方快车谋杀案》和《尼罗河谋杀案》等。——译者注

❷ Lewis Carroll，原名查尔斯·路特维奇·道奇森（Charles Lutwidge Dodgson），1832 年 1 月 27 日～1898 年 1 月 14 日。英国作家、数学家、逻辑学家、摄影家，以儿童文学作品《爱丽丝梦游仙境》与其续集《爱丽丝镜中奇遇》而闻名于世。——译者注

❸ 刘易斯·卡罗尔收藏了很多机械玩具，其中的机械蝙蝠是他自己创作的。——译者注

晚装的体量更加膨胀，但是上半身非常简洁纯粹，只在肩部有褶裥装饰或者搭配一个包裹严实的大衣领。最受宠的面料是提花羊毛呢、刺绣羊毛呢、带有老式建筑中细木雕刻的叶饰和涡卷纹样的印花绸缎，以及芦扉格纹真丝面料、拉绒蕾丝。另外，值得注意的是很多皮草的混搭：豹猫皮和白鼬皮，水獭皮和羔羊皮。冬季大衣巩固了女装制作和皮草加工之间的合作。

如果说有些人的设计勾勒的是结构，于贝尔·德·纪梵希则是描绘线条，有些是顺着身体蜿蜒的曲线，但又不会太过于掐腰；有些则是用绲边和交叉的褶裥刻意强调的线条。

但是要说纪梵希的名字之所以总是在报纸上出现，那是因为他的名字现在和好莱坞最优雅的电影明星联系在了一起，她就是奥黛丽·赫本。

❋

奥黛丽·赫本刚刚凭借威廉·惠勒（William Wyler）的《罗马假日》获得热烈好评，正在准备拍摄比利·怀尔德（Billy Wilder）的《龙凤配》。她小鹿般的眼神、舞蹈演员般的纤细身影、与生俱来的优雅气质让她具备成为偶像的一切条件。她从不要大牌，但是她坚持要求由纪梵希为她今后的电影设计剧服。当她之前在法国南部拍摄《蒙特卡洛宝贝》的时候，她就爱上了他的风格，于是提出请他为她设计《龙凤配》里的服装。这是她第一次展现自己的喜好和日益增强的想要掌控自己公众形象的决心。派拉蒙公司驻巴黎负责人的妻子格雷迪丝·德塞贡扎克（Gladys de Segonzac）更喜欢巴伦夏加。但是这个西班牙人正在筹备新的服装系列，谁都不敢去打扰他。于是奥黛丽坚持使用新人：于贝尔·德·纪梵希。

他们的第一次见面是在1952年，在位于阿尔弗雷德·德·维尼大道8号的设计师的沙龙里。她来了，比埃及猫或者蜻蜓还要消瘦，黑色眼线勾勒出她暧昧的眼神。她是优雅的化身。一段被后世传为佳话的共生共荣的合作即将诞生。但是这位设计师记得，他最初是迟疑的："那时我是一个26岁的年轻服装设计师，正在筹备自己的发布会。有人通知我有一位好莱坞明星来，我以为是凯瑟琳·赫本❶。当我看到来的是这个身材消瘦的大眼睛姑娘的时候，首先感到惊讶……甚至有一丝失望！那时的奥黛丽在巴黎还不是非常有名。她坚持要求试穿我的衣服。我很犹豫，但是她很懂怎么说服人：'您就让我试一件。'她对我说。结果那条裙子就像是为她量身定制的一样，就像是灰姑娘的水晶鞋！然后，一切就水到渠成了。《龙凤配》讲的就是一个现代灰姑娘的故事。借着这个机会，我去了趟好莱坞，和电影的制片人和导演见面。因为她特别瘦，所以我在为她设计的时候要特别注意领口不能太深。'特别注意，避免袒胸的款式！'怀尔德对我说。奥黛丽自己倒是浑不在意。于是我画了一些款式图交付制作。但是奥黛丽也会有她的意见。"

这个穿着格子长裤、搭配简单的T恤和饰有红丝带的贡多拉船夫帽的小姑娘和这位时装大师之间擦出了火花！范·赫姆斯特拉女男爵❷的女儿和纪梵希侯爵都是新教教徒，他们两人性格互补，从此不离不弃，携手共创辉煌。

这位设计师回忆道："她就是我的魔法。她将自身的优雅注入了服装。那时，我也为伊丽莎白·泰勒和其他好莱坞明星设计衣服，但是都没有像奥黛丽那样延续下去。她是一个非常忠诚的女子。和她一起，工作也变成了乐事。我们一起玩乐、跳舞！我们之间有一种奇妙的化学反应，永远都那么默契。我们每周通3～4个电话。从某种意义上说，没错，她是我的灵感缪斯。奥黛丽并不是一个任性的孩子。她知道自己的天赋，但是她并没有被成功冲昏头脑。对我来说，她就是一个拥有迷人鹿眼的天使。"

---

❶ Katharine Hepburn，1907 年 5 月 12 日～ 2003 年 6 月 29 日。美国女演员，在她 60 年的演艺生涯中，赫本共获得了 12 项奥斯卡奖提名，四获奥斯卡最佳女主角奖。1999 年被美国电影学会评为"百年来最伟大的女演员"第 1 名。——译者注

❷ 奥黛丽·赫本的母亲是艾拉·范·赫姆斯特拉（Ella van Heemstra）女男爵。——译者注

他们之间是一场伟大的柏拉图式的爱情故事。关于他们的初次见面，纪梵希写道："她温柔的眼神、优雅的举止，一下子就吸引了我。"40年后，她创作了一首散文诗，祝贺纪梵希为法国时尚所做出的贡献，诗中她是这样描述他的：

他的友情，
扎根深处，遒劲有力。
他的深情，
枝繁叶茂，庇护他之所爱。

关于纪梵希为《龙凤配》设计的服装，她自己是这么说的："其中一件是特别常规的晚礼服，甚至有些朴素，肩上落了一只蝴蝶，为这件礼服增添了轻盈感和幽默感，这正是我喜欢的感觉。他设计的另一款是一条华美的白色欧根纱礼服，上面饰有黑色刺绣。剧中，萨布丽娜穿着这条裙子和威廉·霍尔登（William Holden）饰演的花花公子弟弟一起在冬日的花园里性感曼舞。"纪梵希甚至把一款特殊的面料命名为"萨布丽娜"，向奥黛丽致敬。6年后，他推出了一款香水"禁忌"❶，并且让它成为她的专属香水。他甚至雇了一名和她长得相像的模特。在他1959年迁入的位于乔治五世大道的新址中，她就是女神。

❀

另一个伟大的缘分是他和克里斯特巴尔·巴伦夏加的相知相遇。纪梵希还记得："认识了巴伦夏加先生，我才意识到，对于裁缝，我还是门外汉。"这两人是在纽约的一场鸡尾酒会上偶遇的，从而开启

---

❶ 他将这款香水命名为"禁忌"，因为当她得知"自己的"香水要被投放市场的时候，奥黛丽喊道"可这是我的香水，我禁止你们卖它"。"禁忌"香水是由为 Nina Ricci 创作传奇香水"时代气息（L'Air du temps）"的调香师弗朗西斯·法布朗（Francis Fabron）创作的，紫罗兰、玫瑰、茉莉、胡椒、丁香的芳香完美调和，以熏香打底。在这款香水全球发行的时候，由摄影师伯特·斯特恩（Bert Stern）掌镜，赫本亲自担任模特。

了一场深厚的师徒友谊。他们之间的情谊一直保持到1972年巴伦夏加先生去世。"观摩巴伦夏加的试衣，就像是见证奇迹。他的那些衣服就像是自然生成的，没有被触碰过。一件成功的连衣裙应该很自然地落在肩上，与身体完全贴合，并且能随着穿着者的身体动态摇曳生姿。比如，巴伦夏加曾经告诉我，对于西装的结构而言，最重要部分在肩的中线。一件外套的着力点既不应该在肩头，也不应该在颈根，而是在间隔5～6厘米的地方。从这条支撑线出发，剩下的就可以顺其自然了。"这两位时尚大师是乔治五世大道上的邻居，他们每天互相交谈，比较各自的画稿，甚至互相批评……

曾经希望在自己离世后品牌不再经营的克里斯特巴尔·巴伦夏加，对他的爱徒公司的运营也带来了影响。"有一天，"于贝尔·德·纪梵希说，"他召集了公司的首席工匠，让她们从二级工匠中选出一批最好的人。然后推荐她们来我这里工作……她们很多人最后留了下来。"同样，当巴伦夏加决定结束营业的时候，也推荐他最好的客人将她们的忠诚转到他的小老弟那里。"巴伦夏加先生预感到，那个贵妇们带着大箱子和仆人旅行的时代就要结束了。新一代的飞行族是乘坐协和号飞机带着轻巧的行李箱旅行的人。因为不接受成衣的理念，他决定退休。对于他的客人来说，这是一个真正的悲剧。面对这个情况，她们一下子就囤了几季的大衣、连衣裙或者裙套装。因此他最后一年的营业额是最可观的。"

"这两位时尚大师的实力在于，他们能够独立于20世纪50年代的时尚流行，"巴黎时尚博物馆加列拉宫（Galliera）首席策展人卡特琳娜·茹安·迪埃特勒（Catherine Join-Diéterle）❶分析道，"他们能设计出特别具有个人风格的廓型，而不必像他们的大多数前辈那样去追随外界的流行趋势。巴伦夏加和纪梵希的独立性和实力达到了一定的程度，他们可以强推自己的意旨而不必给出理由。他们不再是工匠，而是真正的明星。能在遵循他们自己对美丽和优雅的定

---

❶ 参见《于贝尔·德·纪梵希》，让·诺埃尔·里奥（Jean-Noël Liaut）著，格拉斯出版社（Grasset），2000年。

义的同时，根据灵感进行自由创作，这是他们得以称霸时尚界的重要原因。同时，他们都与自己众多的客户保持了良好的关系。他们能说服他们的客人穿上对于那个年代来说非常新颖独特的作品。纪梵希在这方面有颇多例子，比如1958年秋冬季的红黑两面穿大衣，那么与众不同，漏斗形的领子几乎与肩同宽，袖窿是六边形的，四颗纽扣一直延续到领子上。几何学与丰富想象力的完美结合。"

❁

也是巴伦夏加鼓励纪梵希推出香水的。"这样您的退休就有保障了。"1957年，公司推出了两款香水："德（De）"，然后是"禁忌"。1959年，发行了纪梵希男士淡香水"先生（Monsieur）"和"香根草之水（Eau de Vétyver）"。1970年是"纪梵希三号（Givenchy Ⅲ）"，1974年是"纪梵希绅士（Givenchy Gentleman）"，1980年是"纪梵希之水（Eau de Givenchy）"，1984年是"伊萨蒂丝（Ysatis）"，1986年是"泽里乌斯（Xeryus）"。最花香浓郁的是1991年5月为庆祝品牌成立40周年而推出的"爱慕（Amarige）"。

这位设计师还记得他在香水领域是如何谨慎起步的："我们是在1957年低调开始的，场地是巴伦夏加借给我们的，员工只有3名，但是我决定要同时开发两款香水，我对自己说：'如果你有一间马厩，最好养两匹马，这样能保证至少有一匹能跑到终点。'第一款香水是经过提炼的高雅的铃兰花香，我用我名字中的一部分为它命名：'德'。另一款我献给了奥黛丽，给它命名为'禁忌'。两款香水获得了巨大的成功。但是当时，我们的香水公司还只是个手工作坊。'德'和'禁忌'都是限量发行，每年只生产500瓶。两年后，我们推出了首支男士香水'香根草'，紧接着推出了由佛手柑、柠檬、薰衣草混合而成的'先生'。但事实上，我们十多年后通过以茉莉和风信子为基调的'纪梵希三号'香水才真正获得了商业的成功。也是那时，我才设计了这个由4个G组成的品牌标识，它也成为公司的象征。我的香水是我创作的时装的延续，也是我想赋予服装的优雅的延续。香水是个人风格的一个组成部分。我经常对我的客人说：'您有属于您自己的风格和个性，要强调它们。如果有一款让您钟爱的香水，那么好好地把它留在身边，因为它是您的一部分。'"

❀

几年来，涌向乔治五世大道的尊贵客人与日俱增。王室贵胄、社会名流、一线演员……说几个耳熟能详的名字：杰奎琳·肯尼迪——于贝尔为她设计了陪同她丈夫参加总统竞选期间的所有衣服，格蕾丝王妃——在爱丽舍宫接受戴高乐将军接见时穿的那套灰色粗花呢套装，伊朗的法拉赫（Farah）王后，肯特（Kent）公爵夫人，亚历山德拉公主（Alexandra），阿迦汗公主（Aga Khan），埃琳娜·罗莎（Hélène Rochas），温莎公爵夫人……以及整个好莱坞。他还为碧姬·芭铎（Brigitte Bardot）、朱丽叶·格蕾科（Juliette Gréco）、凯·肯戴尔（Kay Kendall）和她的亲密好友卡普西尼（Capucine）设计电影中的服装。

他的那些名流贵客都表现出了对他那些可以穿几季都不会过时的服装的忠诚。在他的客户群体中占70%的美国富人，就是这样被他删繁就简的大气审美风格所吸引。温莎公爵夫人的那句名言总结得非常到位："人越瘦越美，钱越多越好。"

对于于贝尔·德·纪梵希而言，高级定制时装存在的意义永远都是客户，那些懂得欣赏为她们量身定制的华服所展现的尽善尽美的女性。他的特点之一就是他为宾客提供很好的服务，并且对她们给予很多关怀。他和她们的关系很特别。在所有高定时装设计师中，他可能是最了解自己客人的，甚至她们的生活方式，因而能更好地了解她们的需求。他经常亲临试装现场。

❀

岁月流逝，时尚革命连最不起眼的配饰都没有饶过。纪梵希先生每天早上7点就开始指挥全局，直到下午6点下班。他在寂静的工作室里拨出一个电话，让人一次次修改他的作品。在审美和色彩流行不断演变的波浪中，他不为所动。在这个所有年轻的面孔都像格吕奥❶插画那么古怪的年代，他就像是最后的莫西干人。但是，如果就此认为这个品牌只是对逝去岁月的留念，那就错了。对于很多年轻女性来说，奥黛丽·赫本在电影《甜姐儿》中的造型仍然是绝对的样本。他的裁剪功力和他的眼光都是独一无二的。

纪梵希在高级定制时装界的重要性是显而易见的。香奈儿在20世纪20年代解放了女性身体，迪奥让人忘却了20世纪40年代的苦难。新风貌的柔美女性用他的束腰带、花冠形的裙子和宽檐帽，对抗那个给社会带来了不可逆转的改变的困难时期。一旦回归和平稳定的生活，更加青春洋溢、更加苗条自然的服装廓型就诞生了。它宣告了20世纪60年代伟大的时尚革命的开始，却并未参与其中。

在贵族派头和现代生活的完美平衡之中，纪梵希已经能将它们的比例掌控到分毫不差。他之所以能屹立不倒，是因为他在昨日世界和摇摆的60年代之间创造了这样一种过渡风格，就像《蒂凡尼的早餐》❷中让人难忘的女主角霍莉·戈莱特那样，拥有美丽的脸庞、优雅的身姿、惑人的魅力。

纪梵希的别致之处在于他勾勒出了一个更加年轻、纤细、自然的全新廓型，他的针织连衣裙和羊毛呢套装简洁优雅，他那些雕塑体型的连衣裙也从不让人感到束缚。他最大的愿望就是帮助女性表达自己的风格、个性，"展现其内在的优雅"。他总是精益求精地不断打磨自己的作品。晚上，回到自己位于圣日耳曼大道附近的18世纪的华丽府邸的路上，他喜欢放弃汽车，遛着自己的狗，逛伏尔泰（Voltaire）码头周边的古董店。房子和花园算是他的癖好："我对房

---

❶ 雷内·格吕奥（René Gruau），1909年1月4日～2004年3月31日。意大利时装插画家。20世纪最具影响力之一的插画大师。——译者注
❷ 改编自杜鲁门·卡波特（Truman Capote）的同名小说的电影《蒂凡尼的早餐》，导演布莱克·爱德华兹（Blake Edwards）。

子有着特别的热情。"于贝尔·德·纪梵希还是最好的室内装修师和艺术品收藏家,他将自己的融谢(Jonchet)庄园打造成了一个充满品味的杰作。他位于圣让卡普费拉(Saint-Jean-Cap-Ferrat)的房子也是地中海边的一座伊甸园。

❧

很快,在他进入高定时装行业 40 周年之际,各种荣誉都落到他身上。

1982 年纽约时装学院的回顾展之后,于贝尔·德·纪梵希得到了加列拉宫的致敬。在卡特琳娜·茹安·迪埃特勒的精心准备下,这场周年庆主题展网罗了 130 套服装。里面有 1952 年以著名模特也是这位设计师的合作伙伴的名字命名的"贝蒂娜"罩衫,1954 年的羊毛针织水手衫,1957 年推出的第一件衬衫裙,1960 年为年幼的卡罗琳(Caroline)公主设计的白色蝉翼纱连衣裙。还有其他一些不容错过的:奥黛丽·赫本在《蒂凡尼的早餐》中的那身黑色真丝紧身连衣裙,杰奎琳·肯尼迪 1961 年正式访问法国时穿的象牙白绸缎套装,温莎公爵夫人的欧根纱紧身连衣裙……这场美妙的展览中,展现的是一种生活艺术。他的每一场发布会都令人赞叹。

"看到模特穿着晚礼服走来,我屏住了呼吸,生怕最细微的动作会让它们不对称的奇妙魔法消散。但是我相信他,他就像是一个走钢索的人,毫不犹豫地走在这根梦想和现实交织的绳索上。"帕特里克·莫迪亚诺❶在欣赏了于贝尔·德·纪梵希的一场秀之后说的这句话,完美概括了那些华丽服饰的魔力和他所代表的贵族艺术。可是纪梵希先生既不喜欢媒体宣传,也不喜欢市场营销和社交活动。而

---

❶ Patrick Modiano,1945 年 7 月 30 日出生的法国作家。1978 年凭借小说《暗店街》获得龚古尔文学奖,2014 年获得诺贝尔文学奖。——译者注

这三个 "M" ^❶即将统治时尚世界。

　　这位时尚大师诞生于一个只有高定时装才能主宰名利场的时代。他简约朴实的风格和完美和谐的比例是超越时间的。但是他知道，他的未来的发展需要更大的销售渠道和新资本的注入。他将自己的香水出售给了凯歌（Veuve Clicquot）香槟，高定时装则卖给了路易·威登。1989年，在饱受血腥的资本大战蹂躏的巴黎，贝尔纳·阿尔诺^❷夺取了路易·威登。这个新的奢侈品帝国似乎是战无不胜的。从1991年起，也就是品牌出让给LVMH集团仅2年后，新老板们就毫不留情地否定了这位时尚大师雕琢了近半个世纪的风格，而纪梵希很快就不得不面对在人情世故和创意层面的一系列无法调和的矛盾。

　　在贝尔纳·阿尔诺看来，他的风格太过于低调了。纪梵希和这位态度强硬的实业家抗争，最后终于明白，属于他的时代已经过去了。1995年7月12日，迎来了他的告别演出。伊夫·圣洛朗、瓦伦蒂诺（Valentino）、卡尔旺（Carven）、克里斯蒂安·拉克鲁瓦、帕科·拉巴纳、高田贤三（Kenzo）、让·路易·雪莱等很多设计师都出席了这位享有盛名的魔法师的最后一场发布会，既像是学生向老师致敬，又像是明星们为另一位明星捧场。这场告别之作，于贝尔·德·纪梵希想让它完全符合自己所打造的经典优雅传统。

　　全世界最美的模特展示了他奢华的封笔之作。《费加罗报》记者、时尚女魔头珍妮·萨梅特（Janie Samet）写道："模特们走完之后，于贝尔·德·纪梵希登台了，紧随其后的是一支穿着洁白无瑕的工作服的女性队伍。100个人。他的首席工匠、二级工匠、缝纫工、

---

❶　即媒体宣传（Médiatisation）、市场营销（Marketing）、社交活动（Mondanité）——译者注
❷　Bernard Arnault，1949年3月5日出生于法国。世界奢侈品教父、LVMH集团缔造者、被称为奢侈品界的拿破仑。——译者注

小裁缝、学徒组成了这位伟大的设计师的仪仗队。对于即将随着他的退出而消失的那种优雅理念，我们深感遗憾，只能以此表达敬意。当《欢乐颂》突然响起的时候，全场沸腾了。"

《巴黎竞赛画报》的一位记者就这场如同临终遗言般的收官之作采访了纪梵希，他反驳说："我不太喜欢这个词，我更愿意说，这是最后的荣耀。我将这个系列奉献给我的全体员工，我的'女儿们'，和并肩作战了这么多年的每一个人，因为她们都是仙女。我想让大家看到，尽善尽美的工艺还是存在的，对美好作品的热爱是永恒的。我们是一个团队，所有人团结在一起。我从来都不是一个人在战斗。"

记者总是揪着告别秀不放，问他是否还想做得更多。这位大师解释道："我们并不是在离开的时刻才想着要绽放光芒的。我没有屈服于试图蒙蔽我双眼的诱惑。这与我的理念是背道而驰的。在过去的43年里，我领导着这间时装屋，朝着同一个方向努力前行。我每一次都想设计一个更加精致、更加简洁的服装系列，挖掘出大衣、连衣裙或者套装的精髓。"

《巴黎竞赛画报》的特派记者还询问了他对于不太确定的未来有何规划，他说："我将停止高级定制时装的创作。关于成衣的话，我还有10月的发布会在准备中。然后，我将继续作为Givenchy时装屋的代表直到今年年底。在有限的时间里，我将扮演类似品牌大使的角色。我的有些客人请我做她们的顾问，为她们提供帮助。也许我会答应，为什么不呢？但是不管怎样，我不会再做衣服了。我没有这个权力了。这在我的合同里是写明了的。一旦完成了一件事情，那见好就收吧，这是智慧。他们提出让我再干2年或者4年。但是我觉得是该翻篇的时候了。我仍然热爱时装设计师这个职业，但是今天，我的脚步将带我走向别处。我从未停止学习。现在68岁了，我想花更多时间学习，我已经没有多少时间可以去做我想做的事情了。我想提高我的英语水平，还想学习意大利语，因为我很喜欢意大利。我有很多旅行计划。我担任世界建筑文物保护基金会（World's Monument Fund）巴黎分部的主席已经4年了，这是一个致力于古迹和花园修复的美国机构。我们正在计划修复凡尔赛宫里国王的花园。"

✦

Givenchy品牌在离开了创始人之后，仍将继续攀登高峰。于贝尔·德·纪梵希迈着他的大长腿转身离开，一如既往的低调。"我爱时尚，"他充满怀念地说，"但是它现在的样子让我感到痛心，各种奇装异服，那么丑，像马戏团一样。"所以他离场的时候是精神矍铄的，并没有因为放下裁缝剪刀而感到失落，很高兴可以享受生活。他有更多时间可以欣赏自己的艺术收藏，调整室内装修，打理花园，遛狗，旅行，探望朋友……

自从纪梵希被有失尊重地请出自己创立的品牌后，时尚界知道，这个领域的游戏规则变了。就像《费加罗商业周刊》主编斯蒂芬·马尔尚（Stéphane Marchand）说的："从此以后，谁都不能独善其身。盛世王朝覆灭了，再无温文尔雅的待人之礼，再无推心置腹的交友之心。"

显然，那些最著名的先锋人物，那些最高明的时尚大师，在金融巨擘面前也显得无足轻重。新的逻辑是合并、聚集、优化。最后的诗人们知道风向转了，他们被收益第一的政策淘汰了。那些顶着所有压力继续为爱而缝制衣服的设计师们，在面对那些无限扩张的集团时才认识到，自己只是不堪一击的猎物。

在他退休后，约翰·加利亚诺做了一季（1996年），接着是亚历山大·麦昆（1996年10月）、朱利安·麦克唐纳德（Julien MacDonald，2001年）。2005年，里卡尔多·蒂希（Ricardo Tisci）被任命为品牌高级定制、女装成衣、配饰和男装的艺术总监。他的才华和他紧跟时代步伐的创造力是有目共睹的，但是与纪梵希令人无法抗拒的优雅和耀眼的履历是无法相提并论的。纪梵希是20世纪下半叶最伟大的时尚大师之一，也是时尚界最后的贵族之一。

皮尔·卡丹

（Pierre Cardin）

  皮尔·卡丹，杰出的时装设计师和目光远大的商人，全世界最著名的法国人之一，在过去的60年里，我们是否已经听了够多对于他不可抑制的上升之势的溢美之词？算算他在全球的八百甚至一千张商标授权使用合同，他所获得的国际成就和数百万美元有失体面的收入，这位实业资本家将自己的业务版图和名字扩张到了与服装大相径庭的各个领域，包括酒店、餐厅、奢华食品店以及室内装修。这一切都源自他生命中的唯一动力：想象力。

  我们差点忘了他也是一位了不起的时尚大师，在很长一段时间里都领先于他的同行们。的确，年轻一代设计师的成功，转移了大众对那些在20世纪60年代非常具有颠覆性并且总是充满了丰富想象力的高级定制时装的关注，但是，随着21世纪的到来，随着时尚的轮回，我们看到新一代的年轻人重新爱上了不安分的皮尔·卡丹昔日推出的那种风格。

  结构性极强的大胆裁剪，对立体造型的不断探索，还有那些几何形态的装饰和带来视觉冲击的色彩，都将他的作品升华为光芒四射且工艺精湛的艺术品。只有像这位从20世纪50年代初就决定自立门户的克里斯蒂安·迪奥昔日的合作伙伴一样的能工巧匠才能做到这一点。

  他是时尚先锋，开创了无性别服装的先例，将脸甲、窗洞、魔术贴引入了时装；他是塑料、拉链、"卡丹女郎"裙（1967年用无纺材料铸模成型的连衣裙）的捍卫者；他推出了黑色丝袜，起用了有色人种模特；还有他设计的飞檐肩、紧身衣系列、无脊椎系列、祭披系列和牧师服系列，每一个系列都不断刷新大众的认知。这样的卡丹怎么会不吸引当今最潮的年轻人呢？他那美妙的未来主义风格与那个对未来满怀憧憬的年代不谋而合。

媒体太喜欢这种彻底推翻过去，搅乱国际高定时装的创作思维了！他的服装使Cardin品牌从莫斯科到北京都名声大振，给他足够的自信编织一张商业网络，构建自己的商业帝国。这位92岁 **❶** 的老人有底气为自己不同寻常的命运而感到自豪。

❀

彼得罗·卡丹（Pietro Cardin）于1922年7月2日出生于特雷维兹（Trévise）省，圣比亚吉奥·迪·卡拉尔塔（San Biagio di Callalta）地区的圣安德烈亚·迪·芭芭拉纳（Sant' Andrea di Barbarana）。这座小镇位于威尼斯附近。他是家中10个孩子中的老幺，上面有5个哥哥、4个姐姐。他的父亲亚利桑德罗·卡丹（Alessandro Cardin）和母亲玛丽亚·蒙塔尼（Maria Montagner）经营着一座小型葡萄酒农场。为了增加家庭收入，亚利桑德罗还为一家专门销售贮藏食物用的天然冰块的公司工作，他需要爬上多洛米蒂山脉（Dolomites）去采冰。尽管妈妈做的帕尔马干酪煨饭非常美味，也改变不了生活非常艰苦的事实。

从父亲那里，他继承了炯炯有神的眼睛和指甲扁平的农民的大手。从母亲那里，他继承了略带鼻音但非常迷人的轻柔嗓音。成年后，他成为这个地区产的普洛塞科（Prosecco）白葡萄酒以及它的起泡版弗里赞特（Frizzante）葡萄酒的狂热爱好者，并在圣保罗区的总督城里给自己买了一个宫殿"卡布加拉丁宫（Palazzo Ca'

---

❶ 本书原著出版于2014年。皮尔·卡丹先生已于2020年12月29日离世。
——译者注

Bragadin）"。

在此之前，首先要活下来，法国在他们看来将会是救世主。于是，大姐乔瓦娜（Giovanna）追随已经移民的父母，在1922年前往圣艾蒂安（Saint-Étienne）。另外3个女孩特蕾莎（Teresa）、帕尔米拉（Palmira）和阿尔芭（Alba）在拉图迪潘（la Tour-du-Pin）的一家织布厂工作。哥哥埃尔米尼奥（Erminio）在家住帕多瓦（Padoue）的舅舅那里避难。1924年，亚利桑德罗携妻子和小彼得罗彻底离开意大利，与在伊泽尔（Isère）的女儿们团聚。亚利桑德罗很快就被圣艾蒂安著名的武器和自行车制造商录用了，从而获得了稳定的生活。他们在翁丹纳（Ondaine）山谷里卡马里（La Ricamarie）的一间小房子里安顿了下来。

改名为皮尔的彼得罗1936年加入了法国籍，但是在很长一段时间里都饱受精神的创伤。比如在课间休息的时候会被骂"肮脏的通心粉"，或者在他看来并不公平的老师的严厉对待。一边是法国学校，一边是纯意大利人社区，他的童年因为仇外行为的影响而略感孤单。他的乐趣来自一个小邻居克洛迪娜（Claudine），她用自己的娃娃和他一起玩乐。他尝试用从妈妈那里要来的小布片给娃娃们做衣服。过了一段时间，当学校的一位督导问他长大后想要做什么工作的时候，他不假思索地说："服装设计师！"

他十几岁的时候被父母安排到了圣艾蒂安的邦普伊（Bonpuis）裁缝店，让他学习裁剪和缝纫。他同时也上一些会计课。这个少年对未来充满了幻想，他经常跑去理发店翻看那些带给他梦想的杂志。他们在那里聊让·科克托、大使剧院、马克西姆餐厅和巴黎的艺术生活。还有一个命运的预兆：一次去姐姐乔瓦娜家度假的时候，他偶遇了一个和他意气相投的萨瓦人皮埃尔·巴尔曼。他母亲是个裁缝，他自己也强烈地渴望从事这个职业。那时的他们有没有那么一瞬想到过，有朝一日他们俩都会成为高级定制时装界名垂青史的人物呢？

1939年9月3日法国向德国宣战时，他17岁。1940年6月22日，停战协定签署，政府迁往自由区的维希。面对时代的悲剧，这个年轻人仍然无忧无虑地幻想着自己的艺术生涯。第二年，初生牛犊不怕虎的他骑上自行车，决定去巴黎碰碰运气。他漏算了分界线的问题，在穆兰市的桥上被德国哨兵拦住了。尽管他手续齐全，但还是被拘留了18个小时。他觉得回头更安全，于是最后去了维希。他是否知道可可·香奈儿曾在1906年去过那里呢？

维希令他一见倾心。公园里高大的栗子树染上了忧郁的锈红色。最纯粹的仿古风格的铁艺酒吧里，就像孔雀开屏一样展现自己的玻璃花窗。这座法国首屈一指的温泉之城就像是一个视觉陷阱，这里有社交活动、赌场剧院、跑马场，还有不停穿梭的公共汽车。从贝当（Pétain）元帅居住的公园酒店门前经过，皮尔沿着室内长廊漫步，和优雅贵妇们擦肩而过。他注意到这里有很多茶室，里面都是奶油色和毛茛色的装修，还有镜子和各种镀金饰物。

在皇家路的拐角，一家特别雅致的服装店芒比（Mamby）向他伸出双臂。皮尔·卡丹鼓起勇气推开大门，找到经理布兰奇·波皮纳（Blanche Popinat），请求她给自己一份工作。"她觉得我很可爱，立马就同意雇用我了！"他说。他们为他找了一间临时的简易膳宿公寓，他就这样神奇地得到了一个新住处。

第二天，他就开始在这个有8名裁缝的工坊里工作了。工坊的领头是一位曾经在Chanel工坊工作过的首席工匠。整个维希都穿芒比的服装，活儿永远不会少。在这两年里，他对衣服折边和扣眼了如指掌，而在裁剪方面他则展现了特别的天赋。

1943年2月，强制劳动法的颁布直接波及到他。他收到了去德国斯德丁（Stettin）一家武器工厂工作的传唤书。幸运的是，布兰奇·波皮纳出手了。她向她的朋友韦迪耶（Verdier）将军寻求帮助。这位将军有权在每一支队伍中选出两位新兵为红十字会服务。于是走了后门的皮尔被派到了会计室，进入了卡卢（Callou）温泉疗养所的临时营房。

在这一非同寻常的时期，他感到迷惘。他远离政治，不加入任何阵营。他的意大利血统和他不愿承认的同性恋身份，都构成了他迫切希望这段艰难时光快点结束的原因。这个年轻人努力提高自己的修养，晚上经常去看电影，《永恒的回忆》中让·马雷（Jean Maris）的俊朗和玛德莱娜·索洛涅（Madeleine Sologne）的美貌让他惊叹不已。苏希·德莱尔（Suzy Delair）在亨利·乔治·克鲁佐（Henri-Georges Clouzot）导演的《杀手住在21号》中的玩笑话，阿尔莱蒂（Arletty）在马塞尔·卡尔内（Marcel Carné）执导的《夜间来客》中的神秘感，都让他自得其乐。他从不错过维希交响乐团在歌剧院的任何一场音乐会，也不会错过提诺·罗西（Tino Rossi）和安德烈·达萨里（André Dassary）在维希音乐厅爱丽舍宫的任何一场独唱音乐会。

解放后，红十字会宣布解散。皮尔得到去该组织巴黎总部工作的机会，给他预定的酒店就在王宫附近。他急忙跑去他每天用餐的家庭饭店，将这个重要消息告诉邻桌的朋友们。其中有一位非常尊贵的坎布雷德特（Cambredette）伯爵夫人。她以看手相和用纸牌算命的能力而自鸣得意。和经常让人算命的克里斯蒂安·迪奥一样，这个年轻人也请她为自己预测一下未来。她给出了非常清晰的答案："我看到了很多机遇和荣耀。我看到印有你名字的旗帜在全世界飘扬！"他还问她是否可以向他推荐一个巴黎时尚圈的人。她想了一下，给了他一个开启神秘大门的名字："你去福布尔圣奥诺雷路82号找瓦尔特纳（Waltener）先生。"

23岁的皮尔·卡丹终于在1945年11月18日抵达了巴黎。他提着一只小行李箱，怀揣着一封介绍信和勃勃野心。他可能像巴尔扎克笔下的人物那样，在心中呐喊："巴黎，咱们来较量较量吧！"他脸庞消瘦凹陷，眼神炽热，在姿态上既有高傲内敛，也有外省人的笨拙，他就像是卡巴乔❶作品中的骑士。听他来说后面的故事："星期天早上，我去了她指引我去的地方。我走过了整条圣奥诺雷路，终于来到了福布尔圣奥诺雷路的Lanvin门口。天真冷啊！我穿着木底鞋，身上只有一件人造丝和黏胶纤维的薄大衣。那时是早上9点。然后我看到一位先生走来，就问他82号还有多远。他看了我一眼，笑着问我：'那您去82号是找谁呢？'我没有说实话，有点局促地回答说：'我有个朋友住在那里……'他又问：'那他叫什么名字呢？''瓦尔特纳。'他哈哈大笑地对我说：'我就是瓦尔特纳先生！'我对巴黎一无所知，而我第一个搭上话的就是我要找的那个人。太奇妙了！"

于是第二天，他就被这间BCBG服装公司录用了。但是公司的女装部规模很小，卡丹没有用武之地。很欣赏他的工作能力的瓦尔特纳将他推荐给了Paquin公司。他在那里工作了一年。

⚜

创立于1891年的Paquin时装屋风韵犹存。安东尼奥·卡诺瓦斯·德尔·卡斯蒂洛（Antonio Canova del Castillo），自1942年接手后，就用西班牙公主裙、头纱和无处不在的手笼强化了伊比利亚风格。这位西班牙绅士用伪装的漫不经心掩饰自己的极度羞怯。卡丹谦虚地开始了新的工作："我是大江中的一滴水，顺流而行。当我知道这间著名的工坊是由排名第一的裁缝领衔的时候，我充满了信心。我的处境岌岌可危：在一群针线大师中担任首席缝纫工……但是我相信，我的蓝色眼睛表明了我的决心。"

不久，一个难得的机会出现了：为在都兰拍摄的由让·科克托导演、让·马莱（Jean Marais）和若赛特·戴（Josette Day）主演的

---

❶ 维托雷·卡巴乔（Vittore Carpaccio，1465～1526年），意大利画家，文艺复兴时期威尼斯画派，作品中有对威尼斯人生活状况的详尽描述，表现出人文主义精神。代表作《年轻骑士》。——译者注

电影《美女与野兽》设计服装。克里斯蒂安·贝拉尔担任这部电影的艺术总监，科克托请马塞尔·埃斯科菲耶（Marcel Escoffier）设计了一些童话般的服装。这些衣服由Paquin公司制作，皮尔·卡丹被委以修饰润色的工作。他有时甚至会穿上让·马莱的戏服，为能亲身参与这一艺术盛事而兴奋不已。他从学徒变成了模特，但是丝毫没有错过创意盛宴。

他很快就到了Schiaparelli公司做裁剪师。旺多姆广场21号的工坊魅力无限。他的时装变得更规矩了。1946年的春季系列，这个意大利人选择不冒太大的风险，推出了将战前的刺绣外套加以变化的款式，搭配朴素的连衣裙。在经历了战争和多年的贫困后，解放了的法国重新找到自己的品牌。唤起战前上流社会美好生活记忆的高级定制服装劫后重生。各种舞会接踵而来。上流社会又开始关注外表了。卡丹很高兴自己亲历了这一切。

由经常出入科克托的圈子，刚刚出版了《宠儿们》的小说家菲利普·埃里亚（Philippe Hériat）的牵线，他的幸运人生与克里斯蒂安·迪奥交汇了。那时的迪奥41岁，他还在Lucien Lelong公司工作最后几个月，接着就要在富有的纺织品巨商马塞尔·布萨克的资助下开自己的公司了。他邀请年轻的皮尔来蒙田大道30号共襄盛举，负责套装和大衣的样衣制作。"于是，1946年11月18日，我早上8点就到了门口，很高兴成为第一个到的人。我们上了二楼。我在那里工作了两年半。"卡丹回忆道。

❧

1947年克里斯蒂安·迪奥的横空出世，标志着20世纪服装演变史中最重要的里程碑之一。耗费大量材料，装饰各色珠宝，紧身裙束紧的腰线，长及小腿中部的花冠裙。新风貌风靡一时，成为制作它的工匠之一也是一件奇妙的事。"Dior辉煌的起步让我这样的小工艺师也感到与有荣焉。'渴望'和'神秘'这两款完全是由我亲手制作的。"卡丹知道怎样让自己变得不可或缺。他学习一间大型时装公司的运作秘诀。迪奥还允许他和名人客户见面。但是他的野心不止于做一个工艺师。

不久，为戏剧和电影制作剧服成为他不可抗拒的诱惑。皮埃尔·比隆（Pierre Billon）请他为由科克托改编，让·马莱和达尼埃尔·达里厄主演的翻拍电影《吕·布拉》制作剧服。科克托本人也想请他为自己的下一部电影、让·马莱、玛丽亚·卡萨雷斯（Maria Casarès）和弗朗索瓦·佩里埃（François Périer）主演的《俄耳甫斯》制作服装。卡丹一时冲动就离开了 Dior，将自己的名字挂在了里什庞斯（Richepanse）路一间阁楼的门上。他为自己打工了，他就是自己的老板。从此，他在戏剧服装和假面具上贴上了自己的标签。迪奥并没有对他心生怨念，还为参加艾蒂安·德博蒙伯爵主办的蒙面舞会而向他定制了一个狮子头面具。1951年9月，在卡洛斯·德·贝斯特吉（Carlos de Beistegui）于威尼斯举办的化装舞会上，他为最时髦的巴黎客户打造了30套服装。

自此，他立下了新的愿望：成为自己服装品牌的设计师，并且自己掌管财政。所以他将为上流社会大型化装舞会设计奢华服装所赚的钱全都存了起来。1952年他结识了后来成为他的密友和艺术总监，并且给他带来很多积极影响的安德烈·奥利弗（André Oliver）。他们两人完美互补，就像弗朗索瓦·玛丽·巴尼耶（François-Marie Banier）后来说的：“他之于皮尔，就像多瑙河之于布达佩斯。”

1953年，皮尔·卡丹带着一支临时组建的团队搬到了福布尔圣奥诺雷路118号三楼。从他的第一场秀开始，媒体就立刻注意到：“在 Christian Dior 工作的经历让皮尔·卡丹始终严格要求自己，并且严格遵守这一不容丝毫含糊的精妙裁剪艺术的所有规则。他在表达这种精益求精的时候，并不显刻板。”他的服装，上半身柔软且利落，裁剪精湛。圆弧形的领子高耸到靠近脸颊，有时向两边打开，像两片叶子。有些套装脱掉外套后，里面是一件非常合身的无袖连衣裙，朴实而完美。《世界报》（*Le Monde*）时尚作家娜迪纳·拉乌尔·迪瓦尔（Nadine Raoul-Duval）对他不吝溢美之词："记者、明星、上流社会的贵妇们，我们都挤在他那不算大的沙龙里，为他绝妙的春夏系列鼓掌欢呼。每一款服装都展现了一种无所谓的洒脱，以及年轻人略带挑衅的魅力……"他的"起飞"系列，恰如其名，开了一个好头。

在他下一个系列中，廓型变长了，上半身变宽，那效果就像在袖子上植入了口袋，或者加了后腰褶而产生的后背鼓起的效果。上衣体量更大，为了加强效果，与之对比的裙子都是紧身的直筒裙或者褶裥裙。那件特别柔和的灰色的真丝套装赢得了全场喝彩，外套掐腰，并向着肩的方向张开，有趣的口袋镶嵌在袖子里，像是顺应又像是纠正那捉摸不定的线条，以此加强宽阔的肩型。被称为"爆裂"的领圈有意小露香肩，展现里面的打底衫或者白色提花的齿形双层领。

在伊丽莎白女王的加冕礼让人记忆犹新的这一年，皮尔·卡丹打入了上流社会。毋庸置疑，他是一个杰出的裁缝，拥有显而易见的精湛技艺。他知道如何将充满理性的线条与充满想象力的天马行空结合在一起。他的服装都拥有神秘的裁剪，离经叛道却极有分寸。雅克利娜·德吕巴克（Jacqueline Delubac）和埃尔维尔·波佩斯科（Elvire Popesco）也成为他的客户了。哪怕是别的品牌的主顾，能拥有一套皮尔·卡丹的套装或者大衣都是品位的象征。只是，如果设计的服装只能在一天中的特定时间穿着，那还是成不了大师的。

1953年10月，他以拱桥和十字架为灵感，推出了一个建筑感极强的系列。拱桥表现在隆起的后过肩，在手臂处膨胀的袖子，嵌入式和服袖；十字架出现在折叠的袋盖，视错觉的后腰带和纽扣布带上。卡丹崭露头角，让我们忽略了同时代的年轻竞争对手：安德烈·勒杜（André Ledoux）、亚历克斯·马吉（Alex Maguy）、阿米·领科（Army Linker）、贝纳尔·萨加多伊（Bernard Sagardoy）、勒内·里斯（Renée-Lise）。这个威尼斯人首创了在裙套装中加一件可分离的配套低领短上衣，迅速得到热烈追捧。

他脑袋里装满了创意。1954年10月，为了扩大战果，卡丹新开了两家精品店："亚当"和"夏娃"。他设计了一个展示场景，布置了一些不知道从哪个驯马场"逃跑"的木马。夏娃当然是扎着马尾的，卡丹给她们设计了知名马厩的彩色头盔，为惊喜派对准备的看似随意的连衣裙，露出衬裙的开衩半身裙，赛马骑师帽，顺理成章地，其中大部分用的是骑师服毛呢和擅长画跑马场的画家杜菲最爱的色调：肉色和粉色。为亚当设计的是显色细方格花呢上衣，骑师衬衣，罗缎燕尾服，平纹结子花呢、法兰绒或麂皮外套，呢绒或白色云纹晚装领带，打破了男装惯有的肃穆。马塞尔·阿夏尔❶、贝尔纳·布菲❷、雅克·沙佐❸、史蒂夫·帕瑟❹和阿图罗·洛佩兹（Arturo Lopez）是他的第一批客人，非常喜欢他的领带。这是首次出现一位女装设计师销售男装领带。他还推出了绝妙的真丝家居连衣裙。这次试跑有一点未来成衣的样子了。1954年的圣诞节，他用灰色麂皮包裹了橱窗，将他的新作都集中在花丛中：松脂色天鹅绒配水貂皮紧身短上衣、粗花呢浅口鞋、多色宝石花瓣项链。

所有这一切都很美，很巴黎，但是还不够大胆。1955年2月，卡丹提速了，几乎达到了"超音速"。现场观众，爱丽丝·柯西亚、勒内·圣西尔（Renée Saint-Cyr）、玛蒂娜·卡罗尔（Martine Carol）被这次星际旅行惊呆了。模特们穿着圆锥形的"火箭头"收腰长外套，裙子下摆收紧，让一圈炸开的荷叶边在膝盖处绽放，头上戴着一顶行吟诗人的圆锥帽。整个线条攻击性极强。"飞机机身"连衣裙有圆领纤细的上半身和在髋部像气球一样膨胀的裙子。"鱼类"套装

---

❶ Marcel Achard，1899 年 7 月 5 日 ~ 1974 年 9 月 4 日。法国著名编剧，于 1959 年当选为法兰西院士。——译者注

❷ Bernard Buffet，1928 年 7 月 10 日 ~ 1999 年 10 月 4 日。法国表现主义画家，反抽象艺术团体成员。——译者注

❸ Jacques Chazot，1928 年 9 月 25 日 ~ 1993 年 7 月 12 日。法国舞蹈家，社会名流。香奈儿的晚年伴侣。——译者注

❹ Steve Passeur，1899 年 9 月 24 日 ~ 1966 年 10 月 12 日。法国电影编剧。——译者注

的外套很短，背部柔软。蓝色被洗褪了色或者带着金属光泽，黄色是星辰的颜色，红色有爆炸的威力。所有媒体都看得瞠目结舌。

❀

　　自此，美国买手和盎格鲁—撒克逊记者们再也不错过他的任何一场秀了。他已经成为巴黎时装界绕不开的人物。他不再是正在衰败的传统的奴隶。卡丹也意识到，时装屋想要繁荣发展，必须在更广的领域开发利用自己的品牌。扩大客户群成为他的执念。他渴望壮大自己的公司，想要设计一些可以用服装商的工业流程来销售的服装。正如协助他管理卡丹剧院的西尔瓦纳·洛伦茨（Sylvana Lorenz）所说："他需要钱，很多很多的钱，这样他才能继续每年推出两个不同凡响的服装系列。一个高定系列的成本非常高，通常是赔本买卖。因为在创作的 200 款中，只有 100 款左右会展示给大众。刚刚千辛万苦地收到钱款，又要为下一季产品的推出做预算了。"

　　1958 年 5 月，总是紧跟时尚的他受邀在日本展示他的服装，他与高松亲王同机抵达日本，欢迎的红毯是为他而不是为昭和天皇的弟弟铺设的。他后来经常访日，他也是第一个访问俄罗斯和中国的西方设计师。多年来，他就像是法国大使一样，被菲德尔·卡斯特罗、戈尔巴乔夫、贝娜齐尔·布托等多国政要接待，并获得了很多奖项、头衔和勋章。

　　1958 年 8 月，他推出了第一款以稀有香精为基调的香水 "16 号房（Suite 16）"，水晶香水瓶呈棱柱形，真丝饰带上有手绣的他的名字。随后推出的 "卡丹之水（Eau de Cardin）" 有比淡香水更加持久的芳香。1958 年 12 月，他设计了一套滑雪后穿的连体衣，用布高乐（Bucol）面料商开发的银色面料制作，一直包裹到脚趾。

　　1959 年 1 月的新系列名为 "le Hoop"，取其圆箍的意思，因为这个系列服装宽大的领子横向拉开，包裹住诱人的香肩。肥大的袖子在肩部形成宽褶裥，进一步增大了椭圆形领口外的肩宽。他的外套得到了所有媒体的喝彩，有些七分袖外套搭配朴实无华的露肩大领，有些宽松外套上漏斗形的领口像小斗篷一样耷拉着，搭配宝塔袖。他的用色让人印象深刻：用紫罗兰糖果色、薄荷绿、偏粉或者偏蓝的帕尔马堇菜色、珍珠灰、浅杏色等为代表的浅淡的粉色调，搭配龙胆紫、木犀绿、柠檬黄、南瓜橘、吊钟海棠紫、海军蓝和白色等更加明艳的颜色。

* * *

卡丹的名字在报纸上随处可见。他为马塞尔·阿夏尔制作了饰有金丝线刺绣的黑夜蓝院士服，为电影《恨世者》（*Misanthrope*）设计了现代版剧服，为苏菲·德马雷（Sophie Desmarets）和玛蒂娜·卡罗尔（Martine Carol）设计生活中和电影中的服装，设计了沙滩装，金属光泽的纱线让黑色和白色的泳衣闪闪发光。他推出了巨大的包以及像日本纸灯笼一样的蝉翼纱褶裥包，制作了"黑樱桃串"或者"葡萄串"首饰。但是当他闯入了让娜·莫罗❶的生活，才让他真正成为了全民皆知的人物。他们两人的浪漫友谊维持了4年。

这位明星一直都是穿Chanel的，但是1961年，准备拍摄约瑟夫·罗西（Joseph Losey）执导的《夏娃》，扮演其中一位优雅的上流贵妇的她，一下子选了卡丹的25个新款服装，也就是那个系列中所有的雪纺连衣裙。设计师在选款快结束的时候出现了，立即拜倒在这位刚刚凭借《恋人们》（*Les Amants*）广受好评的娇媚女子的石榴裙下。他温柔的目光、坚定的信念，以及他不卑不亢的态度也让她心生欢喜。他宽阔有力的手掌，他的精致细腻和野心勃勃，也让她深深迷恋。

他们几乎是一见钟情，很快就走到了一起。她当下就对媒体说："他赋予了我全新的人格，我打算接下来穿我为这部电影选的所有服装。"他后来也说："她曾是我的灵感源泉，我爱她。那时候举

❶ Jeanne Moreau，1928年1月23日~2017年7月31日。法国演员、歌手、导演、编剧，毕业于巴黎国立音乐舞蹈学院。——译者注

办发布会的沙龙层高都比较低，所以高个子模特并不流行。让娜的髋特别窄，身材非常娇小。但是她从来没有为我做过模特。"他很想和她生一个儿子，但是这位女演员已经无法生育了。在她拍摄三部电影《天使湾》（La Baie des anges）、《21号特工玛塔·哈莉》（Mata Hari）、《玛丽娅万岁》（Viva Maria）期间，他们之间的柔情蜜意从威尼斯延续到派洛斯岛，他也为这三部电影设计了服装。后来他们也一直保持着朋友的关系。

当他在1962年首次设计了一个风格大胆的内衣系列的时候，心里想着的是她吗？ 1962年更是卡丹抛出"原子弹"的一年："皮尔·卡丹高级定制时装屋和巴黎春天百货签订了合作协议，根据该协议，他的设计将会以相对比较低的价格批量销售。春夏系列中的15款服装即将投放市场。"媒体尽情欢呼："平价的高定时装！"对于那些因为他开设这样的专柜而指责他投机钻营、庸俗粗鄙的人，卡丹回击道："美国人买了我们的款式然后以低价进行批量生产，因此所有美国女性都可以穿上由时尚大师设计的服装。为什么法国女郎不可以呢？"这是一个有力的论点。而且他相信，将自己的产品卖给一个完全不同的消费群体并不会造成他高定沙龙的客户流失。他的这一创造性做法让大多数人可以接触到当代奢侈品，而他是她们之间的桥梁，也是第一个受益者。

然而媒体几乎都是站在巴黎女性一边的，他们也有点担心会看到所有人都穿着享有盛名的时装屋的衣服，而在这之前，能穿上一位知名时装大师的衣服还是一种特别的身份象征。时尚评论家也在自问："我们想让高级定制走向民主还是走向光荣孤立？"在巴黎春天，500法郎就能买到一身Pierre Cardin套装，而在他的时装屋定制的话，价格大约是它的6倍。当然，用的不是一样的面料，而且这些都是按照标准尺寸制作的。多亏了卡丹，高定时装终于自愿走向街头了。这一创举取得了巨大的商业成功，并且很快就超出了所有人的预期。

这是一个决定性的转折点，新一代和老一辈对此争论不休。Christian Dior恰如其分的大胆创新，Jacques Fath充满浪漫的奇思妙想，Elsa Schiaparelli不同寻常的色彩混合，都在后浪凶猛的拍打下黯然失色。卡丹、圣洛朗，以及紧随而来的库雷热、帕科·拉巴纳，吹来了一阵年轻的风，他们对女性的渴望有一种超感官直觉。老牌时装屋因为害怕惹恼自己的客户，满足于只改变细节而不对线条大动干戈；新生代则想要在奢侈品世界掀起一场大革命。

卡丹就是这个时代所需要的，既野心勃勃又极端自我的，富有远见卓识的时尚人。他既设计上流社会华服，也设计航天员的宇航服，他多才多艺又拥有不同寻常的商业天赋，他决定要全面出击了。他增加了海外授权。"奢侈品的关税是极高的，"他的一个合作伙伴解释说，"一件价值100法郎的配饰最后可能会卖到400法郎。"皮尔·卡丹通过向当地产品制造商授予特许权找到了对策。他将自己的署名标签贴在了假发（和凯伊黛Carita合作）、鞋履、手表、行李箱、眼镜、巧克力、墙纸、香烟以及各种产品上。慢慢地，这些授权产品与时尚的关系越来越远了。

他在全球一共签发了几百份授权合同，普及了Pierre Cardin品牌、风格、外观，但是这些产品杂乱无章，越来越难控制了。能取得如此大的实力提升是因为他的业务一直都属于他个人，由这位企业主自己说了算。"我缩短了流程"是他经常重复的话。但是盲目签发授权书从长远来看也带来了严重的危险：由于被大量滥用，品牌失去了它的口碑和吸引力。

面对他的这些违规操作，一些嚼舌根的人说，他将自己的灵魂卖给了恶魔，当他辞去巴黎高级定制时装公会主席一职的时候，他们感觉松了一口气。他的同行认为他是一个什么都干的冒失鬼，害得他们的职业堕落到与大商场为伍。卡丹极其自信，也非常相信自己的好运，他并没有意识到他已经成为同辈人恼火、厌烦甚至厌恶的对象。但这是事实，他那些手工缝制的同行们彻底与他决裂了。

但是就像让·保罗·戈尔捷说的："皮尔·卡丹，他一个人就相当于伊夫·圣洛朗和皮埃尔·贝尔热（Pierre Bergé）加工坊的首席工匠。"

❈

1962 年夏，卡丹就像什么都没有发生一样，重新开始做时装秀了。这个系列主要有两个廓型，一种是极细长的，另一种是像牵牛花一样绽放，很多斜裁的动态。始终流畅纤瘦的廓型得益于他近乎神奇的裁剪。最打动人的是一些典型的"卡丹细节"：水貂皮镶边的绉纱披巾，运动穿的平跟厚底鞋，茄紫色羊羔皮保龄球背带包。还有皮革的巨型咖啡豆纽扣，蒂罗尔切割宝石吊坠毛衣链，与衣服配套的化妆品盒，以及穹顶帽。

1963 年这位宽松连衣裙的捍卫者调转方向，用面料清晰地勾勒出曼妙身姿。在他的秋冬系列发布会上，一只展开翅膀的蝙蝠拉开了这个以菱形为主题的系列的序幕，从晨间披风到晚装大礼服。迷你贝雷帽，漆皮羊皮紧身靴，上百个别致的细节点缀着那些在髋部收褶或者抽绳的夹克。线条和谐，造型平衡，色彩亲和。

他的下一个系列显然是献给让娜·莫罗和她的电影《21 号特工玛塔·哈莉》的。看到那么多靴子、职服上装、长至小腿肚的长风衣、宇航员头盔、米色华达呢修身风衣，一位美国记者怪叫着说："这怎么可能？模特们是要找十字军功章么？"从这时起，他开始为大受欢迎的连续剧《瓜皮帽和皮靴》（Chapeau melon et bottes de cuir）设计剧中男演员帕特里克·麦克尼（Patrick MacNee）服装：非常有效的全球广告。而他为披头士设计了修身长裤搭配无领外套，内搭高领衬衫，这套漂亮的西式套装彰显了他的创新理念。

❈

事实上，他被认为是现代法国的最佳代表。像乔治·蓬皮杜

（Georges Pompidou）这样想要改造法国的决策者，他的夫人克洛德（Claude）也穿他的衣服。1965年12月，法国驻华盛顿大使夫人妮可尔·阿尔芳（Nicole Alphand）受聘管理他的沙龙公共关系，并且邀来她的好友杰奎琳·肯尼迪作为明星嘉宾，这难道只是机缘巧合么？她为他打开了美国市场。后来，其他一些身份特殊的人物，比如弗朗索瓦·玛丽·巴尼耶、西尔瓦纳·洛伦茨（Sylvana Lorenz）以及外交部部长夫人莫妮克·雷蒙（Monique Raimond）都来为他站台。

他出人意料地在爱丽舍宫周边织网。1966年，他搬到了福布尔圣奥诺雷路59号，和马里尼大道形成拐角的一栋六层大楼里。成衣部占了这间时装屋的一整层楼面。他在自己的时尚宫殿周边不断购入新的不动产。比如将大使剧院改造成卡丹剧院和马克西姆餐厅，他最好的两个副业。这种投资策略并非偶然：每天早上，他都能在自己的领地走一圈。

在他的工坊里，威尼斯式铺张和奢华的悲惨主义并存。反成规在这里是主导思想：鼓励大家摆脱那些工坊必备套餐：纽扣、领子、翻边、装饰、环扣、口袋……在他那里，两个年轻的学徒很会搞气氛，他们是米歇尔·马拉尔·格拉顿（Michel Malard-Gratton）和未来之星让·保罗·戈尔捷。公司所有的支票都由卡丹亲自签署，包括员工的工资。他事无巨细样样都管！他不是个大手大脚的人，但是也决不吝啬。他与所有员工都相处愉快，待人彬彬有礼，说话带着鼻音，表情柔和又亲切，平静中透着些焦虑，语速较快。他知道自己是白手起家打下了这一片天地。作为一名曾经的会计师，他每天都可以分析自己成功的原因，机遇因素、风险因素、智慧因素。他有一些黑皮笔记本，上面是他每天像书记员一样事无巨细写下的笔记。

他身体健康但是神经脆弱。和所有创造力丰富的人一样，他吃得少，睡眠不好；他不爱赌博，不抽烟不喝酒。他工作中心情愉悦，严肃认真，持之以恒。这是他唯一的解药，也是他永葆青春的秘诀。几绺不听话的头发垂在发际线后退得高高的额头上，粉色眼眶中是一双钢青色的眼眸，卡丹就像超级明星一样，以略带傲慢的姿态出现在世界各地的杂志上，滔滔不绝地讲述着自己的成功经验。大家都误以为他会对此感到厌倦，其实他乐此不疲。每个礼拜天早上，他都会去一座博物馆；每天晚上，他都会花时间阅读。他为数不多的朋友都很喜欢他富有感染力的开怀大笑。他和大姐一起住在位于阿纳托尔·法朗士（Anatole-France）码头的一栋奢华的三层楼里，透过花窗能看到里面极具未来感的家具。

早在后来与之交恶的伊夫·圣洛朗和皮埃尔·贝尔热之前，卡丹就已经去了左岸，不久就开了一家"卡丹青年"专卖店，就在巴黎国立美院旁边，针对 18 ~ 25 岁的青年群体。他还新出了两款香水："非凡（Singulier）"和"海蓝（Bleu marine）"。他与新娘装和孕妇装专营店领导品牌普雷纳塔尔（Prénatal）签订了合作协议。1967年，他进驻新德里引起了轰动，并且得到了英迪拉·甘地（Indira Gandhi）❶的礼遇。他带回了色彩绚丽的手工编织丝绸。1968年，他为法国联合航空设计了用海蓝色华达呢制作的空乘制服，冬装用艳绿色镶边，夏装用米白色镶边。

❦

1967年他第一次做了资助人，与艾里斯·克莱特❷联合，在圣日耳曼德普雷的核心区域创立了阿尔多米克（Artomic）私人俱乐部。1967年开始，他就宣布一年只想做一场发布会，并且有时候会将男女装混合。他1967年春夏系列的秀简直出神入化，是精湛裁剪工艺的杰作，所展现出来的未来风造型将成为他永恒的标志。"太空装"

---

❶　Indira Gandhi，1917 年 11 月 19 日 ~ 1984 年 10 月 31 日。印度政治家，印度独立后首任总理贾瓦哈拉尔·尼赫鲁的女儿，是印度现代最为著名及存有争论的政治人物之一。1966 年、1980 年两度当选印度总理，1984 年 10 月 31 日遇刺身亡。——译者注

❷　Iris Clert，1918 年 4 月 28 日 ~ 1986 年 8 月 15 日。出生于希腊的法国当代前卫艺术画廊老板兼策展人。——译者注

被不规则裁剪的无袖"小短裙"取代了，羊毛针织双色短裙套在黑色翻领羊毛衫外。头饰从漆皮摩托车头盔到焊工头盔应有尽有。他极具冲击力的配饰——靴子、腰带、背包都有铝制件镶嵌在皮革中。男模穿着羊毛针织立领连体衣，腰带低挂，拉链开合。西装采用了无尾常礼服的交叉式圆翻领和腰线上方一颗扣的设计。他的公司有两位当时的超模：玛丽斯·加斯帕尔（Maryse Gaspard）和他从东京带回来的娇小的松本宽子（Hiroko Matsumoto）。

1969 年 9 月 25 日，他买下了大使剧院❶并把它改造成卡丹空间。所有报纸的标题都写着："Pierre Cardin 从时装公司转型为文化企业。"他搬到加布里埃尔大道并非为了盈利，而是为了消遣，为了创作，构思平面和立体造型，设计家具和服装，策划展览，组织各种聚会和活动。总之，把这个地方变成一个高雅场所，展现他创新力的窗口。让娜·莫罗自然不用说了，还有玛琳·黛德丽❷、雷纳塔·特巴尔迪❸、玛丽娅·普利谢茨卡娅❹都曾在这里登台演出。他们组织的活动，从莎拉·伯恩哈特回顾展到弗朗索瓦·比耶杜❺，兼容并包。什么都比不上鲍勃·威尔逊（Bob Wilson）导演的《聋哑人的注视》带来的震撼和彼得·汉德克（Peter Handke）的《驰骋在康斯坦茨湖上》所受到的猛烈批评。但是关于那些引人注目的剧院夜场的记忆已经很久远了。

高定时装秀接踵而至……20 世纪 70 年代的服装有点相似。主题大家都很熟悉：紧身衣裤外套一件连衣裙或者无袖大衣，系不系腰

---

❶ 不包含外墙，它们是巴黎市政府的财产。

❷ Marlene Dietrich，1901 年 12 月 27 日 ~ 1992 年 5 月 6 日。生于德国柏林，德裔美国演员兼歌手。——译者注

❸ Renata Tebaldi，1922 年 2 月 1 日 ~ 2004 年 12 月 19 日。意大利歌剧演员，女高音歌唱家。——译者注

❹ Maïa Plissetskaïa，1925 年 11 月 20 日 ~ 2015 年 5 月 2 日。俄罗斯芭蕾舞演员，被誉为最伟大的芭蕾舞演员之一。——译者注

❺ François Billetdoux，1927 年 9 月 7 日 ~ 1991 年 11 月 26 日。法国剧作家、小说家、导演、演员、制片人。——译者注

带的都有，下面穿一条半身裙甚至是长裤。所有的服装都很紧身，裁剪加宽了双肩，凸显了腰身。只有那几条大腿前侧打褶的法兰绒长裤改变了廓型。不能不提的是那些羊毛针织直身"圆箍连衣裙"，随着前进的步伐，那一层层的圆箍蹦蹦跳跳，以及充满未来主义风格的迷你裙撑。他始终忠于自己的直线或者宽松的线条，通过袖子的设计画龙点睛。他的系带或者不系带直筒大衣配着副翼或者漏斗形的袖子，似乎准备起飞了。

授权特许经营合同为他带来的版税让他从此有底气展示自己的服装系列，而不必太在意它们是否卖得出去。一场发布会270套服装的日子一去不复返了：现在他只做100套。1974年，他工作坊里的员工从3年前的380人减少到160人。高级定制时装在他所有业务的营业额中只占5%。

他无视传统、永恒探索新的想法总是把他送上报纸头条。1977年他位于马里尼大道27号的新沙龙向公众敞开大门，只需付50法郎的门票就能入内。他的同行们脸色都吓白了。1978年他设计并制作了60款家具，在全球展出。他的设计从三角形到曲线造型，从大理石纹漆面到橡胶，从黑檀木到圆形或长方形的桌子，桦木和胡桃木的对比展现了20世纪30年代的理念。在他的这个作品系列中，漆的运用还是占主导的。他还为斯泰纳（Steiner）设计了金字塔线条的沙发椅。

1979年3月，在北京民族文化宫，他的模特们在流行音乐的背景下穿着银色亮片长裤走秀。他宣布了在中国制造服装的计划。这是一场文化的革命！

在1979年9月的巴黎国际男装博览会上，他的所有同行终于都效仿他，推出了一个男装系列。为了让自己有别于像蒂埃里·穆勒（Thierry Mugler）那样的新的竞争对手，他成功推出一个非常有男子气概的"超人"廓型，肩部填充得非常夸张，就像是全副武装的橄榄球运动员。他还能分出手来推出了一系列的香水，其中就有"卡丹（Cardin）"和"冲击（Choc）"，同时他还在准备一个大动作。

1981年4月17日，他花2000万美元给自己送了一份大礼：将最能代表巴黎生活的马克西姆餐厅收入囊中。这次收购是这位设计师历时4年多速战速决的最终成果，他当初的第一个动作就是向全球销售大量由Cardin公司生产、贴着Maxim's标签的产品。受到马克西姆餐厅的启发，现在他将自己的名字贴在肥鹅肝、香槟、辛香料、沙丁鱼罐头、葡萄酒、餐具上。他让这个餐厅的理念和新艺术装修风格遍地开花，从蒙特卡洛到北京，从东京到上海。他的两艘大船"马克西姆号"和"醉舟号（Le Bateau ivre）"停靠在埃菲尔铁塔脚下。其衍生产品在网上销售，他的马克西姆豪华酒店甚至还推出了莎拉·伯恩哈特套房。也许位于皇家路的这家餐厅不再是整个巴黎上流社会参加首演庆功宴的优雅之地，但是这个地方的魔力毫发无损，生意蒸蒸日上。

✺

1981年11月，随着第一家专卖店在北京开业，皮尔·卡丹的成功故事又加上了浓墨重彩的一笔。他的工厂占地4000平方米，有300名员工，每天生产7000件西装。当伊夫·圣洛朗在1985年宣布要在北京举办回顾展的时候，卡丹只能苦笑。1988年6月，他在长城上举办了一场马克西姆盛宴，一场由穿着金色和红色制服的年轻人提供服务的优雅的野餐，晚上还有一场假面舞会。所有这一切当然是由这位当代马可·波罗赞助的。

在俄罗斯大地上，他与伊夫·圣洛朗同样有几个回合的交锋。当赖莎·戈尔巴乔夫❶在1986年12月为在列宁格勒冬宫博物馆举办的伊夫·圣洛朗作品展揭幕的时候，卡丹急忙宣布他已经与俄罗斯人签订了一个合作协议，将开一个1万平米的展厅，交付服装款式，并提供服装制作相关的咨询业务。圣洛朗对此感到不快，回击道："俄罗斯足够大，容得下卡丹先生，也容得下我。"当这个威尼斯人

---

❶ Raïssa Gorbatchev，1932年1月5日～1999年9月20日。苏联最后一任总书记、总统米哈伊尔·谢尔盖耶维奇·戈尔巴乔夫的妻子。——译者注

沾沾自喜地表示，一年前他向戈尔巴乔夫夫人赠送了一套套装的时候，皮埃尔·贝尔热悠悠地说，伊夫·圣洛朗"不会送给别人衣服，他只在别人有求的时候才为之创作"。没有硝烟的战争！ 1991年，卡丹扳回了一场，首次在莫斯科红场举办了一场时装秀，有上万名观众在现场观看。

各种值得炫耀的荣誉纷至沓来。1991年2月联合国教科文组织任命他为名誉大使；他被授予法国荣誉军团高级骑士勋位；入选法兰西学院5个学术院之一的美术学院院士，成为首位入选该院的服装设计师。这是对这位真正的商业帝国缔造者的奖赏，他在全球的各个分支机构以及他那840份授权书间接创造了19万个工作岗位。但是他的同行中，只有巴科·拉巴纳出席了他的招待会。这样我们就更理解为什么他在圣图安（Saint-Ouen）开了一间自己的博物馆"过去，现在，未来"，在萨德侯爵❶的拉科斯特（Lacoste）城堡举办自己的戏剧节，出书宣扬他位于滨海泰乌勒（Théoule-sur-Mer）的梦幻住宅泡泡宫殿（palais Bulles）了。他还为自己在伦敦维多利亚与艾伯特博物馆举办了周年庆展览，在佛罗伦萨举办了自己的回顾展。

他也许就此躺在自己的功劳簿上了？ 1993年他的密友安德烈·奥利弗的去世让他消沉了一段时间。但是这位分秒必争的叛逆的亿万富翁很快就推出了一条化妆品线以及一场持续了一个半小时的冗长的时装发布会。1993年，他成为第一个在家乐福销售香水的服装设计师品牌，并且宣布其价格会比化妆品店里便宜20%～30%。整个行业都在思考，他这是在指明道路还是走上了歧途。1996年，他在蓬皮杜中心对面开了一个空间，以简单直白的方式展示他的"演变"系列。大家又看到了卡丹最好的那几年的经典风格，在他20年来的助理塞尔吉奥·阿尔蒂埃里（Sergio Altieri）的再设计下，呈现出失重的形态。有白色椭圆形图案的黑色针织宽袍，舷窗式镂空

---

❶ Marquis de Sade，1740年6月2日～1814年12月2日。法国文学史上伟大的作家之一，历史上最受争议的情色文学作家之一。——译者注

无袖长袍，柔软的太空装和红色法拉利小大衣。

❋

2006年7月2日，为了庆祝其84岁生日，皮尔·卡丹在缺席多年时装周官方发布会后展示了他的新系列，翼型肩无袖夹克，有金属孔眼、带状切割或者几何方块的镂空短外套。作为高级定制时装的长老级人物，欧洲最富有的人之一，他从不懈怠！

然而到了全球化时代，他的理念有时显得过时了，他花了很多时间提高自己的信息化水平，并宣称互联网是一切的终结。他提过要卖掉自己的王国，但是并没有下定决心。但是越来越多的经济新闻记者拉起了警报：他们觉得卡丹星球就是一只纸老虎，无数的授权合同让他的名字被贴在了各种类型的产品之上，完全不挑销售渠道，连大卖场都不放过，而这一切都拉低了品牌形象。

2010年9月，他以一场在卡丹剧院的大型系列发布会予以反击，整场秀色彩丰富，很多拉链，圆形或几何形裁剪。男女同款的连体服外箍着一个不明飞行物，梯形迷你裙上开了一个舷窗，还有奇形怪状的帽子。他宣布将在威尼斯附近建一座"光之宫（palais-lumière）"照亮总督城。这一建立在泻湖之上的迷你革命会惹恼所有人，但是也让他在全世界的媒体上成为热议的对象。

❋

那么到底卖还是不卖？在过去的7年里，直到我写下这段文字的时候，他还在犹豫不决。在已经从经济危机中恢复过来的奢侈品领域的疯狂收购潮中，卡丹随波逐流，要价10亿欧元，但是却苦于找不到接盘侠。此后，他好像就接受了转手房产的想法，谈判中佛罗伦萨的房产比威尼斯的更受关注。卡丹没有儿女，他将自己王国的钥匙交到了他的侄子、担任Cardin控股公司董事的罗德里戈·巴西利卡蒂（Rodrigo Basillicati）手中。如果创作是你的全部生命，要

143

如何才能收手呢?

皮尔·卡丹是极少数既会设计也会裁剪和缝纫的服装设计师之一。在商业方面,他也身兼多职。他是有远见的时尚设计天才,也是空间设计师。已经92岁的他是一个活生生的传奇。

伊夫·圣洛朗

（Yves Saint Laurent）

　　他真的有主角光环。在将近半个世纪的时间里，伊夫·圣洛朗主宰了时尚。他用自己的高级定制时装和成衣带来了时代的变革。一场没有硝烟的革命彻底颠覆了女性形象。他不仅用男性符号包装他的女性客户，赋予她们更加有力量的态度。同时，与之完全相反的是，他也通过提升女性美，让她们变得更加优雅而高贵。他用克制与大胆，朴实感与戏剧性共建的时尚，将服装提升到了艺术品的高度。他是第一位在世时就进入博物馆的时装大师。他把黑色从代表哀悼的颜色中拉了出来，前无古人地将红色与粉色搭配，让吸烟装从吸烟室走向了贵妇客厅，将撒哈拉的短袖上衣出口到了左岸的街头。他还向蒙德里安、马蒂斯、布拉克、毕加索、科克托和俄罗斯芭蕾致敬，所有这一切都美得让人无法呼吸。

　　2002年1月22日，在乔治·蓬皮杜中心，巴黎名流和媒体精英们摩肩接踵，见证了这位人中之龙最后的火花：他的告别秀。一如既往，最后全场起立掌声雷动；一如既往，女性客户们手舞足蹈，身上的首饰发出悦耳的响声；一如既往，有很多欢呼和泪水，有满满的回忆和遗憾。但是这一次，这场加冕礼带有告别仪式的意味。派对结束，这位腼腆而脆弱的设计师要回到他的孤独和忧郁中去了。

　　如果说香奈儿是冷淡的，斯基亚帕雷利是怪诞的，迪奥是敦厚的，巴伦夏加是严肃的，卡丹是未来主义的，那么圣洛朗可以归结为他潜藏的痛苦。他的职业生涯伴随着接连不断的精神崩溃、麻痹焦虑、以入院治疗为终点的荒唐行为、安眠药、兴奋剂、毒品、酒精。如果不是皮埃尔·贝尔热陪伴在他生活的方方面面，伊夫·圣洛朗也许早就彻底沉沦了。

然而，2008 年 6 月 1 日，他去世的消息还是让全世界措手不及。他的猝然离去并未让人预料到愈演愈烈的圣洛朗热会席卷整个时尚星球。拍卖会、回顾展、书籍、电影、纪录片，还有两部一争高下的传记：圣洛朗再一次登上了巅峰。卡桑德尔❶设计的 YSL 字母交织 Logo 闪耀着巨大的光彩。他的品牌的神秘感和吸引力毫发无损。

✦

任何创造者都会对他所在的时代或大或小的震动做出反应。1936 年 8 月 1 日，他出生在仍属于法国殖民地的阿尔及利亚的奥兰。从这一天起，伊夫·亨利·多纳·马修·圣洛朗（Yves Henri Donat Mathieu-Saint-Laurent）可能就拥有了可以捕捉时代的力量和冲劲的秘密触角，虽然那时的他还不能理解它们真正的魅力。1936 年是政治动荡、社会撕裂、危机四伏的一年，也是戏剧和舞蹈真正的黄金时代，在这一年来到这个世界，也是命中注定。

这一年，由路易·茹韦❷执导、克里斯蒂安·贝拉尔设计了充满想象力的舞美和服装的《太太学堂》❸在雅典剧院（冥冥之中的缘分，皮埃尔·贝尔热在 1977 年成为这个剧院的业主）上演，造

---

❶ Cassandre，本名阿道夫·让·玛丽·穆龙（Adolphe Jean Marie Mouron），1901 年 1 月 24 日 ~ 1968 年 6 月 7 日。出生于乌克兰，法国 "装饰艺术运动" 时期著名的商业招贴设计师、字体设计师。——译者注

❷ Louis Jouvet，1887 年 12 月 24 日 ~ 1951 年 8 月 16 日。法国演员、电影和戏剧导演。——译者注

❸ L'École des femmes，是 17 世纪法国著名作家莫里哀用古典主义创作规则所写的一部成功之作，被后世誉为法国古典主义喜剧的开山之作。路易·茹韦的这个版本是史上最成功的一版，到他 1951 年去世前，该版本一共上演了 675 次。——译者注

成了轰动效果。14年后的1950年5月6日，这部剧在北非巡演，并在奥兰市歌剧院上演，向年轻的伊夫展现了戏剧的魅力。新浪漫主义风格的舞美，新颖独特的服装，精心设计的灯光，维托里奥·列蒂（Vittorio Rieti）的编曲，茹韦扮演的阿尔诺尔弗的力量，多米尼克·布朗夏（Dominique Blanchar）扮演的阿涅丝的优雅，这一切都让他为之着迷。伊夫发现了这种幻想的魔力，感受到了与科克托同样的对戏剧的热爱。这已经足以重新点燃已经古老的火焰。

3岁时他就爱上了布袋木偶，7岁开始给木偶上色、做衣服。他一心扑在这些木偶上，直到他觉得它们已经被打扮得足够美丽，足以让人忘记它们只是木偶而已。不久后他就找了一个木头箱子，在里面画上逼真的帷幕，给自己做了个小剧场。他用卡纸剪出服装廓型，然后包上从缝衣店要来的废布料。他改变人物造型，使用对比的色彩，调整为更加和谐的造型。他生命的前10年的全部欢乐就在把自己的大卧室变成魔法之地。在他从妹妹那里拿来的一堆杂乱的连衣裙和娃娃中，他不断练习：修饰、改造、制作，这也将成为他一生挚爱的事业。

他在阿尔及利亚的青葱岁月是在女人堆里度过的。而伊夫也将一直生活在女性世界里，在自己的周围织起保护性的第二层肌肤，如果失去了它，就无法成就这个敏感而脆弱的人。在奥兰，他时刻都被女人包围着，他的妹妹米歇尔（Michèle）和布里吉特（Brigitte）、奶奶、姑奶奶，当然还有他的妈妈吕西安娜，她总是穿着优雅得体，是他第一个引路人。"当她要去参加舞会的时候，我们几个孩子都在那欣赏她，等着她临走前给我们一个亲吻。"他一直都记得有一条白色绢纱连衣裙，袖子宽大，裙子上缀满了大片的白色珠片，轻盈，精巧。后来进入Dior工作后，他就以更加诗意的方式再现了这条裙子。经常被儿子形容为"冲动、轻盈、精致"，她在他眼中一直都是绝对的参照标准和挑战时尚的女性模板。每当说起她，伊夫从来不说"我母亲"而是"妈妈"，和普鲁斯特如出一辙。母子之间，深深的默契中还夹杂着始终不渝的相互崇拜。

即便他那担任承保人和公司董事的父亲查理（Charles）对这个

腼腆的长子而言缺席较多，但他仍然是一个家庭聚餐有4个法国仆人（只有园丁是阿拉伯人）围绕、在特鲁维尔海滩的阳光和夏日中舒适长大的孩子。"那时我们的世界是奥兰，"设计师后来强调，"而不是巴黎，不是阿尔及尔，不是加缪描绘的这座玄妙的城市，也不是拥有粉色魔法的马拉喀什。奥兰是一座国际大都会，有来自世界各地的人们，同时也是一座在北非的阳光下闪耀着光芒的色彩斑斓的城市。这是一个让人倍感舒适的地方，我们深有体会。在这座我和家人朋友们聚居的海滨城市，我的夏天一不留神就被云彩带走了。我的夏天结束得太早了。随着9月开学，我的恐惧又回来了。我和我的同学们有着明显的不同。"

从位于奥兰斯托拉路11号的三层小楼里传出的欢声笑语中掩藏着一份隐秘的悲伤。也许正是在这种悲伤中，才孕育了伊夫·圣洛朗的所有前程、孤僻的性格，以及将为他一雪前耻的创造力。"从上中学开始，"他说，"我就不得不过着双重生活。一方面，我有家庭的欢乐和我用我的绘画、服装和小剧院为自己创造的世界；另一方面，是天主教学校带给我的长期苦难，在那里我遭到了排挤。"他的耽于沉思和彬彬有礼，变成了小伙伴们的笑柄。

他遭遇了低贱的骚扰，毒打，辱骂。课间休息的时候，他就躲到圣心中学的教堂里；放学的时候，他就等所有同学都离开教室后再走，以躲避校园霸凌。他试图掩盖自己明显的同性恋倾向。"我和一位女性朋友捆绑在一起，"他向劳伦斯·博纳伊姆❶坦诚，"和她在一起，我就可以和其他男性和女性朋友一起出去玩了。这群朋友出于尊重，假装不知道我是同性恋。即便这样，我还是有两面性的。我也和一些陌生人，一些阿拉伯人一起出去。所有这些都是在偷偷摸摸、担惊受怕中进行的。这种极度恐惧陪伴了我很长一段时间。在奥兰，同性恋就跟杀人犯一样。"

---

❶ Laurence Benaïm，1961年出生。法国时尚领域的记者、作家。因撰写伊夫·圣洛朗的传记而为人熟知——译者注。

在这些年里，一个坚定不移的愿望在他心里生根发芽了：征服巴黎，登上最高奖台。他在心里默默地对他的同班同学说："我会向你们复仇的，你们将会是无名之辈，而我将拥有一切。"尽管他生活在距离从玛德莱娜教堂、星形广场，到协和广场和阿尔玛广场所勾勒的四边形所代表的迷人的巴黎时尚圣地几千公里外的地方，这个年轻的奥兰人已经想象着自己北上巴黎，在不同的时间，做戏剧人、画家或服装设计师，成为另一个克里斯蒂安·贝拉尔。他预言："终有一天，我的名字会出现在香榭丽舍大道上。"因为这个在近视眼镜后拥有淡紫色双眸、特别容易脸红的年轻人，画得越来越棒了。他唯一的自信来自自己的画笔。他让两位妹妹头戴花环的形象永远定格，画了很多偶像速写，幻想的风景画，几何或者植物的装饰画。他还画了无性别的轮廓，上面堆砌着大量珍贵又抽象的蕾丝。他甚至用水彩画了自己理解的《包法利夫人》。

1951年，他的名字出现在了《奥兰消息》（*L'Écho d'Oran*）上。米歇尔和布里吉特·马修·圣洛朗参加由市政芭蕾舞团举办的一年一度的晚会，他为之设计了多套演出服和剧院门口的两张海报。1952年秋天，他就读于拉莫里西埃（Lamoricière）高中，选修哲学方向。这个羸弱且苍白的年轻人让他的老师们很头疼。

1953年夏天，这位《巴黎竞赛画报》的忠实读者看到一则由国际羊毛局主办的第一届时装设计比赛的通知。比赛规则是用黑白色画一幅时装画，分为三个品类：连衣裙、大衣、套装。参赛者必须随画附上制作该款服装的羊毛面料，服装须在10月31日前制作完成。在评委中，有克里斯蒂安·迪奥、雅克·法特和于贝尔·德·纪梵希。他寄了三张画稿出去，带回了"连衣裙"组的三等奖。

1953年12月20日，他和母亲一起乘机前往巴黎，在大使剧院的舞台上从雅克利娜·德吕巴克手中领取自己的奖杯。这次旅行还有另一个目的，与 *VOGUE* 杂志的主编米歇尔·德布吕诺夫见面，他答应会看他的设计稿。他是靠着父母的朋友、奥兰富有的大地主迪克罗一家的帮忙，才得到这次令人垂涎的见面机会的。时任副主编的埃德蒙德·夏尔·鲁❶见证了这一时刻："1953年，我见到了初到巴黎的这个年轻人。他身材瘦长，就像长颈鹿一样，不停地与那一直从鼻梁上滑落的厚重眼镜做斗争。他穿着一套正式的藏青色西装，衣领扣紧，系着领带，优雅而严肃。他装出一副骗人的悠闲姿态，其实看起来不安多于腼腆。"

年轻人腋下夹着自己的获奖作品。看到那款将极其严谨和高级感结合在一起的连衣裙，埃德蒙德·夏尔·鲁大受震撼。就像带一个孩子去上教理课一样，她敲开了以米歇尔·德布吕诺夫为大教士的教堂的大门。他提出了一个非常合理和谦逊的方案：先回奥兰，拿到高中毕业文凭后再开始所有计划。但是他已经感觉到自己将会成为真正的艺术家了。在接下来的几个月里，他们保持书信联系，而他寄来的画作一次比一次更加出色。与之相伴的还有年轻的圣洛朗一次次不安的发问：到底走哪条路？戏剧服装和舞美设计，还是高级定制时装和时尚？

1954年6月，他取得了高中毕业证，9月就到了巴黎。他住在从一位将军的遗孀那里租来的位于佩雷尔（Pereire）大道209号的一

---

❶ Edmonde Charles-Roux，1920 年 4 月 17 日 ~ 2016 年 1 月 20 日。法国时尚记者，小说家。1966 年凭借《忘掉帕莱姆》获得龚古尔文学奖，著有《香奈儿传》等作品。——译者注

个房间里。米歇尔·德布吕诺夫把他送去位于圣洛克（Saint-Roch）路的一间裁剪学校，这个裁缝学徒对此心里充满了恐惧。*VOGUE*杂志的主编对此非常坚持："光会画画是不够的，什么都要会。必须在必要的时候能自己裁剪和缝纫。"11月25日，再次参加国际羊毛局匿名大赛的他同时获得了连衣裙组的第一名（30万法郎）和第三名（5万法郎）。

获一等奖的是一条黑色羊毛裹身鸡尾酒裙，以黑色煤玉为扣。这条裙子由于贝尔·德·纪梵希这位以温柔的手法摆脱了时尚枷锁的时装大师的工坊制作。高蒙（Gaumont）新闻给了他1分钟的报道，虽然画面中还有另一个获奖者：年轻的卡尔·拉格菲尔德。他那时只有18岁，成为未来的知名时尚写手珍妮·萨梅特最早的采访对象之一。

他用自己从不改变的缓慢柔和、略显低沉的嗓音说出了最美的宣言："我喜欢不走寻常路，喜欢古怪的、出乎意料的东西。我的梦想是成为知名高定时装屋的工艺师。我想创作一些回头率高的、令人愉快的、充满生命力的裙子，还想设计一些大胆的配饰，这些时装首饰可比那些真正的珠宝首饰有趣多了。"带着他1.80米的身高、65公斤的体重，棱角分明的早熟的脸，青春期的不耐烦，伊夫准备在这个成人的世界大展拳脚。

他继续画稿，用更大的热情投入工作中。他返回奥兰，等他再次来到巴黎的时候，他向眼光毒辣的米歇尔·德布吕诺夫展示了他积累的一摞才华横溢的设计稿。在1955年6月米歇尔给埃德蒙德·夏尔·鲁的一封快信中，他的赞叹一览无遗："年轻的圣洛朗昨天到了。让我惊讶的是，在他的50幅画稿中，至少有20幅说是出自迪奥之手我都信。有生之年，我还没见过如此有时尚天赋的人。我刚联系了百忙之中的克里斯蒂安·迪奥，请他见一下这个年轻人。我之所以这么坚持，是因为向克里斯蒂安证明，这些作品的作者昨天才到巴黎，不存在抄袭或者模仿。年轻的圣洛朗靠的只有他自己。创作对他而言就跟呼吸一样。我等下就带他去迪奥那儿。你不在，太可惜了！如果我们这位无名之辈有一天成名了，可别忘了我的功劳。"大门像被施了魔法一样，向他敞开了。迪奥当下就录用了他，在自己的工作室工作。传说这个年轻人在自己的画稿中就预测到了克里斯蒂安·迪奥在几周后将要推出的 A 型线条。1955 年 6 月 20 日，他开始了自己在蒙田大道第一天的工作。

❀

　　就这样，年轻的奥兰小伙子进入了这间有几百名员工和 28 个工坊的著名时装屋。他永远都记得这间时装屋的优雅氛围，珍珠灰的墙面，白色的踢脚线，沿着象征荣耀的楼梯，一路而上的蒂亚棕榈树，发布会那天一束束巨大的鲜花散发出浓郁花香。圣洛朗很快就创造了奇迹，他被委以重任，同时负责服装和配饰的设计，以及店面装修……就差一个剧院舞台了。因为他脑子里总是有场景出现，而迪奥先生本人在这方面却完全无感。完美的默契将两人紧紧地维系在了一起。"他的眼睛里闪耀着对我的喜爱，"这个年轻人说，"而我的眼睛里则是对这位对我倾注了情感的偶像的崇拜。我还记得在那些休息的时刻，我们的开怀大笑，他无与伦比的善良和无价的尊重、关爱和保护。他教会了我最重要的东西。"

　　圣洛朗永远不会叫他克里斯蒂安，而是称其为"迪奥先生"。一方面，从他入职到迪奥先生离世，他们之间奇特而传奇的合作就将两人紧紧联系在了一起；另一方面，他们非常复杂的敏感性又在两人之间竖起了由谨慎和腼腆构成的不可逾越的障碍。但是这位时尚大师对自己的弟子给予了完全的信任。伊夫参加了每一次的试衣，并且给出自己的看法，同时他也有越来越多的画稿被采纳。他工作勤奋又成绩显著。终于，在 1957 年 10 月的某一天，迪奥走进雅克·鲁艾特的办公室对他说："我决定了。我上一季的作品中，有 30 款出自圣洛朗的画稿。他的天赋是无人能及的。他已经跟了我 18 个月了。我想将这件事告诉媒体。我希望他能为人所知，我希望他能够得到他应得的。"

　　几天后，当迪奥先生启程前往意大利蒙特卡蒂尼休养的时候，他凑在他的沙龙总监苏珊·卢玲耳边说："我把伊夫留给你了。"没想到！ 10月24日，一个新闻传遍了全球：为自己10年前创建的品牌倾尽全力、积劳成疾的克里斯蒂安·迪奥去世了。这位最负盛名的时尚大师的离世带来了真正的悲伤。优雅王子的人生轨迹走完了。接下来怎么办？

———※———

这时，赛马的狂热爱好者马塞尔·布萨克做了一个绝妙的决定。就像他1947年押宝在他的第一匹"纯种千里马"身上，这次他的决定更像是选择了一位骑师，实现了克里斯蒂安·迪奥的遗言："我把伊夫留给你了。"就这样，刚刚成为巴黎人3年的年仅20岁的伊夫·马修·圣洛朗摇身一变，成为迪奥先生二号。公司在蒙田大道举办的新闻发布会宣布其为新任掌门人后，对大众而言完全陌生的他迅速成名。他最好的成人礼物！美好但沉重。

国王已逝，所幸的是，太子还能仰仗人们所说的"迪奥团队"：雷蒙德·泽纳克夫人、玛格丽特·卡雷、米扎·布里卡尔和苏珊·卢玲。这4张王牌——从某种意义上来说是他的教母——将会辅佐他，确保他的第一个服装系列能延续已故的品牌创始人所创作的过往系列的水准。和模特维克托瓦尔（Victoire）之间的友谊也给他带来很多自信，让他能在更平静的精神状态下工作。

1958年1月30日，他的第一个春夏系列精彩亮相了。从来没有哪一个新品发布会像这次这样受到热切期待。奥黛丽·赫本、梅尔·费勒[1]、贝尔纳·布菲、马德莱娜·雷诺[2]、路易丝·德维尔莫

[1] Mel Ferrer，1917年8月25日~2008年6月2日。美国演员、导演，奥黛丽·赫本的第一任丈夫。——译者注

[2] Madeleine Renaud，1900年2月21日~1994年9月23日。法国著名舞台剧和电影演员。——译者注

兰❶、让·科克托、帕梅拉·丘吉尔❷、埃琳娜·罗莎和无数女演员都在第一排就座。圣洛朗展现了一个梯形的女性形象。这是对袋式直筒裙和线条暧昧不清的风格众望所归的反击。从第一个模特走出来开始，那些专家们就知道，这一局赌赢了，他们为那些精彩绝伦的小套装喝彩，套装的短外套背部并不收腰隆起，而是远离身体。他设计的罩衫，有呢绒面料的，也有蝉翼纱或者雪纺纱的，它们其实都是短款骑士服，搭配半身裙，轻轻掠过腰线，让人浮想联翩。

"梯形"，如其名，半身裙都是以伞形或者漏斗形向外展开的，里面都衬有一条硬挺的衬裙。所有晚装连衣裙都是雪纺、细麻或者绢纱制作的，轻轻抚过身体。它们在当时而言算很短，令膝盖若隐若现，或者呈现另一种新长度：长及脚踝。也有一些绸缎紧身长裙，上腹最瘦的位置用褶裥或者蝴蝶结突出腰线。颜色都让人眼前一亮，蔷薇色从特别浅的粉红到暗沉的仙客来紫红，蓝色则从海军蓝到最浅的蓝色，各种色调都发挥到完美。帽子或者特别小巧——其中有些拖了巨大的面纱，或者是宽边遮阳帽的风格，帽檐伸展到眼睛的高度，上面覆盖着与裙子同款的面料。

整场发布会持续了足足 2 个小时，当他现身接受来自观众的祝贺的时候，迎接他的是出乎意料的热情。作为主角，他看起来就像是一个害羞的高个子高中生，有点被如此热烈的欢迎吓到了。他穿着深蓝色西装、白衬衣、深色领带、黑色尖头皮鞋。在扣眼上插了一支象征好运的铃兰花，隐晦地向他已经离去的导师表达敬意。在将近三刻钟的时间里，他很好地满足了记者和摄影师们的各种要求。但他其实寡言少语，也很少动作，外表看起来很平静，其实心里很紧张。当宾客们渐渐离去的时候，他要和自己的团队一起开香槟庆

---

❶ Louise de Vilmorin，1902 年 4 月 4 日 ~ 1969 年 12 月 26 日。法国诗人、小说家、剧作家、记者。她撰写的《可可回忆录》于 1957 年出版。——译者注

❷ Pamela Churchill，原名帕梅拉·贝里尔·迪格比（Pamela Beryl Digby），1920 年 3 月 20 日 ~ 1997 年 2 月 5 日。英国出生的美国政治活动家、外交家，曾任美国驻法国大使（1993 ~ 1997 年）。第一任丈夫是当时的英国首相丘吉尔的儿子伦道夫·丘吉尔（1939 年结婚、1946 年离异）。——译者注

祝了，他对他们说了几句充满感动的肺腑之言。这一天，有很多工人、送货员、狂热爱好者、年轻的姑娘们都在后台门口徘徊。蒙田大道的人行道上，很多人向他欢呼。

只需翻阅当时的报纸就能够知道时尚媒体对他是多么迷恋。"我在 Dior 从没看到过比这更好的秀。"《纽约先驱论坛报》(*New York Herald Tribune*) 上这样写道。《卫报》(*The Guardian*) 上则写着："Dior 洋溢着动人心弦、欢欣鼓舞的氛围。"非常严肃的《纽约时报》(*New York Times*) 写道："奇迹诞生了。"《每日镜报》(*Daily Mirror*)："向 Dior 二号致以欢呼和亲吻礼。"《每日先驱报》(*Daily Herald*)："伊夫，巴黎的偶像。"还有《每日邮报》(*Daily Mail*)："一个大胆的年轻人扶摇而上。"气氛如此热烈，以至于哥伦比亚广播公司 (CBS) 的专栏记者大卫·舍恩布伦 (David Schoenbrun) 不由感叹道："真是个奇迹！这只会在法国发生！一个天才刚刚离去，另一个就立即崛起，取而代之！"就像重生一样，迪奥在他继任者脆弱而虔诚的肉身上转世了。新闻界很喜欢这个比喻，大篇幅地加以宣扬。

一位观众见证了这辉煌的一天：皮埃尔·贝尔热。几天后，在社交名媛玛丽·路易丝·布斯盖组织的金钟 (La Cloche d'or) 酒店晚宴上，年轻的时装设计师和贝尔热加深了了解。皮埃尔·贝尔热比圣洛朗年长 6 岁，1930 年 11 月 14 日出生于奥莱隆 (Oléron) 岛上。他的母亲是一名小学教师，父亲是一名税务检查员。贝尔热于 1948 年"北上"巴黎。他梦想成为一名作家、记者，甚至是编辑，但是以藏书经纪人为生。他有很强的社交能力，很快就赢得了让·吉奥诺❶和让·科克托的友谊。1950年，他开始和贝尔纳·布菲恋爱。相形之下，布菲放荡不羁、焦躁不安，贝尔热则性格坚毅、充满活力，追求无忧无虑的生活。

从外形上看，他是个小个子男人，像猎狐梗一样精力充沛而不受控制。但是他又像斗牛犬一样易怒。他还有充分而积极地享受当下的享乐主义精神。那时的他已经和我们今天看到的一样：专横、冷酷又迷人，有教养又不乏趣味。他将布菲的命运掌握在了手中，已经像皮格马利翁❷一样，对他的画作倾注了狂热的爱。他的身价扶摇直上。1956年，他们就在布列塔尼买了一栋房子，还在普罗旺斯买了一处乡间别墅。1958年，他们买下了布列塔尼的斯塔加登（Stagadon）岛。这是布菲功成名就的一年，在巴黎举办了一场回顾展。但是外形中性的模特安娜贝儿·施沃布·德吕尔（Annabel Schwob de Lur）搅乱了这两人的亲密关系。两人的分道扬镳已经在酝酿中，并且在南法的周末度假后，染上了通俗喜剧的色彩：皮埃尔和伊夫牵手离去，贝尔纳·布菲和安娜贝儿结伴而行，并且在1958年12月12日闪婚。

※

对于皮埃尔来说，一切都有待重建。他曾经的所有生活都是围绕并且依赖布菲而进行的，以高明的手腕经营他的事业和收益。他必须重新规划自己的未来。他和伊夫的罗曼史尚不稳定，但是他已经带着猎人般的直觉，赌上了一切。贝尔热变成了Dior公司里随处可见的人物，他要求我们的时装大师以明星的规格对待他，并且成

---

❶ Jean Giono，1895年3月30日～1970年10月9日。法国作家。代表作《屋顶上的轻骑兵》。1953年获得摩纳哥文学奖金。1954年被推选为龚古尔学院院士。——译者注

❷ Pygmalion。皮格马利翁是希腊神话中的塞浦路斯国王，善于雕刻。"皮格马利翁效应"成为一个人只要对艺术对象有着执着的追求精神，便会发生艺术感应的代名词。——译者注

功地为他争取到一辆带司机的公务车。贝尔热觉得任何事情都不应该打扰到这位时尚新贵，所以他打算全面参与并且守护他的生活。伊夫·圣洛朗和皮埃尔·贝尔热将为成为高定时装史上第一对也是最著名的一对同性伴侣，将他们各自的私生活和才华紧密联合在一起。他们结伴出街，去尊贵的朋友家聚餐，和让·科克托和爱德华·德米特❶一起在米利拉福雷（Milly-la-Forêt）共度周末。1958年11月13日，当这个年轻人在布伦海姆（Blenheim）城堡举办的一场盛会上，向玛格丽特公主展示自己的服装系列（162套连衣裙和裘皮服装）的时候，皮埃尔·贝尔热在照片中出现了。

对于年轻的伊夫来说，工作的压力太大了。一季季服装的进度，责任的重担，媒体的压力。他开始有点过度依赖酒精。1958年7月展示的秋冬系列中，他推出了"拱形"线条。那是在大衣上设计宽阔圆润的肩，曲线非常纯净，搭配高腰褶裥裙。连衣裙的长度略微加长，袖窿线位置降低，袖子略鼓起，延续肩部的弓形线条。与之搭配的短外套是斯宾塞式夹克，背部隆起，袖子在手腕处打褶。连衣长裙好像是从文艺复兴时期获取的灵感，但是也有拿破仑时期甚至王朝复辟时期的影子。

除了黑色之外，他还选了很多色彩鲜艳的罗缎，迪奥粉、帝国绿、深蓝、漆红等，由此已经可以看出巴克斯特对他创作的影响。粉色或者白色的绢纱、欧根纱或绸缎上覆着闪耀的刺绣，天鹅绒都是意大利巨匠们钟爱的色调。

媒体对他是大加赞赏的。随着声名鹊起，伊夫·马修·圣洛朗失去了姓氏中的一部分，报纸上彻底放弃了"马修"，而"Saint-Laurent"里的连字符也将在他成立自己公司的时候消失。1959年1月发布的春夏系列中，裙子就像佐阿夫兵❷的服装那样，在膝盖上一点

---

❶　Édouard Dermit，1925年1月18日～1995年5月15日。法国演员、画家。20世纪40年代末与让·科克托相识，并发展为亲密关系。——译者注
❷　法国陆军的轻步兵团一类，在1830～1962年服役，原由阿尔及利亚人组成，1841年起全部由法国人组成。

的高度挽起。肩宽而圆，尤其是大衣，肩部魁梧，从背后看起来就像是斗篷一样。连衣裙通常搭配斯宾塞式夹克，裙子有的紧身而线条流畅，有的则宽松柔软配以褶裥宽腰带在腰间打结。

晚礼服有很多主题，色调非常丰富，刺绣奢华闪耀极具东方情调，塔夫绸和雪纺纱层层叠叠堆出庞大的体量。出人意料地是，在一些外国媒体上出现了一些不和谐的声音。《新闻晚报》（*Evening News*）认为这次的新廓型缺乏和谐之美，《星报》（*Star*）则表示愤慨，主要因为这个系列展露了膝盖，"对于女性线条来说，不太讨喜。"

接下来几季的作品，受欢迎程度稍逊一筹，并且每况愈下。认可度最低的是1960年7月的那个系列，是他在Dior公司的第六季也是最后一季作品。这个系列以那个年代"垮掉一代"的年轻人为灵感，把坐在高级定制沙龙金色椅子上的那些豪华贵客吓坏了。他突然摒弃了所有甜美的颜色。蔷薇色不见了，蓝色不见了，只有黑色、黑色、黑色。黑色夹克成为他新的主旋律，可是哪怕他推出的夹克是豪华款，用鳄鱼皮制作，饰以水貂皮镶边，也无法得到认可。他的翻领针织连衣裙也是黑色的，还有那些名叫"挑逗者""叛逆者""家庭舞会""扎齐（Zazie）"，"筋疲力尽"的款式都让那些客人们和媒体完全摸不着头脑。有些裂痕悄然产生了。

❦

而这位年轻的设计师，这时正面临走投无路的境地。本应在1956年应征入伍的他，经过几次推迟入伍后，在法国卷入阿尔及利亚独立战争之际，于1960年9月2日被征召入伍。战士圣洛朗显然无法狠心向自己的故土发难。这次应征入伍在他的雇主看来是一个与他分道扬镳的天赐良机。Dior公司在一份公报中宣布，在伊夫服兵役期间暂停与他的合同，由来自伦敦的马克·博昂担任工作室总监。

接下来的故事大家都知道了，伊夫·圣洛朗被送到了圣芒代

（Saint-Mandé）的军事医院，然后又在1960年9月20日因抑郁症被转移到瓦尔德格拉斯（Val-de-Grâce）。他意志消沉地在那里待到了11月9日，他被批准结束兵役。那时他的体重已经只剩35公斤了。即便不能断言1960年秋这几周的焦虑恐慌是他精神脆弱的真正开端，抑或是一种本就存在的状态的首次重症表现，这种抑郁都将伴随他一生，并且愈演愈烈。

不久，贝尔热就不得不告知他的爱人，他已经不再是Dior的合作伙伴了。圣洛朗天真地说："皮埃尔，我们一起创立自己的公司吧，你来管理！"贝尔热已经委托让·德尼·布勒丹❶向劳资调解委员起诉Dior，并且提出60万法郎的裁员补偿金和单方面撕毁合同的违约金。

他们在卡纳里群岛住了上一段时间，期间伊夫曾试图自杀，之后两人回到了巴黎，迁入位于沃邦（Vauban）广场3号的新居。白手起家、孤军奋战的日子开始了。伴其左右的还有超模维克托瓦尔❷，负责媒体公关的加布里埃尔·布沙尔特（Gabrielle Busschaert），还有工作了几个月的工作室负责人克洛德·利卡尔（Claude Licard），以及其接任者安娜·马力·穆诺兹（Anne-Marie Munoz）。如果没有最基本的资金支持，高级定制时装屋是建不起来的。皮埃尔·贝尔热卖了自己在圣路易岛上的公寓和布菲的几幅画作，在博埃蒂路66号乙一栋不起眼的小楼里，租了二楼的两间陈旧狭小的房间作为团队工作场所。这还远远不够。但是贝尔热总是给人能力超群的印象，所以谁都不怀疑，资助者会出现的。特别是，他由内而外散发出一种坚定、一种从未被打败的雄心壮志，即便战役有很多不确定性，已经处于失败的边缘，他也绝不言败。然而圣洛朗有时会濒于崩溃，

❶ Jean-Denis Bredin，1929年5月17日出生于巴黎。法学教授、律师、作家，法兰西学院院士。——译者注
❷ 本名让娜（Jeanne），1953年6月进入Dior公司，并成为明星模特。她用自己1.65米的身高颠覆了高级定制时装模特的标准。很多人一开始不理解称其为"维克托瓦尔"的迪奥为何如此钟情于她。她成为Dior公司最具代表性的人物之一。

这时维克托瓦尔就扮演安慰者的角色。她记得："他摘下眼镜，将手掌压在眼睛上。我轻轻地走向他，就像安慰一个孩子那样，默默地抚摸着他的头发。"

嫁给了未来的《巴黎竞赛画报》社长罗杰·泰龙（Roger Thérond）的维克托瓦尔有一个天才的想法：应该让伊夫的名字重新出现在杂志上。于是这个年轻人很快就让人制作了两款连衣裙，给姬姬·让梅尔❶和维克托瓦尔穿着，1961 年 8 月，这两位棕发美女的照片出现在周刊上，标题很神秘："两位巴黎女郎穿的好像是圣洛朗的作品。"只有两个，因为到目前为止，他仍然孤立无援。

"如果在《巴黎竞赛画报》上发另一篇报道，我们就说伊夫开始创作自己的品牌了呢？"皮埃尔·贝尔热说。维克托瓦尔费了很多口舌，才说服了顾虑到这层裙带关系、一直不表态的老公。文章终于在 1961 年 10 月 7 日刊出，展现了这间准高定时装屋发布会前的工作场景。

在一个跨页版面上，有在夜晚打开的两扇窗。左边，戴着玳瑁眼镜的伊夫看起来好像在穆伊（Mouille）设计的灯光下选面料；右边，戴着大框秘书眼镜，一手夹着香烟的维克托瓦尔假装在办公桌前接电话，打字机让桌面显得很拥挤。文章颂扬了这个腼腆的高个子年轻人的辉煌业绩。这是一个美丽的谎言。这种煞有介事的报道得到回报，《巴黎竞赛画报》的加持产生了神奇的效果，一个资助人出现了。

❋

一位来自亚特兰大的美国赞助人杰西·马克·鲁滨逊（Jesse Mark Robinson）同意向公司提供 80% 的资金。对于这艘搁浅的高定时装大船上的全体船员来说，这是一个命运的征兆。工作室很快就

---

❶ Zizi Jeanmaire，1924 年 4 月 29 日～2020 年 7 月 17 日。法国著名芭蕾舞蹈家、歌手、演员。

落户到位于让古戎（Jean-Goujon）路，由200平方米的女佣房改造的原露西尔·芒更（Lucille Manguin）的工坊中。在他雇用的90名工人中，超过一半来自Dior。他们紧急赶工，6周完成101套服装：这是从上千张设计图中选出来的。

摄影师皮埃尔·布拉（Pierre Boulat）用他的镜头记录下了一些关键时刻：工作室里高昂的工作气氛，一堆堆的画稿，墙上的面料小样，堆积如山的纽扣和绦带，试衣，深夜还在忙碌的手，清晨还在审视的眼睛，被精益求精调整的面料。穿着白色工作服的圣洛朗在算着日子。

皮埃尔·贝尔热和伊夫·圣洛朗终于在一则偶然看到的小广告上找到了符合他们想象的时装屋。那是画家福兰曾经的府邸和画室，位于斯蓬蒂尼（Spontini）路30号乙，他们要把这里全部刷成白色。1962年1月28日，发布会前夜还在挂窗帘，但是时间一到，一切准备就绪。天亮的时候，一个素净无华的场景展现在眼前：白坯布的窗帘、白墙、浅栗色的地毯、凯撒吊灯、198张包了黑色人造革的瑞典椅子。发布会有固定的场所了。1962年1月29日这一天，一共有46场高定时装屋的秀，包括两位年轻的新人：菲利普·韦内和从罗马来的罗伯托·卡布奇（Roberto Capucci）。这一天，一个有着羚羊般的体型，将自己极强的能量隐藏在他平静的外表下的年轻人，将会紧紧抓住高级定制时装，并且永不放手。

❁

面对弗朗索瓦兹·萨冈❶、多丽丝·杜克❷、埃德蒙德·夏尔·鲁、

---

❶ Francoise Sagan，1935年6月21日～2004年9月24日。法国著名的才女作家。1954年，年仅18岁的她写出了小说《你好，忧愁》，一举夺得当年法国的"批评家奖"。——译者注

❷ Doris Duke，1912年11月22日～1993年10月28日。在纽约市出生，是美国烟草公司及杜克电力公司创始人詹姆斯·杜克的独生女，有慈善家、艺术品收藏家、园艺家等多重身份，被誉为"世界上最富有的女孩"。——译者注

姬姬·让梅尔和罗兰·佩蒂❶、帕里斯伯爵夫人、弗朗辛·魏斯韦勒❷、雅克利娜·德·里贝❸这些宾客，这是关键一战。他依然忠于自己曾经助力推广的袋形线条。半身裙都是直筒的，一个隐藏的褶裥让它们看起来似乎很宽松。这个系列中，直筒连衣裙、蛋糕裙、长款水军衫居多。维克托瓦尔那身让人无法拒绝的黑色套装受到热烈好评，短款外套下露出垂至髋部的赭石色衬衣。黑色占据主导地位。刺绣很少，但是有很多心形、鱼形、贝壳形的首饰，在上衣和裙子的底边上，有很多花瓣形状的边饰，还有以各种形式披挂的丝巾，晚装中也不例外。秀的结尾，一袭轧制凹凸花纹的白色婚纱梦幻登场。

这个品牌首个服装系列，是海军蓝羊毛呢水手大衣、直筒裙、制服上装的首次亮相。海军蓝水手大衣下搭配的白色山东绸长裤，是长裤首次在高级定制服装系列中出现。一场秀，就让紧跟时代的中产阶级形象焕然一新了。圣洛朗创造的形象是全新的。独一无二的风格、被提升到高定行列的运动装、纯粹的解构、色彩组合、简约的线条、年轻的精神和与时俱进的设计，都让他与众不同。

年轻的掌门人伊夫躲在将后台与 T 台分隔的高高的屏风后，观察着他的作品所带来的现场反应。他就像是一个在海滩上玩鹅卵石的小孩子一样，紧张地揉捏着手中的水晶球。他知道这将决定他的未来。专家们都在等着他登场，当贝尔热把他推向舞台时，迎接他的是热情拥抱和一片"精彩绝伦""太棒了""太美了""太妙了"的欢呼。所有的媒体都对他赞不绝口。他被热情地冠以"时尚小王子"的称号。这个头衔很适合他。他总是用心去感受一切，他总是知道如何更好地迎合女性的欲望，他用自己的同理心和敏感性帮助她们

---

❶ Roland Petit，1924 年 1 月 13 日 ~ 2011 年 7 月 10 日。法国舞蹈演员和编导。作品有《失乐园》《卡门》等。1954 年与姬姬·让梅尔结婚。——译者注

❷ Francine Weisweiller，1916 年 6 月 19 日 ~ 2003 年 12 月 8 日。法国著名社会活动家，让·科克托和伊夫·圣洛朗等艺术家、设计师的资助人。——译者注

❸ Jacqueline de Ribes，1929 年 7 月 14 日出生于法国巴黎。法国贵族、时装设计师、电视制作人、企业家、慈善家。——译者注

表达对自由的渴望。

这一周的*Elle*杂志上写道："我们期待的是一个代表未来的年轻人的作品系列，但我们看到的是一个代表今天的大师之作。"只有《世界报》给出了刻薄的评价："我们期待看到的是大胆创新、充满活力的作品。坦白说，伊夫·圣洛朗展现给我们的时尚有点阴沉，而且没太多新的想法。"

在1962年7月30日的第二季发布会后，这份日报的论调改变了。两种廓型定下了这个秋冬季系列的基调。一种是"印度王子"束腰长袍：肩加宽，长袖在手肘以下稍稍张开，和长及腿肚的裙形相呼应。这些柔软的收腰大衣，日装是用灰色法兰绒和棕色羊毛呢制作的，晚装则是用了奢华的金银丝交织面料。另一种廓型是宽松柔软的裁剪：诺曼底风的衬衣，肩部有育克，宽松舒适，胸前系扣。圣洛朗展示了很多用拉毛呢和黑色漆光缎制作的盛装风衣。晚礼服都是用绉绸、雪纺、金银丝雪纺、绸缎或天鹅绒制作。它们包裹在身体上，缠绕的一条驼鸟毛长围巾更加强了这种效果。《每日先驱报》的标题上写着："这是束腰长袍的胜利！"在这场秀中展示了27套服装的维克托瓦尔，当她穿着一件缀满了白色山茶花的晚装大衣出场的时候，引起了轰动。

❧

除了那些非富即贵的客户外，圣洛朗还迅速吸引了外国买手的青睐。每一次时装周，都会有150名买手前来巴黎为纽约、里约、罗马或者布宜诺斯艾利斯的时尚女郎选择最时髦的廓型。美国人每一季都会花费2.5亿法郎。各大商场和服装厂商在每个时装屋争夺最受欢迎的款式及其版权，这样一件连衣裙或者大衣就可以复制几千件。圣洛朗的名字很快就出现在买手们的法国大牌名单上了。

除了1964年秋冬季那场略拉垮的发布会，他接下来的职业生涯就是一连串严格按照每一个时装季的节奏上演的成功故事，充斥着杰出女性和他超自然的创造力。他是一个裁剪的魔术师，包装并重塑了那个与他共鸣的世界，并使它变得更高贵。他的每一场秀都让时尚面貌焕然一新。如果说迪奥与时俱进地更改了沃斯一个世纪前制定的高级定制时装的语法，香奈儿为她的同类创造了专属词汇，圣洛朗则非常懂得如何设计适合所有场合、各种类型客人的语言。

他书写了那个时代的风格学词汇，用无法模仿的笔触，让简约与气派并驾齐驱。他的作品是完美的古典主义优雅和犯规、革新、充满巧思的大胆的巧妙融合。正是他这种将表面看起来对立的价值观结合在一起，从中提取出极具个人特点的原创造型的手法，让整整一代人都对时尚充满了渴望。伊夫·圣洛朗对女性之爱的智慧表达得到了她们的认可和感激，因而被女性奉为活着的传说。这位时尚大师负重前行，尽力顺应时代，或者与之对抗。

1963 年，白领水手连衣裙、祭披式无袖连衣裙和第一双裹腿高筒靴闪亮登场。1964 年推出了第一款农妇半身裙和第一支香水 "Y"。这款香水以 30 种鲜花精华为基调，是与 "丽兹的查理斯" 公司❶联合开发的。

1965 年的 "蒙德里安裙" 和 "波利雅科夫裙" 载入史册。一天晚上，他母亲给了他一本关于蒙德里安的书，在翻阅这本书的时候，他脑海里隐约呈现了他的服装系列的样子，并且立即意识到，裙子不应该再以线条为结构，而应该由色彩构成。他感觉到，不应该再把服装当成一个雕塑来创作，相反，应该把它看作一个活动体。

他很淡定地撕掉了他画的第一批由荷叶边、缎带和刺绣堆砌而成的设计草图，从头开始创作，将蒙德里安画作的规则运用到直筒裙的设计中。他将羊毛针织布当成画布，在上面布局一些间隔或者

❶ Charles of the Ritz。1916 年理发师查理斯·琼特（Charles Jundt）接管了纽约市丽兹酒店（后来的丽思卡尔顿）的曼哈顿美容院，1919 年成立自己的化妆品公司，1926 年开始以 "Charles of the Ritz" 为品牌推出美容产品。——译者注

重叠的宽线条和方块，各种元素交替出现形成对比：鲜艳的色调和中性色、哑光和亮光，还有皮革和针织、油布和皮草等各种材质。和绘画一样，一切都在色调的明暗变化、对比或者调和的效果中表达，并且一切都遵循这位大师的表现手法。所有媒体都宣称："圣洛朗创造了他的抽象时代。"他的蒙德里安裙是对库雷热的未来风迷你裙绝妙的再演绎。"所有的创新都不过是一种'再'创新。"圣洛朗狡黠地说，"使用一种新的方式来看待事物，换一种方式去表达，表达更加精准，挖掘一个至今未被发现的新视角，使其轮廓更加清晰。"公司的销售突飞猛进，甚至连摩纳哥王妃格蕾丝都给自己定了一条蒙德里安裙。

1966年2月，他向"蓝天使"❶致敬，大胆地设计了第一套吸烟服（Smoking）套装，一件严谨的男式无尾常礼服，搭配斗牛士衬衣和直筒长裤，就像其黑色天鹅绒晚装套装一样，整套衣服都用绸缎镶边。"这段时间正是我人生中最常参加各种派对的时候。"他说，"我发现女士们有时矫揉造作，不太自在，而那些男人，不管他是什么身份，是帅的还是丑的，因为穿了西装礼服，不仅很自在，而且显示出了某种优雅感。于是我就开始研究，并且设计了吸烟装。对我而言，这并不是把女性打扮地跟男人一样，而是让女性形象更加现代，同时又不失优雅。我还记得有一次弗朗索瓦斯·阿尔迪❷穿着它去参加歌剧院的晚会，引起了多大的骚动！后来我又将吸烟装衍生出不同版本，将长裤改成了半身裙、短裤。甚至还有连衣裙版。"

❶ 指玛琳·黛德丽（Marlene Dietrich），1901年12月27日～1992年5月6日。生于德国柏林，德裔美国演员兼歌手。在其代表作《蓝天使》中，以高顶礼帽、燕尾服和领结这一革新的中性风格形象出现，成为经典。——译者注
❷ Françoise Hardy，1944年1月17日出生于法国巴黎。法国著名歌手、词曲作家、电影演员。——译者注

❧

　　他凭借自己与生俱来的对尺寸、平衡、比例方面的悟性和取之不竭的想象力，完美掌握自己的职业。多亏有皮埃尔·贝尔热这个多面手，事无巨细地管理各项后勤工作，让他远离所有烦心的琐事，圣洛朗才能心无旁骛地专心创作。"伊夫和我，我俩完美互补。"贝尔热进一步解释说，"我采取行动，我发表言论，我独自做出决定，但是我不会做任何伊夫不赞成的事。在创作方面，我什么都帮不上。伊夫独自面对自己的画纸、面料和模特。他的成功，都凭他一己之力。" 1966 年 7 月，圣洛朗已经在庆祝自己的第 10 个服装系列了。在他的"波普艺术"连衣裙中，出现了太阳、月亮、脸、身体，就像很多晚礼服上用金色和银色亮片构成的抽象图案。

　　同年 9 月 26 日，第一家圣洛朗左岸（Saint Laurent Rive Gauche）店在图尔农（Tournon）路 21 号开张了。这里原来是一间面包房，伊夫·圣洛朗对设计师伊莎贝尔·厄贝（Isabelle Hebey）提出了改造要求："我希望这是一家充满热情和现代感的店，能吸引人进店并且想要触摸商品。"尽管卡丹已经抢先一步开了"卡丹青年"店。圣洛朗用塞纳河一侧河岸来命名自己的成衣，真是神来之笔。他完成了一项革命性的动作：他放弃了审美领域而进入了社会领域。这是一种宣言，一个自由的空间。他表达的这种奢华不在于财富，而更多的是代表一种态度。

　　他推出了一些简单的便装，裁剪堪称完美，尺寸从 34 号到 42 号，好搭配、不挑人，让人很有购买欲。女演员凯瑟琳·德纳芙（Catherine Deneuve）是代言人，在开张这天，她身穿浅色连裤袜、漆皮浅口鞋、金色纽扣的厚呢大衣出现。这一决策立即取得了令人震撼的成功：大家争先恐后地将这些价格极具竞争力、裁剪无可挑剔的衣服放进印有代表圣洛朗左岸标识的橙色和粉色方块的购物袋中。鲁道夫·纽瑞耶夫的朋友克拉拉·圣（Clara Saint）担任品牌的新闻专员，她说："今天我们所说的'成衣'在那个年代被称作'现成服装'，或者只是对高级定制服装的复制。但正是伊夫提出了这种全新概念的成衣。他最大的优点就是他的眼光。他眼光独到，具有完美的判断力和非凡的洞察力。"

在两季服装发布的间隙，这位设计师为姬姬·让梅尔的舞台表演和罗兰·佩蒂的芭蕾舞剧设计令人难忘的服装，为雷诺·巴罗（Renaud-Barrault）剧团、阿兰·雷奈（Alain Resnais）的电影和科克托的舞台剧设计服装。生活装或者舞台装，包装或者乔装：同一种艺术的两个侧面。从舞台回到都市，服装自然而然地变得戏剧化。有人指责伊夫·圣洛朗有时过于强调唯美，甚至把服装做成了炫耀的华服，几乎是凝固的艺术品。但是正是因为伊夫·圣洛朗知道如何完全掌控高级定制时装和舞台服装的两面性，他才能保持独树一帜而又稀有。

1967年，圣洛朗在雷吉娜❶家遇到了金发美女贝蒂·卡图（Betty Catroux），将她视为自己最早的灵感缪斯，她就是女版的他，雌雄难辨，难以界定。她是他的知心密友，快乐源泉。

她回忆起往事："和伊夫一起，我们做了很多蠢事，皮埃尔·贝尔热就把我们训一顿。在他看来，我就是个妖女、黑天使。伊夫每天回家都会给我打电话，我就扮演强心针的角色。我知道他最艰难的时光，我看到过那些无法忍受的痛苦带给他的绝望和想死的心，然后，因为工作，他重生了。他是一个特别孤僻的人，不喜欢与人交往。"

1968年，另一个缪斯进入他的生活，这次是红发的露露·德拉法莱兹（Loulou de La Falaise）。她的母亲是嫁给了阿兰·德拉法莱兹公爵的不按常理出牌的马克西姆·德拉法莱兹，曾在Schiaparelli公司做过名媛模特，后来还担任"Schiapbébé"婴儿线的设计师，设计了令人印象深刻的白色兔毛夹里束缚衣，防止孩子们玩火柴。这

---

❶ Régine，1929年12月26日出生于比利时。法国歌手和商人。——译者注　167

段经历和在Paquin公司取得令人瞩目的成绩之后，她生了一个女儿——露露，这个女孩很小的时候曾立志要当一个诗人。

圣洛朗能满足她各种需求。他们的友谊在工作中产生，也在各种派对和狂笑中孕育。她借着自己青春的肆无忌惮撩拨他。当媒体好奇他们在一起搞什么鬼的时候，露露用一个含糊的手势说，她在"帮忙"，因为对于这些永远活力四射的姑娘来说，卖俏就是她们的职责，而这种工作并没有明确的定义。露露因为她贵族的血统掀起了一场大胆的龙卷风，将圣洛朗从守旧的成见中解放出来。

露露像一个叛逆的波西米亚人，每天早上她离开自己位于蒙帕纳斯（Montparnasse）后面的20世纪30年代的工作室兼居所——那里各种面料、鲜花、贝壳、水晶混杂在一起，出发前会亲一下她的女儿安娜，然后她就到圣洛朗的工作室去扮演灵感缪斯的角色了，并为下一个服装系列准备珠宝和配饰。"伊夫给我起了个外号'傻米妮'。"2011年11月她去世前说，"我们总是出去玩，一起跳舞，一起疯。伊夫没有青春，所以他在恶补。另外，他还想逃避重任。之后抑郁症就出现了。伊夫的状态总是时好时坏，但是焦虑始终伴随着他。这很正常，因为他每次都要从零开始重新来过。而他又是个完美主义者。当他状态不好的时候，其他人很难帮到他，因为我们总是会起到不好的作用。唯一有用的理由就是工作。伊夫很清楚：工作是他的支柱。他就像一个乐队指挥一样努力工作，拥有让每一个人都演奏出最准确的音符的天赋。"

20世纪60年代末，那些在巴黎高级定制时装圈子里转来转去的小团体中，没有哪一个比圣洛朗的粉丝团更优雅的了，他们有优雅的服装，暧昧的朋友，以及和上流社会的亲密关系。这位大师的朋友圈的魅力对那个年代的上流社会社交生活产生了近乎万有引力的效果，吸引了各界精英，从安迪·沃霍尔❶到鲁道夫·纽瑞耶夫，还

---

❶ Andy Warhol，1928年8月6日～1987年2月22日。捷克裔美国艺术家，波普艺术的倡导者和领袖，也是对波普艺术影响最大的艺术家。被誉为20世纪艺术界最有名的人物之一。——译者注

有一些男爵夫人或者神秘人物。画家巴尔蒂斯❶的儿子以及露露未来的丈夫萨德·克洛索夫斯基（Thadée Klossowski），还没有成为继承人的帕洛玛·毕加索（Paloma Picasso），后来为他装修所有房子的雅克·格朗热（Jacques Grange），野心勃勃的弗朗索瓦·玛丽·巴尼耶，费尔南多·桑切斯（Fernando Sanchez）都是他的明星客人。

与他们在一起的还有一些英俊的男孩、有才华的摄影师和一些异国的候鸟。皮埃尔·贝尔热总是确保伊夫身边围绕着能激发他创造力的人。对于他们的放荡不羁和他们说他总是愁眉苦脸的刻薄评价，他都忍受了。只要伊夫开心就好。圣洛朗的小团体展现了对伊夫毫无保留的崇拜，他的天赋，他的创作，他出众的品味以及他的脆弱。星期天的下午茶时间，他们相约在沃邦广场，或者到马拉喀什去过一个长周末。

❀

对摩洛哥的一见钟情始于1967年，他们第一次入住马穆尼亚（Mamounia）饭店。这是上流社会嬉皮士的新晋热门旅游目的地。伊夫·圣洛朗和皮埃尔·贝尔热很快就在老城区买下了蛇之屋，之后又买了幸福之屋，最后买下了由画家马若雷勒（Majorelle）于1931年建造的马若雷勒别墅。这是他们的私人花园，把纷扰和狂躁的世界隔绝在外，空气温润，弥漫着含羞草的香味。房子由两位妇人法蒂玛（Fatima）和马茹巴（Majouba）负责打理。

他们俩很快就在这里接待朋友们了，甚至专门建了一栋客房。他们在泳池里游泳，开着汽车在阿格达尔（Aguedal）山谷游玩，遛狗，在棕榈林中饮茶，在集市上血拼，参观手工艺人的摊位，还抽印度大麻。他也喜欢独自前来。他习惯在每年12月1日和6月1日回

---

❶ 原名巴尔塔扎·克洛索夫斯基（Balthasar Klossowski），1908年2月29日 ~2001年2月18日。法国画家，20世纪卓越的具象绘画大师，被毕加索称为"20世纪最伟大的画家"。"巴尔蒂斯（Balthus）"是他的笔名。——译者注

到他宁静的避风港，设计他的高级定制服装系列。

他连续 15 天不懈工作。这个国家的色彩——青绿色的陶瓷、堆积成山的紫色水果影响了他的画稿，赭石和阳光的颜色让色调变得更暖了。缪斯的影响逐渐散去，激发他创造力的变成了地中海风情。"当他的模特们在巴黎秀场一个个鱼贯而出的时候，这些在棕榈树荫下诞生的服装总是散发出一些摩洛哥的气息。"皮埃尔·贝尔热在《挚爱摩洛哥》（*Une passion marocaine*）一书中写下了如上文字。这种氛围唤起他对奥兰度过的难忘时光的记忆，他童年的天气、光线和气味。顺理成章地，这里成为他去世后骨灰安葬的地方。

❧

现在还是他无忧无虑的时期。尽管一年要马不停蹄地推出 4 个服装系列——高级定制时装两季、成衣两季，这位大师好像从摩洛哥汲取了无限能量。在 *Elle* 杂志 1968 年对他的采访中，他承认，每场秀的前夕，他都想临阵脱逃，但是最后还是负起了责任："从 20 岁开始，我身上就被赋予了重任，压得我透不过气：我一旦失败了，会造成几百个人的失业。这是我的第 20 个服装系列，但只是第 4 个我基本满意的作品。发布会前两周，我推翻了重来。我之前做的那个版本和你们看到的是完全不一样的，结构非常明确，腰线非常清晰。一场灾难。我经常会犯错。我工作中会造成很多浪费，然后我就开始淘汰。我每三天组织一次走秀，每次都从中删除几款。然后又在剩下的那些服装中，把能去除的东西都去除了。以前我都是围绕画稿开始的，这是我们会犯的最大的错误。没什么比这更容易让人思维禁锢。我慢慢地学会了要像防瘟疫一样地避免被所谓的灵感蛊惑，同时我也慢慢明白了，时装不是艺术品而是工艺品，也就是说，它的出发点和目的都是具象的：是女性的身体而不是自己感兴趣的某个抽象的概念。一条裙子不是一栋建筑，而是一个家：它不是为了被观赏，而是为了住人的，它应该让身在其中的女性觉得自己漂亮并且自在。其他的，都不过是画蛇添足。"圣洛朗想要彻底远离那些过时的高级定制时装的理念。

　　然而他错过了1968年的"五月风暴"，那时他正在自己位于摩纳哥的世外桃源过着悠闲的生活。他在1968年7月的发布会上弥补了回来，非常革命性地推出了一个以西装长裤为主线条的服装系列。9月1日，他在服装系列之外单独发布了一款撒哈拉军装风的短袖上衣，非常具有象征意义。"最初，我是为高个子模特韦鲁什卡（Verushka）设计的，但是我一直都对军装特别感兴趣。"这位设计师说，"我很喜欢这件衣服不分男女的理念。时尚反映的是它所在的时代。这件撒哈拉衫属于1968年的'五月风暴'，属于妇女解放运动。"

　　这一年秋天，他在马拉喀什拍了张照片，穿着一件棕褐色的皮革撒哈拉军装风上衣，配一条军用皮带，透过松开的系带可以看到他的胸膛，墨镜遮住了他的视线。他留长了头发，释放出一种猫科动物的气质。他的身体有一种非常真实和精致的魅力，他的大臂，他纤细而轻盈的手，他精瘦的脚，他爱笑和撩人的性格，都能触动人心。让卢普·西夫（Jeanloup Sieff）完美捕捉到了他的这些特质。1971年他为圣洛朗的男士香水"Pour Homme"拍摄宣传照，设计师全裸出镜。这是一张张有点暴露的照片，展现了这位时尚大师的阴暗面，他的力量和脆弱，成为永恒的经典。这也是一个证据，展现了他从腼腆青涩的青年时代开始走过的路，以及性解放旋风对他所带来的影响。

✿

　　充满争议的10年开始了。受到帕洛玛·毕加索在跳蚤市场穿的服装风格的启发，伊夫·圣洛朗在1971年1月29日发布了他整个职业生涯最有争议的一个系列。这一季的服装明显是以20世纪40年代的时尚为参考，宽肩短外套、天鹅绒包头巾、厚底鞋，这是对被占领时期的巴黎的再现。还有灯笼袖、短裙、魅惑的妆容、斜挎包。一切都令人震惊。这一天，很多女性在秀一开始的时候就离开沙龙：“她们说她们不愿意和妓女同流合污。”但是另一些女性对此产生了共鸣，为这种复古又媚俗的时尚喝彩。

第二天，媒体上对圣洛朗都是负面的评价，认为这场秀很不健康，非常丑陋。《泰晤士报》（*Times*）说："如果您想要这么穿，那就要注意自己的名声了。否则的话，您很可能被当成是同一层次的妓女。"恶毒的皮埃尔·伊夫·吉勒姆（Pierre-Yves Guilhem）在《战斗报》（*Combat*）上高呼："好品味被屠杀""优雅被埋葬""魅力被焚尸"。这个系列在商业上是一个巨大的失败，除了那几个忠实客户——圣·斯伦贝谢（Sao Schlumberger）、姬姬·让梅尔、夏洛特·艾劳德（Charlotte Aillaud）、劳伦·巴卡尔（Lauren Bacall）、比安卡·贾格尔（Bianca Jagger），只有很少的客人敢于踏入这间高定时装屋，生怕被人嘲笑。但是，这个系列影响了众多设计师，并且在他的左岸系列中得到了大众的欢迎。

伊夫·圣洛朗感到很害怕。因为每一次失败对他来说都可能是致命的，连续四五次失败就意味着灾难，也就是说，将会没有足够的资金创作高定时装。更重要的是，这意味着他创作的时候失去了直觉，无法再感知到女性内心深处的渴望，无法再持续革新，那颗创作的心不再跳动。当这个以无人能及的方式捕捉流行趋势的人说要放弃高定时装的时候，他不是在开玩笑。

下一场秀"普鲁斯特舞会"的成功和香水"左岸（Rive gauche）"的发行让他重拾信心。1971年的秋冬成衣发布会带有复仇的味道。所有媒体都为那些搭配长裤的西装外套、罩衫、水兵衫所倾倒。白底彩色波点真丝衬衣、露肩背心和露背上衣包裹着上身。正装主打阔腿裤和大裙子，搭配饰有荷叶边的细肩带低领紧身背心，塔夫绸的浪漫风裙子上荷叶边则更宽。他对色彩、比例和造型的敏感度使他总能进行大胆的发挥。圣洛朗的风格似乎是无法抗拒的，他疯狂的客人们几乎要把他的店搬空。

※

　　靠着这次的新飞跃，以及在短暂失宠后地位的巩固，皮埃尔和伊夫搬到了位于巴比伦（Babylone）路55号新的巴黎公寓中，更符合他们的身份，也能更好地满足他们喜爱收藏的需求。它在一座有私人入口的老房子里，是一套520平方米的双层公寓，窗外是一座美丽的私人花园。公寓的一层有一个漂亮的玄关、一间大客厅、一间餐厅、一间音乐厅、一间有更衣室和卫生间的套房、三间卧室。二楼有一个门厅，被雅克·格朗热改造成了珍品屋，还有一间藏书客厅、一间带更衣室和卫生间的卧室、一间豪华厨房。所有来过这里的人，在看到这多年来积累的如此完美的装修品位，看到那些收藏的画作（德拉克鲁瓦、戈雅、恩索尔、莱歇、马蒂斯、蒙德里安、毕加索），那些装饰艺术品，花束的组合，以及整体所呈现出来的戏剧感和巴洛克气息，都会震撼到无法呼吸。

　　伊夫·圣洛朗可以待在这里几个月足不出户。摆弄布朗库西（Brancusi）的一尊雕塑，给乔治·德·基里科（Giorgio de Chirico）的画打光，移动让·杜南（Jean Dunand）的花瓶，欣赏来自科特迪瓦的塞努福鸟雕刻。特别是贝尔热和圣洛朗都对美的东西有惊人大胆的直觉，他们可以突然停下车，冲到一家古董店的橱窗外，因为他们好像看到了什么有意思的东西。

　　在发布会当天的上午，有时候圣洛朗会去逛各种店铺，以逃避自己的焦虑。其他时候，皮埃尔·贝尔热会去买一个马塞尔·杜尚（Marcel Duchamp）的达达主义瓶子或者艾琳·格雷（Eileen Gray）的龙扶手椅，还有在寻找各种稀有、独特作品的过程中获得的战利品。当这些藏品在2009年2月被拍卖的时候，730组藏品拍得3.755亿欧元，拍卖总金额创历史新高。

　　1972年5月，贝尔热和圣洛朗得到一个意想不到的机会，从美国集团丽兹的查理斯手中回购YSL的股份，但香水除外。具有讽刺意味的是，这次的金融解绑不仅突如其来，而且时机也很微妙，这时的高级定制时装业收入暴跌，有人预测它的末日即将到来。但贝尔热一直都把签发经营许可证作为优先商业策略，这是一条通往丰厚利润的康庄大道。

❈

贝尔热与圣洛朗这一对搭档似乎正处于事业的巅峰，尽管他们各自都有众所周知且屡见不鲜的出轨行为。在同性恋聚集的圣安娜（SainteAnne）路核心地段，七号（le Sept）夜总会里，这位时尚大师总是能有新的艳遇。他的感情通常是激烈、不安、短暂的。卡尔·拉格菲尔德也是这里的常客，他很少喝酒，不碰毒品，什么都不过量。与之相反，伊夫会去尝试当时的新药，和酒精混在一起还会发生不太好的反应。他很容易会显示出自己阴郁的一面和自我毁灭的倾向。随着他越来越难控制，贝尔热不得不一直布置好防线，以应对他潜在的攻击性。那些支持者说，贝尔热很有保护精神，而另一些人则认为这是控制欲作祟，从而导致了服从。

对伊夫来说，花天酒地还不够。不久他就开始爱上了威士忌，并尝试可卡因。表面看起来，Saint Laurent 品牌并没有因为这些骚动的夜晚而受到影响。然而，伊夫在一种充满矛盾的生活中挣扎，白天，在维斯康蒂美学的公寓和充满仪式感的时装屋中，唯美主义得到升华；夜晚，他的放荡和邪恶得到释放。他的司机保罗到哪儿都跟着他，几乎是个保镖。

1973 年底，圣洛朗开始和当时已经和拉格菲尔德❶同居的雅克·德·巴舍尔（Jacques de Bascher）交往了。他如同戴维·霍克尼（DavidHockney）镜头中展现的那样：迷人，邪性。23 岁的他是恶魔的化身，是一个高风险的伴侣。在雅克的恶趣味漩涡中，在夜晚调情的密室里，伊夫的行径变得越来越危险。"我永远也无法理解，他怎么会爱上一个徒有其表、气质阴柔、自命不凡又劣迹斑斑

---

❶ 参阅艾丽西亚·德拉克（Alicia Drake）撰写的关于圣洛朗和拉格菲尔德事业之争的著作《美丽人生》（*Beautiful People*）中关于卡尔·拉格菲尔德的章节。

的人。"贝尔热说。他觉得像伊夫这样一个心气很好的人会这样，里面一定有人在搞鬼。我们的时尚大师几乎对这个当代布鲁梅尔❶走火入魔了，并且变得越来越反复无常。直到雅克的一位密友卧轨自杀引起轰动，贝尔热才出手结束了这一切。

1974年7月24日，品牌在它的新址——位于巴黎十六区玛索（Marceau）大道5号的一栋第二帝国时期的府邸中迎来了迁址后的第一场秀。这是一间极其奢华的真正的高级定制时装屋，有一座漂亮的楼梯，楼层很多。一楼，柔软的割绒地毯，空气中弥漫着脂粉气，镀金的木椅子，还有接待富贵客人的试衣间。楼上的工坊里，勤勉的工作氛围中穿插着欢声笑语。一共有7间高定工坊，110名工人，制作每一季的发布会的作品，5间工坊制作成衣特许经营的款式，还有一间是制鞋工坊。到处都是整洁的办公室，走廊似乎没有尽头。

而这位大师，穿着白色工作服，在给他带来灵感的杂乱无章的工作室里，每季为他的高定系列和成衣系列设计300款服装，一共有350个人和他并肩作战。帽子工坊的首席工匠妮可尔（Nicole）夫人总结了当时的工作气氛："他不喜欢周围有噪音。他并不自我膨胀，而是一个与生俱来的艺术家。"他不顾一切地想要永远做那个用塔夫绸和云纹绸作诗押韵的年轻诗人。尽管他脆弱又变化无常，但是他总是有一种不容置疑又必不可少的钢铁般的力量，一种与生俱来的天赋，一种独有的优雅，这些都是他的商标。

他的朋友弗朗索瓦丝·萨冈（Françoise Sagan）代表 *Elle* 杂志对他进行采访的时候，他毫无保留地向她袒露了他作为设计师的痛苦，创作最近一个服装系列时受到的折磨："和往常一样，一开始那几个

---

❶　乔治·布鲁梅尔（George Brummell，1778 ~ 1840年），现代男装风格领袖，纨绔风的主要制造者，不仅发展了一种穿衣风格，也创造了一种行为模式，措辞巧妙的风格，反对炫耀。——译者注

月的时候，一切都很可怕。没有任何灵感，什么都不想。我可以随心所欲地将面料裹在模特们美妙的胴体上，但是这些漂亮的姑娘没有任何精气神，至少没有任何让人眼前一亮的东西出现。我都要疯了……我做的是平淡无味的 Saint Laurent，毫无魅力可言。和往常一样，我还有一个半月的时间来完成一切，然而一个月过去了，毫无进展。然后有一天，当我往后退的时候，突然，我看到，有了：这条裙子在诉说着什么，它有点意思了，特别是与穿着它的女性产生共鸣了。我立刻就感觉到了这一点，模特也是。你们无法想象服装设计师和模特之间的那种关系和默契。当想象力发挥作用的时候，她们能感受得到，她们很骄傲地知道，她们的身体、举止和外貌能激发我的创作本能。她们对此非常自豪和高兴。当我工作的时候，我和这些姑娘的关系比其他任何人都更直接，她们经常筋疲力尽，但是在这种时候，她们总是倾尽一切来帮我。"

❀

1976 年 7 月 28 日发布的"俄罗斯歌剧与芭蕾"难道不是他最让人难忘的一个系列吗？他在这个系列中再现了惊鸿一瞥的昔日俄罗斯的博览会。从厚重的农民羊皮袄，到商人的华丽大衣，还有沙俄时代贵族的皮草夹里长袍，茨冈人五颜六色层层叠叠的连衣裙，还有皮草，甚至是绵羊皮……这场假想的舞会中，色彩如童话般梦幻：金色雪纺农妇衫搭配绸缎和云纹绸的大裙子，荷叶边衬裙进一步凸显了裙子的宽大。

皮埃尔·贝尔热可以品尝这次发布成功带来的喜悦。但是，他从 1976 年 3 月 3 日起就搬离了他们位于巴比伦路的公寓，独自住酒店了。18 年的共同生活就这样被抹去了。按照他自己说的，促使他离开的，是自我保护的本能和远离伊夫堕落的自我毁灭的深渊的必要性。他们在工作中有多么默契和互补，他们的分开就有多么令人意外。他们联手接连创造了多项成就，其中就包括香水"奥飘茗（Opium）"的绝对胜利。这款香水带有天方夜谭般的东方香气，由暹罗安息香、愈伤草、没药、茉莉和芫荽构成。这款香水装在一个珊瑚色的盒子里，上面系着一条流苏穗子，就像是一件精美的首饰，堪称成功典范。但是贝尔热受够了一直扮演支撑、心灵守护者和奶妈的角色，永远围着自己的爱人给予他无微不至的保护。伊夫想要摧毁一切，那他自己承担一些后果吧。

❀

最糟糕的是，圣洛朗这个从不半途而废的人，正走在毁灭的边缘。他非常神经质，兼具瓷器和火山的特质，深受焦虑和惊恐的折磨。他总是酗酒，接受各种艳遇，经历了很长一段时间的意志消沉，用伏特加吞下安定，过早地肥胖或者异常消瘦。他又是会表现出吐字不清和站立困难的症状。毒品和烈性酒都让他摇摇晃晃。他已经变得让人认不出来了。长期的狂躁抑郁症，让他多次到位于诺伊利的美国医院的精神病科接受治疗。某些夜晚的自杀威胁是真实存在的。但是他也有情绪高涨的时期，他对各种派对的渴望，然后他又重新陷入消沉。他的情绪像过山车一样忽高忽低，只有他的宠物狗，一只名叫穆吉克（Moujik）的斗牛犬，跑来给他陪伴和鼓励。

对皮埃尔·贝尔热来说，这也是一种长期的痛苦考验。他必须维持设计部一切都好的假象。当大师很少露面的时候，就会谣言四起。贝尔热用模棱两可的解释掩盖一切："伊夫是一个非常脆弱和敏感的人，就跟所有伟大的艺术家一样。但是他下一个系列会非常精彩。"可怕的是，他都说对了。

圣洛朗的破碎感显而易见。在他幻想的裂缝，想象力的断层，画笔的乱涂之下，美妙的东西在他一场场秀中流露出来。1977年7月27日，他快乐地醉心于东方奢华。他的斗篷、风帽、软帽、毡帽上都有皮草饰边。廓型以东方皮里长袍为基础，还有系带交襟短外套，搭配百褶裙或灯笼裤。

1979年7月25日，他献出了自己最好的系列之一。作为大融合的支持者，他很轻易地就将皮草、羊毛呢、印花真丝和单色天鹅绒结合到了一起。在此基础上，他创造了一种新鲜而独特的风格，并且赋予它天才的活力。这场秀是向与毕加索合作时期的狄亚基列夫致敬的。里面有以俄罗斯芭蕾中的东方风情为灵感的五颜六色的服装，双色大方块套装，刺绣或者镶嵌的抽象图案。

　　1980 年 7 月 30 日推出的系列主题是"向阿波利奈尔、毕加索和阿拉贡致敬"，其中有些套装上，以非常斯基亚帕雷利的方式展现了一些诗句以及作者的签名。天鹅绒随处可见：黑色，暗夜蓝，也有文艺复兴风格的各种红色，朱砂红、勃艮第红和吊钟海棠紫红色层次非常丰富的混搭。晚间礼服闪烁着金色的火焰，如破晓的黎明或淡紫色的落日。

　　1981 年 7 月 29 日发布的系列以马蒂斯和莱热为灵感。圣洛朗将黑色运用到淋漓尽致，这些黑色有些被其他颜色映衬，有些闪烁着丝绸的光泽，有些则饰有刺绣。黑色或白色的绸缎晚礼服顺着上身的褶裥垂直而下，纯粹的线条使其脱颖而出。

❧

　　圣洛朗的秀上，有一种戏剧性的魔法：他对模特多样化的精彩选择。他有无与伦比的天赋，让这些上帝创造的绝世美女为他走秀。这一年一共有 12 个模特，就像分布在玫瑰罗盘上的十二星座：穆尼亚（Mounia），来自他最爱的马提尼克；基拉特（Kirat），印度人；多赫蒂（Dohti），越南人；维奥莱特（Violette），西班牙人；达尔马（Dalma）和黛博拉（Deborah），巴西人；阿玛利亚（Amalia）和埃迪亚（Edia），索马里人；特雷西（Tracy），南非人；玛丽亚（Maria），美国人；简（Jane），英国人；最后是妮可尔（Nicole），法国人，这个有着傲慢下巴的金发美女让人无法抗拒。圣洛朗和贝尔热用这种完美的艺术，通过编排，在 T 台上演绎了一场一千零一夜。不用多久，来自多哥的丽贝卡·阿约科（Rebecca Ayoko）和来自几内亚的黑豹卡图查（Katoucha）将会加入，并成为标志性的明星。

　　一年又一年，大家对他的秀的期待已经成为每一季的固定节目。我们看到的不仅是一位设计师，更是一位艺术家。1983年起，他被收入《小拉鲁斯词典》（*Le Petit Larousse*）中。也是从这一年起，他的发布会——女性美的大弥撒，搬到了位于卡斯蒂格里奥内（Castiglione）路的洲际大酒店举办。熟悉的流程，闪光灯不停闪烁，照相机不停变焦，明星们周围浓郁的香水味——凯瑟琳·德纳芙当然在第一排就座，众多法国和外国的观众坐在金色的小椅子上鼓掌，当然也有长时间的静默和专注。

　　从后台登上T台的通道是一座鲜花筑成的凯旋门，大量的鲜花直接种在墙上，花繁叶茂。这么做不是没有理由的，因为每一个新款出现，都映衬出女性线条的准确比例，就像是第一次呈现在大众眼中一样。漂亮应该是一目了然的，优雅则更加低调。这个冬天的Saint Laurent和他本人一样，开衩长大衣搭配羊毛、天鹅绒或绸缎的上衣，下身穿单色或印花图案百褶裙，戴上人造皮草筒帽或者随时闪耀的手套。线条变得柔软了，色彩搭配变得越来越巧妙。

　　在两次发布会中间的空当，设计师试图前往诺曼底恢复体力。因为年复一年，贝尔热和圣洛朗终于厌倦了马拉喀什的酷热和烈日。1983年，他们在多维尔附近，与罗斯柴尔德和弗朗索瓦兹·萨冈的住宅等距的位置，买了一座新哥特风的豪宅，他们很夸张地称为"加布里埃尔城堡"。每一个房间都以马塞尔·普鲁斯特的《追忆似水年华》中的人物命名。在熟悉了诺曼底的低矮的天空和淡蓝色的滤镜之后，他们请雅克·格朗热为他们改建了一个莱昂·巴克斯特风格的新港湾。此后，每年的8月伊夫都是在这里度过的。他从未如此沉浸在绘画灵感中。

　　1987年10月，他用黑色绸缎小丑衫、百衲衣、绉领、尖顶帽和大纽扣奥斯曼帝国风套装向大卫·霍克尼（David Hockney）致敬。1988年1月27日发布的系列以立体派绘画为主题，其中还有著名的"梵高"外套。这是一种醉人的美，有用白鹭的羽毛做的鸽子栖息在黑色罗缎外套上，或者绣着布拉克的鸟的立体派的呢绒或欧根纱斗篷；伊斯法罕粉红鸵鸟羽毛做的一只蝴蝶停留在裸露的肩上；一只

179

莱茵石做的小鸟的嘴里衔着一颗灰色的珍珠。一切都美得不可方物。"梵高"外套是由勒萨热（Lesage）工坊刺绣的，里面必然少不了鸢尾花和向日葵。当卡图查带着指挥官的气势走来，她黑色的肌肤包裹在海蓝色、棕褐色和灰色的雪纺纱中，全场都为之一振。1988年7月27日，向博纳尔（Bonnard）致敬，9月9日成为第一个参加人道节盛会的服装设计师，展示了180款服装。这一切都显示出极高的国民度，并且带来了很好的媒体效应。

贝尔热继续照顾着一切，保护他曾经的伴侣免受日常生活的所有牵制。圣洛朗有时候会失踪或者在他的公寓里隐居数周。他只是自己的幻影。他的身型变厚了，脸部僵硬，目光呆滞。围绕在他周围的有七个侍从：贝尔热、阿尔贝（Albert）、布伊纳（Boujnah）、厨师克里斯蒂安（Christian）、两个摄像师和一个熨衣工，照看着他的日常生活。有时，巴比伦街上的公寓看起来像一个两层楼的石棺。即使在大白天，这里也弥漫着令人不安的阴暗气氛，一种烛光和昏暗的灯光不足以驱散的神秘色彩。巴黎时尚界流传着上千个危言耸听的谣言。

1990年5月19日，时装屋不得不发布公告宣布其创始人"在完成其成衣系列创作后，因为用脑过度必须接受治疗"。事实上，圣洛朗正在接受戒毒治疗。当他结束疗程回来后，之前做贝尔热司机的年轻人法布里斯·托马斯（Fabrice Thomas）又变成了病人护工、陪伴者和偶尔的情人。贝尔热对他这种不择手段往上爬的行为非常恼火。一场秀的开场非常差。贝尔热和圣洛朗在后台就这场秀发生了争执。伊夫因为没有吵赢而恼羞成怒，摔门而出，对司机说："回家！"开到蒙塔布尔（Mont-Thabor）拐角的时候，他突然灵光一现，改变了主意："回洲际酒店，快！"他像一个复仇的骑士一样冲到更衣室，对穿衣工和模特说："我才是老板。我们从头开始再来一遍。"皮埃尔·贝尔热被吓呆了。

7月11日和15日，圣洛朗接受了《费加罗报》记者珍妮·萨梅特和弗朗茨·奥利维尔·吉斯伯特（Franz-Olivier Giesbert）的采访，揭下了自己的面具："我刚走出两次接连而来的抑郁，它们改变了我的性格。皮埃尔·贝尔热说我的抑郁是与生俱来的，他显然是对的。"在采访的第二部分，他动情地说："我经历的接连而来的两次抑郁给我带来了很大的伤害。那段时间我很痛苦，也没有得到好的治疗。第一次，我在拉鲁斯医院接受治疗。一年前，我再次陷入了深度抑郁，必须治疗我震颤性谵妄的症状。我被安置到精神病院3个月，太可怕了。"时尚记者中的大姐大珍妮·萨梅特有没有在这一天告诉他，因为他连续戒毒的频率，大家经常以为他去世了，大家都很担心他呢？

❈

伊夫·圣洛朗重新振作起来了。同样为弗朗索瓦兹·萨冈治疗的阿巴斯塔多（Abastado）博士创造了一个小奇迹。我们的时尚大师暂时好转了，戒掉了一天60支薄荷味的香烟，停止酗酒和吸毒。具有讽刺意味的是，他们将新推出的香水命名为"香槟""为幸福、快乐、轻松、光芒四射的女性创作"。在香槟区葡萄酒行业委员会发起的法律诉讼后，这款香水只能改名"伊夫蕾丝（Yvresse）"。这简直是一种挑衅。❶

1992年1月3日，皮埃尔·贝尔热作为场馆负责人❷，在巴士底歌剧院用最奢华的礼服组织了一场时装屋成立30周年庆典。在巨大的舞台上，伊夫在巨大的T台上前行时，显得异常脆弱。灯光晃了他的眼，他几乎蹒跚而行，最后终于走到了凯瑟琳·德纳芙安全的臂弯。

皮埃尔·贝尔热享受着这次的胜利和脆弱的复兴，他刚刚完成了一些交易，并通过操纵股市获益不少，买回了香水部，让公司成

---

❶　法语中，ivresse 是醉酒。——译者注

❷　1988 年 8 月 31 日，法国总统密特朗任命皮埃尔·贝尔热为巴黎歌剧院主席，管辖范围包括巴士底歌剧院、加尼叶歌剧院和楠泰尔舞蹈学校。1994 年卸任，成为名誉主席。

功上市，并在之后以6.5亿美元将Yves Saint Laurent卖给了赛诺菲（Sanofi）集团。Saint Laurent，一个高利润的商业帝国，世界上最著名的奢侈品品牌之一！即将迎来60岁的贝尔热主要考虑的是公司的持续发展，但是伊夫，虽然已经踏入他事业生涯的最后10年了，还完全没有想过接班人的问题。

然而，圣洛朗的服装第一次不再受到一致好评了。《先驱论坛报》大胆地评论他的灯笼裤好像是从"廉价旅行社的宣传册里"走出来的。有些不怀好意的评论说这位设计师太重复自己了，没什么新的东西要表达的了，一切都似曾相识。一位女记者带着隐约傲慢的口吻说这一季"太传统了"。人们总是忽略了，假装的创新和为了提出一个新真理而做出的重复相比，力量小得多。

圣洛朗从来不简单地重复自己，对于他的所爱，他能无穷尽地给出另一个新的版本，越来越摆脱多愁善感，越来越抽象，越来越一目了然。就像《世界报》的时尚写手劳伦斯·博纳伊姆说的："不管我们怎么说他的时尚——有人说他'过时了'，他总能在T台上给我们塑造出女郎、爱人、情人、朋友、敌人。对他来说，没有什么比他的想象更加真实。我们看他的秀，就像在看一本书。"

❀

我们可以指责圣洛朗么？因为他太爱戏剧、维斯康蒂、红色天鹅绒、暗黑奢华的首饰、19世纪震撼的奢侈、俄罗斯民俗、升华女性美的色彩融合，设计得像第二层肌肤一样合身的裙子、透明雪纺纱、黑色绸缎、异族文化、风衣的性感之美？然而这里没有一丝虚张声势，在他后期的系列中没有哪个轮廓不恰如其分，没有一个胭脂红或钴蓝不恰到好处。他用古典主义、裁剪的直觉、完美的品味来应对同行的时尚。他是流畅线条的大师。

很快，关于他脆弱的身体状态的谣言就开始流传。他不再接受任何采访，躲避各种噪音、喧嚣和虎视眈眈。每一次发布会，都有人会肯定地告诉你，这是最后一场了，设计师的状态非常糟糕。然后，他又奇迹般地出现在舞台上，有时为此要付出超人的努力，身着西装的他身型浮肿、微微驼背，大大的镜片后眼睛里似乎含着热泪。然而1998年6月，在他62岁的时候，他还是停止了Saint Laurent左岸线的设计工作，由阿尔伯·艾尔巴茨❶接任成衣部的艺术总监。这是关于他退休的第一个具有高度象征意义的标志，尽管艾尔巴茨只做了一年。

高定时装迎来了变革的年代。我们知道，随着超模时代的到来，我们进入了争夺眼球的新纪元。这种现象现在已经直击时尚的核心：创作。这是10年来，这个原本以手工坊和中小型企业为主的世界，在无情的资本逻辑的驱使下，逐渐被纳入大集团运行轨迹的可以预见的结果。金钱之争和风格之争同样重要，一个高定系列或者成衣系列的成败对于一个品牌来说，变得和一场比赛的输赢对职业足球俱乐部一样重要。设计师走马灯似的频繁调动也像极了那些足球教练和足球明星的频繁调整。

❀

1998年7月12日，在世界杯足球赛决赛之战前，贝尔热在法兰西体育场向20亿电视观众展示了一场由300套华服组成的回顾秀。300位模特，披上完美无瑕、光芒四射的丝绸战袍，高呼伊夫·圣洛朗的荣耀。1998 ~ 1999年秋冬季的高定时装周上，一些知名设计师，比如让·保罗·戈尔捷、克里斯蒂安·拉克鲁瓦被封神，但是圣洛朗仍然占有一席之地。1999年，他的春夏系列贡献了最具媒体讨论度的压轴表演：莱蒂西娅·卡斯塔（Laetitia Casta）穿着玫瑰花环制成的婚纱真空出场。透视衫也卷土重来，搭配透着晨光的西装，黑檀、薰衣草、板栗色的雪纺摇曳生风。

总是那么充满诗意，尽管商业媒体只关心一个主题：Elf-Sanofi

---

❶ Alber Elbaz，1961年6月12日 ~ 2021年4月24日。以色列籍时装设计师。曾担任 Yves Saint Laurent、Lanvin 等品牌的设计师。——译者注

集团以10亿美元的价格将Yves Saint Laurent集团卖给了Gucci集团。弗朗索瓦·皮诺在这场奢侈品博弈中赢了几个项目。弗朗索瓦·皮诺和LVMH集团的大老板贝尔纳·阿尔诺之间的战争已经打响。这位布列塔尼亿万富翁给皮埃尔·贝尔热送了一份厚礼：6000万欧元，作为Yves Saint Laurent品牌的知识产权转让费，以及让皮埃尔和伊夫放弃香水、成衣和配饰的所有业务的补偿。

作为额外奖励，这两位创始人保留了高定时装公司的管理权和丰厚的薪水。但是这样的结合并不像理想中那么美好，虽然伊夫仍在领导并且设计高级定制时装，但是令人生畏的德克萨斯人汤姆·福特（Tom Ford）的到来已经初现端倪。2000年3月2日，官方新闻出来了：阿尔伯·艾尔巴茨离开Yves Saint Laurent了。汤姆·福特开始负责女装成衣线的设计并担任设计总监一职。

汤姆·福特是一个非典型的案例，他既不代表设计师的形象，也不代表传统领导者的形象。他更像一个"演艺明星"。他的工作不仅仅是设计服装系列。在Gucci公司，他全面负责品牌及其产品和店面的对外推广，从A到Z全面塑造了一个鲜明统一的品牌形象，奇迹般地让这个品牌得以重获新生。他在伦敦和纽约各有一个设计工作室，很多设计师在那里工作。尽管汤姆·福特表达了对伊夫·圣洛朗的仰慕之情，而后者对此几乎无动于衷，但是很显然，乔治·阿玛尼（Giorgio Armani）才是他的榜样。贝尔热和圣洛朗会竭尽所能不给福特好日子过，并且指责他无法把握Saint Laurent的品牌精神，而是以临床诊断的方式，毫无灵魂地抓取这位设计大师的设计元素。

2000年7月10日，为了发行YSL新的女性香水"赤裸（Nu）"，汤姆·福特邀请了800名宾客参加在布隆尼亚宫（Palais Brongniart）举办的一场虚拟漫游：在曾经见证了股市动荡的交易所大厅中，四十多位穿着丁字裤几乎全裸的舞者在一个有机玻璃围场中，在绸缎垫子上变换着各种姿态。没有任何张力和情感，这些盒中人只是在表达"女性香水的精华"。这种愈来愈烈的挑衅激起了贝尔热和圣洛朗的愤怒，他们觉得这场表演不堪入目。作为化妆品形象的负责人，汤姆·福特以他成衣系列中的紫红和黑色为基础进行演变。他重新演绎了20世纪80年代的哥特风妆容，在苍白的脸上，加强了对眼睛的刻画。

当汤姆·福特在2001年春夏系列中，以他的农民系列为灵感创作罗马尼亚夹克和刺绣长大衣的时候，圣洛朗表示不喜欢。这位德克萨斯设计师让西装显得雌雄难辨，用黑白色去除视觉干扰，以展现用各种褶皱的变化和不太紧绷的线条塑造出的性感。

❧

时尚的新现实让他感到有些绝望，伊夫·圣洛朗无法认可福特的工作，决定退休。他也没有力气继续工作了。对于他无心恋战的疯狂的金钱竞赛和营销大王之争，他表现出了精力不济和疲惫不堪。2002年1月7日，星期一，记者们受邀来到玛索大道5号参加新闻发布会。摄影师、摄像师都申请进入这间以往只能听到丝绸摩挲的奶油色和金色的沙龙中。面对满场的缪斯、朋友和记者，圣洛朗在贝尔热温柔的注视下，用颤抖的声音念出了优美的告别信：

"生活中，我们每个人都需要有一个爱美的灵魂。我不断追逐它们、寻找它们、猎捕它们。我体验过各种形式的焦虑，下过各种地狱。我经历过恐惧和可怕的孤僻。镇静剂和麻醉剂是虚伪的朋友，抑郁症和疗养院是我的牢笼。有一天，我挣脱了这一切，目眩神迷但头脑清醒。马塞尔·普鲁斯特让我知道：'卓越又可怜的神经质人士都是出类拔萃的。'我是这个族群中的一员，却不自知。这是属于我的族群。我并非自己选择成为这样的人，但是不可否认的是，正是因为这样，我才得以在创作的天堂中建功立业，我才有幸结识兰波❶所说的盗火者们，我才找到了自我，我才懂得生命中最重要的对手是自己。最美丽的天堂是我们遗失的那些美好。"他在荣耀的巅峰转身离去。所有媒体都被深深打动。

告别仪式在 2002 年 1 月 22 日举行。他在蓬帕杜中心举办的这场迷人的回顾秀展示了时装屋创立 40 年来的作品，有早期的，也有近期的。320 套服装，117 位超模。1000 位观众莅临现场，摄影师们涌向帕洛玛·毕加索、让娜·莫罗、劳伦·巴卡尔、索尼娅·里基尔、克洛德·蓬帕杜、贝尔纳黛特·希拉克、于贝尔·德·纪梵希和让·保罗·戈尔捷。时装屋的工人们被安排在第一排就座，就像那些名流一样。所有人的心情都是一样的，都感觉自己在亲身经历高级定制时装史上独一无二的时刻。

19 点 15 分，大幕准时开启，大家都屏住了呼吸。奥黛丽·马奈（Audrey Marnay）穿着著名的藏青色大衣出现了。舞台上鱼贯而出的不仅是这 40 年来最美的服装，也是最著名的模特：杰瑞·霍尔（Jerry Hall）身穿 1997 年的白色紧身裙和好莱坞风格的大衣，卡拉·布吕尼（Carla Bruni）一袭 1988 年的黑色紧身裙搭配向日葵斗篷式大衣，克劳迪娅·希弗（Claudia Schiffer）穿的是 1968 年推出的著名的撒哈拉军装风上衣，娜奥米·坎贝尔（Naomi Campbell）穿了一条 1967 年非洲系列中的米灰色蓬松羽毛迷你裙，爱娃·赫兹高娃（Eva Herzigova）穿了一条领口开得比胸还低的黑色连衣裙。时间一分分悄然流逝，模特一个个接踵而出，着实令人目眩神迷，应接不暇。从蒙德里安那里借来的几何图案，摩洛哥的色彩，来自中国、印度或者安达卢西亚的灵感，俄罗斯芭蕾。

突然，全场人的鸡皮疙瘩起来了。40 位美女穿着 40 套不同的黑色吸烟装出现了。这已经是整场秀的尾声。心都揪起来了。这时凯瑟琳·德纳芙站了起来，她同样身着吸烟服，唱起了芭芭拉

---

❶ 让·尼古拉·阿尔蒂尔·兰波（Jean Nicolas Arthur Rimbaud），1854 年 10 月 20 日～1891 年 11 月 10 日。法国著名诗人，早期象征主义诗歌的代表人物，超现实主义诗歌的鼻祖。他曾说，"诗人应当是一名盗火者。"——译者注

（Barbara）的名曲《我最美的爱情故事》，莱蒂西娅·卡斯塔紧接着出现。这首歌的选择真的是不能更贴切了：圣洛朗最美的爱情故事当然就是他用自己的天赋给所有女性带来的幸福感。设计师终于从舞台的另一头出现了，迈着小步慢慢地走向她们，表情僵硬。当所有模特都拥向他的时候，他擦去了眼角的一滴泪。全场起立，所有人都一起分享了这一经过时间考验的出色成就，回顾了他完全奉献给服装的独一无二的人生，感动于这位致力于提升美和女人味的时装天才充满勇气的主动退休。

❀

在退休后的很长一段时间里，伊夫仍然会去玛索大道的工作室安静地画画。很快，高定时装屋变成了博物馆。他试图让自己悠闲的生活更加丰富，但是他心里还是有些东西彻底死去了。

2008年6月1日，他在巴黎的寓所中去世，死于14个月前发现的恶性胶质瘤❶。葬礼于6月5日在巴黎圣洛克教堂举行，总统也出席了他的葬礼。6月11日，他的骨灰被撒在马拉喀什的私人住所绿洲别墅里。紧接着，一座为他而建的纪念碑在马若雷勒花园揭幕。

伊夫·圣洛朗去世后，反而显得前所未有的活跃。他作为时装史上的一位重要艺术家出现，将他绝美的作品作为遗产留给世界。

❶ 脑瘤。

卡尔·拉格菲尔德

（Karl Lagerfeld）

　　他是风格之王，巴洛克之帝，时尚界的大明星，被列为重点保护财产。几十年来他一直站在舞台中央，这位精英名角催生了一种总是走在潮流尖端的民主时尚，甚至青少年和嘻哈歌手都趋之若鹜。他把Chanel打造成了一个既傲世独立又广泛流行的全球品牌。

❀

　　这个扎着粉白色马尾辫，永远穿着白领衬衫的男人，用自己的方式，将自己变成了摇滚明星、奢侈品贵族，将自己的人生变成了一件手工缝制的作品。从蒙特·卡尔（Monte-Karl）到康邦街，从米兰到纽约，他是一个永不知足的创作者。高级定制时装、成衣、摄影、音乐、限定联名系列、广告、室内设计……他的项目一个接着一个，就像呼吸一样，从不间断。"不相信过去"是他最喜欢的格言之一。这个既有现代感又有美学品味的21世纪的"老实人"有着自由的灵魂，他只有为数不多的癖好：一叠纸和很多笔、健怡可乐、模特让·巴普提斯特·贾比考尼（Jean-Baptiste Giabiconi）的神颜，还有他的宠物猫舒贝特（Choupette）。

　　他能有如此大的影响力，关键可能是他的智慧以及他的绝对权力。他只要一挑眉，就下达了一个命令，就会产生让人不安的震慑力。因为他的雷达从不停止捕捉最新流行趋势，他总是能站在最高位，全世界都像在看杂技演员一样盯着他，等着他从高处跌落，等着他错失最后一掷。媒体很喜欢去拜访他，就像去凡尔赛宫一样。这位明星不会避而不答：众所周知，他言辞犀利，用词优雅。你觉得他在讲时装？事实上，他是在为时代发声。

他就像圣贤一样，经常会被问及各个领域的问题，远超他的职业范畴。他的博学、毒舌和金子般的心，结合在一起发生了奇妙的反应。他的箴言，他的幽默短文，他的警句，像他的模特一样一个接着一个，用风趣的手法针砭时弊，写出独特、荒唐、通常在政治上不正确又刻薄的文字。他喜欢在自己的话语中夹枪带棍，像一个老手一样，模糊媒体的视线，和他们玩捉迷藏。

神秘的卡尔·拉格菲尔德！年轻的卡尔是怎么成长为拉格菲尔德的呢？他是如何变成一个让人又爱又恨的大人物的呢？一个时装设计师是如何赢得明星地位的呢？一个人是如何把自己变成一个品牌，一个Logo的呢？这个眷恋过去的人是如何化身为专注当下的狂热信徒的呢？一位设计高手不仅成为了时尚偶像，更是一种全球化的文化现象……

要给出他准确的出生日期，是一件棘手的事儿，因为这个男人为他虚构的过去编造了一些细节，他自己的故事变成了某种哥特式的童话，很难去莱茵河彼岸验证。卡尔·拉格菲尔德应该是1933年 ❶9月10日出生于汉堡。那时他父亲奥托（Otto）52岁，母亲伊丽莎白（Élisabeth）36岁，一家人在布兰克内塞（Blankenese）区北部的鲍拉花园里舒适地生活。从他们家别墅可以将易北（Elbe）河如诗的美景尽收眼底。当一艘艘集装箱船驶过时，它们看起来那么近，

---

❶ 他自己坚称出生于1935年。

小卡尔觉得只要伸出手就能碰到它们。他说："我最早记得的噪音就是江上轮船的汽笛声，而我人生中最早的记忆是窗户上随风飘起的薄纱窗帘。"

成年后的卡尔在大学路忠实再现了他童年卧室的装修，并配以18世纪的儿童式家具：一张窄窄的彩绘小木床，一把椅子和一个写字台。家具的设计并没什么特别之处，但是他却非常喜欢。"这超越了过去，超越了时间。我并不在这里睡觉。但是这里让我想起我的母亲，以及我对这备受命运眷顾的人生的感激之情。"他解释说。公民卡尔也有他的玫瑰花蕾❶。

奥托·拉格菲尔德16岁就开始了自己的职业生涯。1917年之前他在符拉迪沃斯托克（Vladivostok）做进出口生意，之后去委内瑞拉做起了咖啡贸易。出于某种敏锐的直觉，他在1925年决定关闭这家公司并投身到炼乳产业中。他说服了美国奶制品公司，任命他为他们德国分公司四叶草（Glücksklee）的负责人。这就是后来著名的歌莉娅（Gloria）牛奶。他的富足生活从此得到了保障。

在他私人生活方面，他的第一任妻子在生他们的女儿西娅（Thea）时难产而死。奥托·拉格菲尔德在49岁的时候决定开始新的生活，在1930年迎娶了伊丽莎白·巴尔曼。1931年，两人有了第一个女儿玛莎·克里斯蒂娜（Martha Christiana），2年后又生了一个儿子——卡尔。这个重组的家庭让年幼的卡尔觉得很不安。在他的采访中，他很容易就会跳过他的姐姐。他有时承认她们的存在，有时又不承认，用一种语焉不详的语气自称是独生子。不止一次，他甚至改变了她们的身份，称她们为同母异父的姐姐，同时给她母亲

---

❶ 1941 年的电影《公民凯恩》（*Citizen Kane*）的开始，主角临终前说的一个词"Rosebud"。这个词也成为贯穿整部影片的关键词。——译者注

又加了第一任丈夫❶。

听听卡尔·拉格菲尔德是如何对《费加罗夫人》渲染他的美丽故事的："对我父母来说，这都不是他们的第一段婚姻。他们经常吵架，我母亲离开过几次。我父亲是个非常温和的人，但是内心非常无趣，而且比我母亲大很多。我母亲脾气很坏，但同时她也很有趣，总是愚弄我的父亲。人们都说，我母亲很严厉，其实更糟：她无时无刻不在冷嘲热讽。她觉得自己是世界上最美的女人。她有些别人没有的特质，她既狂妄自大又滑稽可笑，让人又爱又恨。"

1934年拉格菲尔德一家在石勒苏益格—荷尔斯泰因州（Schleswig-Holstein）的巴德布拉姆斯特市（Bad Bramstedt）附近买了一块地。他们一家在那里住到1939年，然后又搬回了汉堡。直到1944年，汉堡被惨烈轰炸之后，他们才回到自己的庄园中。一种非常普鲁士式的训练贯穿了卡尔的童年："在我卧室隔壁，是我父亲的更衣室，里面有一些奇奇怪怪的健身器械。我母亲逼我去锻练。她要保证我不长歪。其中有一台非常可怕的设备，必须在上面走很长时间才能让我们的腿变得结实有力。但是它确实是有好处的，需要这么做。"

年轻的卡尔很快就显示出在绘画上的天赋，并且想象着自己会成为新的莱昂纳多·达·芬奇："我记得，我6岁的时候就预感到这一灿烂的未来。我开始胡思乱想，我看到了一个闪耀的未来。我的这种幻想只是一闪而过。"他很喜欢被视作神童，也很喜欢不断述说这段独特的往事中奇特的细节："我母亲有一个非常棒的方法，我推

---

❶ 在《巴黎竞赛画报》的一次采访中，拉格菲尔德承认了他姐姐们的存在："她们在寄宿学校就读，出来后就结婚了。"在另一个采访中，他说："我母亲从来没管过我的姐姐中她看不上眼的那个。当她还很小的时候，母亲觉得她很可爱。但是有一天她应该是觉得她不好看了，就对她再也没兴趣了。她在美国生活，有很多孩子。我基本上没见过她。我父亲在另一段婚姻里也有一个女儿，但是他从来没有管过她，因为她让他很失望。她已经去世了。她是一个灾星，做什么都会失败。她结了五次婚，其中四次都是多余的……我的话，是一个完美的孩子。在世界中心，真是太美妙了。我的姐姐们都住寄宿学校；我的话，可以随心所欲。"

荐给所有的母亲。每天要读一页词典，然后她会问我不同的单词：一个可以开阔眼界的游戏。她总是不停地说：'如果你留级了，所有的后果都是你一个人承担。而我，不会为你找任何借口去骗你的老师们的。如果你留级了，丢脸的是你而不是我。'我希望被当作成人对待，也喜欢和成人交流。"

他经常不去上学，高中稍有改善，凭着他的巧舌如簧，他在哪儿都很吃得开。但是他却将自己描述为一个无所事事的孤僻的小男孩，他讨厌其他同学，渴望得到成人的陪伴，总喜欢把自己沉浸在书海中："我母亲的藏书和我父亲的很不一样。他感兴趣的是宗教历史，而我母亲更喜欢哲学：德日进❶、奥特加·伊·加塞特❷，还有一些现在已经非常过时的东西，比如罗曼·罗兰❸。所有这些，我都读过。"

✽

在所有的采访中，拉格菲尔德都更倾向于对战争年代和他曾经在德国生活的经历缄口不谈。他学会了打擦边球，拒绝谈论可怕的食物匮乏和关于轰炸的记忆，坚持掩盖事实。"我当然记得战争，但是我并没有经历过。我父亲在战争爆发前就有了一个很好的主意，在丹麦买了房产。而那里，什么都没有发生。"他坚定地说。

然而，1945年5月，他们家的私人别墅被英国人征用了，全家

---

❶　皮埃尔·泰亚尔·德·夏尔丹（Pierre Teilhard de Chardin），1881年5月1日～1955年4月10日，中文名德日进。法国哲学家，神学家，古生物学家，天主教耶稣会神父。德日进在中国工作多年，是中国旧石器时代考古学的开拓者和奠基人之一。——译者注

❷　Ortega y Gasset，1883年5月9日～1955年10月18日。西班牙哲学家，报业从业人员，评论家。——译者注

❸　Romain Rolland，1866年1月29日～1944年12月30日。法国思想家，文学家，批判现实主义作家，音乐评论家，社会活动家，1915年诺贝尔文学奖得主，是20世纪上半叶法国著名的人道主义作家。——译者注

人只能蜗居在两间临时简易房里。这与后来设计师回忆中的乐土相去甚远。2001 年，在面对《世界报》记者的时候，他又重拾了这段记忆："我们接待了英国军官住在我们家别墅。一天，在一场花园派对上，蒙哥马利（Montgomery）元帅穿着一件非常帅气的达夫勒外套出现了。"

正如艾丽西亚·德拉克❶强调的："卡尔对自己过去的否定对他的创作方式当然并非没有影响。事实上，很多设计师都会从他们童年记忆的画面中汲取灵感。对他们中很多人来说，它代表了第一个想象的王国，他们对遗失的天堂的不懈追求，是常人无法企及的理想主义的核心，而这正是时尚不可或缺的组成部分。就这样，在吸收今天包围在他周围的所有信息的同时，设计师的思想会被他童年的磁极所吸引。"拉格菲尔德总是试图抹去他德国生活的某些痕迹的做法，从某种程度上解释了他的设计方法，将借鉴和时代精神结合。可能他也表达了对世界大战之前古老欧洲的眷恋之情。

同样的，拉格菲尔德从不多说他童年所受的苦难，他更喜欢对自己所受的侮辱和排挤闭口不谈："我还是孩子的时候，就已经有很明确的品味了，虽然它们在其他人眼中可能不太正统……尤其是在和我同龄的初中生眼中。穿蒂罗尔式军裤，留长发，这都不符合当时的习俗，而是反映了我的个性。我承认我的与众不同。"

设计师很肯定地说："我那时候很瘦，但是我妈妈觉得我有大肚腩。我睡觉的时候得绑着收紧肚子的带子。我很容易就脱颖而出了。在农村，竞争并不激烈。我没法和那些小农民玩到一起。首先，我从外貌上就和他们有很大不同。在那里大家的头发都是金栗色中隐约透着红，剃成了平头，穿着妈妈织的小毛衣，而我已经是西装领带的打扮了，即便是在村子里。我那时候就有一点异国情调了。我看起来像一个欧洲人。我留着对那个年代来说过于长的头发。我脸色苍白，毫无血色。人们都说：'这孩子看起来像生病了。'我的头发呈现出桃花心木的棕红色，一种很奇怪的颜色，所以我妈妈叫我

---

❶ 艾丽西亚·德拉克，《美丽人生》，Denoël 出版社于 2008 年出版。

'老式五斗橱'。她想让我把头发染黑。她还说：'我得把你带去家纺店，因为你鼻孔太大了，得给它们装个帘子。'又或者：'你像我，不过是低配版。'"

他总是坚称他从不和其他孩子一起玩。这纯粹是因为他看不上他们，还是因为他们看出了他身上明显的同性恋特质？然而他母亲思想非常开放。当小卡尔大胆地向母亲询问这个问题的时候，她的回答很简单，足以消除他的罪恶感："这就跟头发颜色一样。没什么。有些人头发是金色的，有些人发色更深。这不是一个值得讨论的问题。"更健康的态度是，面对他整个童年路上都会受到恐同的辱骂："肮脏的同性恋"，拉格菲尔德得出的结论是："我只有一个梦想，尽快离开这里！"

在16岁的时候（而不是他有时让人以为的14岁），卡尔抵达巴黎。他是这样对《巴黎竞赛画报》讲述的："我去了法语联盟。一位老太太问我愿不愿意做她的助教，给德国学生上课。我回答她，我不是来做这事儿的。我父亲在巴黎有一个办公处。他的秘书，一个眼球凸出的丑女人费了好大劲儿帮我在索邦路14号找到了一间接待未成年人的酒店。我在那里住了两年半。我闲着的时候就喜欢各处散步，我可以做巴黎的导游！我还去看电影，从第一场看到最后一场，就为了让我的法语口音更完美。"

❧

从这个时期开始，拉格菲尔德就开始让巴黎的亲友们相信，他很有钱，不需要工作。他父母不是给了他5万法郎的零花钱么？他想要成为报纸的漫画家或者插画师。但是他的绘画天赋太突出了，所有人都鼓励他投身时尚行业。他父母优雅的形象不是最好的激励吗？

1954年，他决定参加国际羊毛局组织的第二届服装设计比赛。6000幅匿名作品被送到由于贝尔·德·纪梵希、皮埃尔·巴尔曼和雅克利娜·德吕巴克等组成的评审团手中。奖品是一笔可观的奖金，但更代表了一种真正的认可：3幅获奖作品都将分别由一家巴黎高级定制时装屋来制作。因此，在11月25日颁奖的这一天，3位年轻的设计师身边都站着身穿他们设计作品的模特。伊夫·圣洛朗在晚礼服组获胜，卡尔·拉格菲尔德在大衣组获胜。他设计的是一款淡黄色羊毛呢过膝长大衣，服装整体是直线条，好像是为了平衡这种保守的长度，大衣正面看是一个露肩一字领，并在背部形成一个V领。

圣洛朗与拉格菲尔德，两位天才，两种命运。在他们之间产生猜忌和因为争夺雅克·德·巴舍尔的爱而产生不和之前，他们曾有过很长时间的交情。伊夫是高级定制行业的宠儿，在Dior公司交出出色业绩之后，1962年就创立了自己的时装屋。卡尔在Balmain和Jean Patou开启的事业并没有掀起什么水花。伊夫是时装界的普鲁斯特，被誉为神话，将会把自己的名字留在艺术史上；卡尔是灵感丰富的雇佣兵，将会为很多大品牌服务。一位时尚评论家曾揶揄："卡尔·拉格菲尔德和圣洛朗的差距，就像萨列里和莫扎特之间的差距。"

❧

拉格菲尔德很讨厌别人在他面前提及他们之间著名的竞争："我是被偶然拉进时尚行业的。我赢得了一场设计比赛，我们学校就有200个人参加，这是一场业余爱好者的比赛。我的作品是由巴尔曼做的，他问我在做什么。我没太说明我还在读书，他就问我是不是愿意进他的工作室。就这样，我就是这样入行的。"

这间位于弗朗索瓦一世路上的时装屋有12间工坊，将近600名员工，其中包括16位销售，每人都配了一位助理。还有一间巨大的皮草工坊和一间帽子工坊，因为Balmain也常为他的客户设计头饰。而且他特别偏爱越南北部风格的大圆锥形，外面披着印花布、绢纱和雪纺纱。这位时装大师最初学习的是建筑师专业，所以保留了对建筑感强的裙子的喜好，对材料的平衡和选择上面感觉非常精准。但是在他的性格中，既有大胆的一面，也有谨慎的一面，像猫科动物一样。

"当我加入这间设计工作室的时候，"拉格菲尔德说，"那里有5位服装画师。那时候他们还不叫服装设计师，而是工艺师。因为时装大师都是直接将面料披在模特身上，而不画设计图的。我的话，很会画。"关于这一段经历，他后来在一次采访中是这么说的："要为那些私人客户和买家准确地记录下每一款裙子的款式。就这样，每次发布会后，连续三周，我每天要画15个小时。现在很少年轻人能接受了，但是我就这么做了三年半，这是最好的学习。现在，我闭着眼睛都能画。"

这个人如此与众不同，Balmain公司的所有人都对"卡尔"赞不绝口，他穿着仙狄仕金（Hilditch & Key）的定制衬衣，意大利西装，浴袍式裁剪藏青色开司米大衣，那么优雅。他后来作为优雅的主宰者，说："我一直坚持要穿着完美无瑕。这是一种野心。我不希望自己看起来好像很随意，因为这会让我觉得自己很随意。而且我觉得那些看起来马马虎虎的人实际上也是马马虎虎的。我喜欢裁剪精良、完美的服装，我觉得这是有益于健康的。我们穿衣服不是为了让人厌烦，是为了活得更好。"

在皮埃尔·巴尔曼总是挂在嘴边的"严谨，永远要更严谨"的鞭策下，拉格菲尔德永远掌握了这个行业的技巧。高级定制时装屋的场景都是一样的。设计师把自己关在工作室里画初稿。然后他从中选出可行的方案，分发给他的工坊首席工匠们。工坊根据这些草图，用棉坯布在人台上制作。然后这些坯布样衣由真人模特在设计师的工作室里穿给他看。所有值得做出成品的服装都被挑选出来，在一个记录本上记录好，编好号，加上草图，然后要画出效果图以便于确定面料和模特。

在做最终服装系列之前，各种面料都会展示给设计师看。各厂商的代表都会根据不同的时装屋的要求，带着满满的箱子和面料小样涌向设计工作室。在面料和设计图之间，会根据其质量、颜色和印花进行选择。选择确定之后，这一选择就对应一个订单。在选择面料的这10天里，"线条"也确定下来了。裙子做好了，由设计师决定它的命运，通过或者驳回。如果它是可行的，也就是说它既表达了设计图的理念，也符合品牌整体的风格，它就会被分派到工坊里，在首席工匠的指导下制作完成。

卡尔在Balmain有点原地踏步的感觉。每一季的服装都女人味十足，并且恒久优雅。但是他们拒绝缩短裙子的长度。这个品牌将"漂亮女人"的风格发挥到了极致。这位服装大师也有自己的固执和有些过于直白的坦诚。德国人选择离开，带上他收获的专业知识，他可以好好地讨价还价了。

❦

1959年，他变成了Jean Patou时装屋的设计师。在1936年Patou品牌创始人骤然离世之后，他的妹妹玛德莱娜和妹夫雷蒙·巴尔巴管理着他的遗产。Patou品牌建立在优雅的传统之上，品味极佳，极力避免各种古怪的设计，因而变得有些保守。因此，需要毫无约束地设计新的服装系列，重新赋予品牌魅力和创新力。卡尔在这里对面料和技术有了更深的了解，并且跟在20世纪20年代担任让·帕图助理的阿尔芳辛（Alphonsine）夫人身边首次接触到了两次上浆和古法贴布技术。

他在这里做的第一个高定系列名字非常简单，就叫"K"线条。媒体注意到，服装曲线非常贴身，腰部收紧：套装的上衣柔软，和服袖，立领与脖子之间留了一些空间，色调浅淡。裙子正相反，比较宽大，有很多褶裥。颜色非常细腻，杏色、流星蓝、玻璃瓷绿、糖果粉。奇怪的是，拉格菲尔德并没有受到很多吹捧。他还很年轻，他还在认识自己的过程中。他的合约将会在1962年结束。米歇尔·葛马会成为品牌新的工艺师和艺术总监。别忘了，伊夫·圣洛朗刚刚推出了自己的第一个服装系列。

但是拉格菲尔德对自己非常有信心，好像任何事都不能打击到他的野心。他看起来好像精力分散，夜生活非常丰富，是个疯狂的舞者："那段时间，我是恰恰舞、梅朗格舞和华尔兹的舞王。我晚上都去马坤巴（Macumba）、白象跳舞，之后再去位于切尔切—米迪

（Cherche-Midi）路上的一家有点同性恋味道的夜总会破马车（Le Fiacre）玩。非常好玩。我从夜总会出来就直接去 Balmain 或者 Patou 上班了。别忘了，在20世纪50年代末，我们去跳舞就是为了去跳舞，而不是去喝酒！"

设计师还记得他当时多样化的造型："在20世纪60年代初，我的造型显得格格不入。太精致了。但是在蓬普（Pompe）路的雷诺玛（Renoma）兄弟店里，他们的衣服都是窄肩，裁剪与众不同，是为苗条的人专门设计的。那个年代，追求时髦的男男女女都很苗条，必须变得和他们一样才能穿上这些衣服。于是我让一个朋友训练我做塑形锻炼。到20世纪60年代末，这就不太流行了。这在海滩上不错，而且也符合我喜欢的外形。我终于穿上了这些衣服，这让我很高兴。"

夏天，拉格菲尔德就去圣特罗佩（Saint-Tropez）化身为沙滩男孩，开着宾利车，永远精力旺盛。他在花神咖啡（Flore）和利普餐厅（Lipp）都有固定的位子，经常去德利尼（Deligny）泳池的晒台，主要为了秀自己的胸肌。一些八卦的人看到他走出大学路51号公寓，穿着高跟漆皮踝靴，打扮精致地闲庭漫步。他的出现总是那么具有戏剧性，从不让人失望。他知道，必须给自己打造一个个性化的形象，来吸引时尚人士的注意。他将自己的形象建立在外表的基础上，同时意识到，对于稍纵即逝的时尚，应该赋予其内涵，并折射出时代精神。

❧

直觉告诉卡尔·拉格菲尔德，未来属于成衣，相较于高定时装设计师，他更适合做成衣的风格设计师。他是一个无与伦比的画师，一个可以按照自己的形象塑造一个世界的天才多面手。

在巴黎，直到20世纪50年代，都有大约4000名互相认识的优雅的巴黎女郎——她们不一定都是法国人，足以支撑高级定制时装的生存。从20世纪60年代到70年代，时尚在本质上的变化比在形式上的变化要大得多，激进得多。从那时起，流行趋势不再是单一的，时尚也不是只有一种选择，而是呈现出百花齐放的状态。在这个动荡的年代，也出现了"迷你"时尚及其代表性的迷你裙，关于谁是这种时尚发明者的问题，安德烈·库雷热和英国的玛丽·奎恩特互不相让。

我们通常将这一发明归功于后者，因为她非常好地演绎并开发了这种在当时来说具有革命性的服装。事实上，它的真正发明者是雅克·德拉哈耶（Jacques Delahaye），1963年他首次在圣特罗佩的瓦匈（Vachon）店里展示了这件服装。

年轻的丹尼尔·赫希特（Daniel Hechter）、艾玛纽尔·康（Emmanuelle Kahn）、让·夏尔·德·卡斯泰尔巴雅克（Jean-Charles de Castelbajac）以及紧随其后的索尼娅·里基尔带来了新的调性。年轻的成衣设计师，诸如克里斯蒂亚娜·百丽（Christiane Bailly）、谭·久迪切利（Tan Giudicelli）、格拉齐拉·丰塔纳（Graziella Fontana）、雅克·德拉哈耶等，为了追求高薪，像蝴蝶般轻巧地从一家公司跳到另一家公司。新型精品店，自由设计师，百货商场，奢华成衣或者高定时装屋成衣线……时尚从未像1965 ～ 1975年那样有如此巨大并且如此频繁的产业结构变化。同时，它的新面貌是由整个社会根据日常生活共同描绘的。

※

卡尔·拉格菲尔德首先选择将自己的命运与奢侈品成衣品牌蔻依（Chloé）捆绑在一起。正因为和多才多艺的卡尔·拉格菲尔德结下了长期合作关系，Chloé才得以在20世纪60年代产生与卡丹、库雷热、圣洛朗等时尚明星相媲美的媒体吸引力。其实一开始是比较低调的。慢慢地，愈战愈勇。

当卡尔·拉格菲尔德1964年加入由品牌创始人加比·阿吉翁（Gaby Aghion）领导的团队的时候，Chloé一年推出两个服装系列，都由为数不多的自由设计师设计。慢慢地，卡尔一季可以确保有10款入选了。同时，随着时间的推移，他的同事以及竞争者们渐渐地都远走高飞了。到1966年，Chloé就只剩2位设计师了：卡尔·拉格菲尔德和来自意大利的格拉齐拉·丰塔纳。他极其高产的画稿，他全方位的创造力，他源源不断的新想法，令所有人震惊。

拉格菲尔德意识到，必须让成衣充满活力，以满足年轻客户的需求。因此，他用色彩鲜艳的大胆印花来诠释这一主导思想。他充分拥抱复古运动，以诙谐的手法模仿了20世纪30年代和40年代的风格。1967年他的"远征"套装，米色羊毛华达呢配皮腰带，成为最畅销的产品。1970年，他在都市装和晚装中都推出了短款，有时在透明的花瓣状短裙内搭配有稚朴印花图案的真丝兜兜裤。

1971年他将装饰艺术风格的图像用三原色印在黑色真丝上，从而引起广泛讨论。他弃用衬里和不缝卷边的做法引起媒体的注意。1972年没有衬里的真丝连衣裙和内嵌松紧腰带的冬款服装，1974年的毛边处理，1975年的乔其纱长裙和宽肩肥袖的夹克，1977年对棉纱蕾丝和日装多米诺袍❶的重新演绎，都广受好评。

1978年，他以马列维奇❷的作品为灵感，设计了印花和刺绣。服装都包得很严实，从魁梧的肩开始包裹下来，还有很多巧妙的细节。开衩抹胸晚礼服露出一条裹着黑丝袜的美腿，晚礼服和粗毛线衫上都能看到夸张的首饰。1979年，拉格菲尔德用近乎翅膀的曲线效果塑造"飞升"的廓型，再配以巨大的帽子，如光环一般映衬着脸。面对它们所呈现出的宗教感，他用黑白套装和粗棱纹痰盂领针织衫进行中和。1980年，他选用的冬季蓝、石榴红、绿色和亮片或蕾丝抹胸直身晚礼服一样，恰到好处。

1981年，他用"双层"线条展现面料的轻盈，半身裙内搭宽松长裤，腰间系一根消防员皮带。1982年，无论是短款还是长款服装上，都有非常迷人的图案，夹克为基本款，袖窿巨大，在手腕上方逐渐缩小。1983年，他用一些有趣的细节，给那些宽肩利落的廓型

---

❶ 化装舞会上穿的一种前开襟的带帽宽大长袍。——译者注

❷ 卡西米尔·塞文洛维奇·马列维奇（Kazimir Severinovich Malevich，1878年2月11日～1935年5月15日），俄国几何抽象派画家，曾参与起草俄国未来主义艺术家宣言。代表作《手足病医生在浴室》《无物象的世界》。——译者注

增添了活力，并用马鞍形的袖窿柔和了线条。在Chloé期间，剪刀和画笔在拉格菲尔德手中就像是达达尼昂❶手中的剑，以至于1984年吉·保兰（Guy Paulin）接任后，很难达到同样的高度。

但是Chloé只是他众多业务之一，因为他还同时和几个品牌签了自由设计师合同。事实上，多年来，超级卡尔已经逐渐成为多个与他合作的品牌的分身。他在各个品牌之间跳着华丽的华尔兹：为Timwear、Krizia、Ballantine、Cadette、Carel、Charles Jourdan等品牌设计粗毛线衫，为Mario Valentino、Fendi设计鞋子，为Monsieur Z设计人造皮草服装，为Helanca de Gadging设计针织连衣裙，为Neyret设计手套，同时还为Chavanoz纱线厂和其他合成纤维、天然纤维公司提供咨询服务。他的影响渗透到了时尚的各个层面。没有一种固定的拉格菲尔德风格，而是千变万化，他的工作特点是挖掘品牌的历史，打造品牌的整体形象。

拉格菲尔德后来说："时尚和服装已经刻在我的基因里了。对我来说，它们就像呼吸一样，不需要思考。我什么都不知道，我觉得这样很好，我很喜欢变化，我喜欢先破后立。我就是一个雇佣兵，我很适合这样的角色，我觉得这样很好。时尚在人们眼中的槽点，恰恰都是我喜欢它的原因。这应该跟我的天性有关。对我而言，我感到非常幸运。当有人把我当作是艺术家的时候，我得说，我不是艺术家，我只是一个做服装系列的人。"

多年来，他喜欢将自己的精力投入其他品牌中，为那些从不属于他的公司、从不显示他名字的品牌设计数不胜数的时尚产品。《先驱论坛报》的推测不无道理："可能是，当他为别人创作的时候，感觉更加自在。"

这个永远戴着墨镜的男人穿着时髦而有格调。他像真正的艺术总监一样，涉足各个领域。从最初的草图到最后发布会的媒体宣传。他将组成时尚产业链的各个环节都平衡得非常好。他敏锐的洞察力

---

❶ d'Artagnan，《三个火枪手》中的主角，法国波旁王朝时期军人，侍奉于路易十三。——译者注

独领风骚。没有人能像他那样有条不紊地精准地营造气氛。他永不知疲倦，全速消化吸收的信息，通过阅读书籍和时尚杂志不断丰富自己的图像记忆。他的创造力有一个特点，就是它通常必须受到外部资源的激发而产生。他的天赋在于善于观察、吸收和重新创造，而且还能准确地知道新风格即将到来的时刻。这既是一个真正的创意过程，也是一种强烈的变革需求：这正是时尚本质。改变是他生命的动力。

在私生活方面，非常具有普鲁斯特格调的花花公子雅克·德·巴舍尔进入了他的生活。"他是给我带来最多快乐的人，"拉格菲尔德回忆道，"我们是通过我一个朋友的姐姐，在1971年相识的。我非常喜欢他的那种洒脱，和近乎犬儒主义的胸无大志。他是个不学无术的人。'我应该会英年早逝，'他说，'那我干吗还要活得那么累呢？'"他送他一套位于圣叙尔皮斯（Saint-Sulpice）广场的豪华公寓，留起了黑色络腮胡，并且迷恋起了单片眼镜。这是一个全新的形象，因为他已经决定放弃他的塑形计划了，他回忆说："20世纪70年代初，我去健身房健身，我突然觉得，我对这件事厌烦得要命，我就停了。于是我的体重显然又增加了。我就发明了一种服装叫'套穿衬衣'。那是一件非常宽大的带披肩的衬衣，穿在另一件衬衣外。我把披巾和衬衣叠加着穿，很多人都穿这衣服。杰奎琳·奥纳西斯❶、朱利安·克莱克❷，那时候大家都穿我的设计。然后突然有一天，我就厌倦了这种波希米亚造型，以及所有这些即兴创作。我想要去米兰的卡拉切尼（Caraceni）❸。在那里，他们为我做了非常精致奢华的服装。那时候我得有80公斤。我朋友雅克·德·巴舍尔也在Caraceni定制服装。他看起来有一种颓废的优雅，造型非

---

❶ Jackie Onassis，前美国第一夫人杰奎琳·肯尼迪。她于1968年10月20日嫁给了希腊船王亚里士多德·奥纳西斯。——译者注

❷ Julien Clerc，本名保罗·阿兰·勒克莱尔（Paul Alain Leclerc），出生于1947年10月4日。法国歌唱家和音乐人。——译者注

❸ 发源于罗马而在米兰成名的世界顶级西服品牌。——译者注

常经典。我就没那么经典。"

当拉格菲尔德准备推出"Chloé"香水的时候，他同时在莫尔比昂省（Morbihan）给自己置办了一处庄园：佩诺艾特（Penhoët）城堡，距离瓦纳（Vannes）30公里。那些对这位设计师含着金汤匙出生的波希米亚贵族风童年表示怀疑的人可以闭嘴了！1973年底，突然横生枝节：伊夫·圣洛朗和雅克·德·巴舍尔勾搭上了。奥兰人试图劝说他为了自己离开拉格菲尔德。最终，德·巴舍尔还是回到了德国人的怀抱中，再也没有朝三暮四。

1975年，卡尔·拉格菲尔德成立了自己的公司。"Chloé"香水在美国的发行是一个很好的打造他个人形象的媒体宣传机会。在安迪·沃霍尔的故乡，拉格菲尔德如鱼得水。他口若悬河，总能从一个关于金发女郎的玩笑话毫无违和地讲到无声电影的光辉岁月。他既会引经据典，也会说一些不上台面的双关语。在他口若悬河的滔滔不绝之中夹杂着一些褒扬和一些充满恶意的评价，经常让他的对话者疲于应付却又兴奋不已。他语速极快，举止优雅。如果他手头有一叠纸，他会边说边画。"卡尔体系"正在形成，低马尾、墨镜、扇子成了他的标志。

※

很快，他作为自由设计师[1]为二十多条产品线设计所得的丰厚佣金，让他搬到了大学路的索耶科特（Soyecourt）公馆的侧翼。他开始收藏一些非常著名的家具。对美的深爱也早已刻进了他的基因。他是一个经验丰富的艺术收藏家，也是一个行家，特别喜欢装饰艺术和当代艺术。他家里的书架都在艺术书籍的重压下垮了。他旺盛的好奇心让他沉醉于不同时期的艺术风格，但是他最爱的还是两个

---

[1] 1977年，他为巴黎的 Chloé 和罗马的 Fendi 设计，在日本他卖了 30 个 Karl Lagefeld 授权经营许可，为美国的内衣品牌 Ève Stillman 设计，还为墨镜品牌和 Hutschenreuter 陶瓷系列设计。他还以匿名的方式为很多品牌设计。

时期：18世纪的好品味和20世纪的装饰艺术。顺着他内心的欲望和热爱，这位超级活跃的美物爱好者慢慢建立起自己的收藏，然后又在一些大型拍卖活动中将它们卖出去，其中有的还能免除他的纳税义务。

同样，卡尔·拉格菲尔德一生中先后收集了不下30座房子，其中一座位于塞纳河畔梅镇，是从女演员勒内·圣西尔手中购得，之后又转手卖给了卡罗琳·德·汉诺威❶。"我喜欢获取、寻找、收集，但是并不喜欢占有。当我买一件东西的时候，我已经在想下一次要买什么了。有时候，完全是冲动购买，甚至有些房子我从来没住过。从本质上来说，我只需要一张舒适的床，因为我每晚要睡7小时，然后还有一张画画的桌子。这就够了。"

报纸上刊登了他的照片，他在家里穿着一件珊瑚红和绿色的中国丝绸外套，非常18世纪的风格。他外形看起来有些古怪，但是他作品中丝毫不见怪诞。他清楚地说出了自己的信条："我对自己的作品从来不觉得满意。我生活在一种永不满足之中。我想这是能把事情做好的秘诀。努力工作是主流思想。在奢侈品领域，主流思想是自由精神和独立，而这是绝对的大逆不道。我在这里是为了继续干，而不是因为已经做完了。我永远不会停止。这就好像我发现自己在一间很多窗户都打开的房间里。但是，我觉得自己很懒，您知道吗。而且我无法改变自己，这是我与生俱来的。我对未来一无所知，从来都没有。"

他有钢铁的意志，有德国实业家勤奋和吃苦耐劳的一面，非常像乐队指挥。他承认自己的自负，但是对于阵发性的自恋还是保持了警惕。他说："我很喜欢幻象、想法，但是我不太喜欢现实。我对自己做的东西有想法，但是我总是很害怕给它们贴标签。在这个行业，有想法就要把它抓住，并且做出来。凭直觉做。我不是个做市场营销的人，我就是将我想到的画出来并且希望它能恰到好处的

---

❶ Caroline de Hanovre，出生于1957年1月23日，摩纳哥王室公主，汉诺威王国后裔恩斯特·奥古斯特五世的妻子。——译者注

人。我不太喜欢给自己提太多问题，因为我太容易找到答案了。一件事刺激另一件事。我们不能把指挥塔拆分开，它们应该在同一座塔里。我是一个脑力举重运动员，就像其他肌肉一样，我的脑子自己工作。"

他虽然懒，但是却非常自律，絮絮叨叨，同时做事认真，但是却喜欢在紧急状态下工作："我差不多是个完美主义者，但是还好，每次发布会都有最后期限。"

❄

他最早的合作者之一就是Fendi公司。他从1965年开始就为他们设计服装系列了，和品牌创始人阿黛尔（Adèle）的5个女儿相处融洽。他为她们设计的思路是，让皮草进入日常着装领域，他设计了一些点缀着水貂皮的牛仔外套，用皮草做里衬的防水运动衣。1969年，他推出了一条皮革和配饰线，带有品牌的家族双F标识。如今❶，拉格菲尔德继续在皮草领域进行创新，使之与高定时装和科技创新相结合。穿孔技术的运用使大衣变得更加轻盈，点彩工艺让松鼠和白鼬皮的色调变得更加丰富有层次。他给皮草带来了翻天覆地的变化，在锐意创新和吸引名流贵胄方面找到了很好的平衡点。

当他被问及这个问题的时候，他的回答颇为离经叛道："时尚既不道德，也非不道德，它的产生是为了鼓舞士气。所以，当有人说不应该使用动物皮草的时候，我总是会反问：您是不是已经富有到可以去补贴那些居住在北极地带、以狩猎为生的人了呢？不然的话，您希望他们靠什么生存？我的职业，讲的是唯美主义，而不是伦理道德。"

1977～1978年，雅克·德·巴舍尔组织了多场流光溢彩的晚会和舞会，旨在将卡尔·拉格菲尔德打造成媒体红人、社会名流。这些招待会都在已经成为夜总会圣地的宫殿剧院（Le Palace）举办，或者在蒙特伊（Montreuil）的超大舞厅蓝手（La Main Bleue）中举行。杂志的报道让人们对他的这些威尼斯风格的派对印象深刻，照片中用墨镜隐藏视线、身穿侯爵服装的他那么与众不同。在这些酒精泛滥的夜晚，这位设计师总是唯一一个保持清醒的人。他不喝酒，不抽烟，没有任何不良嗜好。在卡尔那一桌，大家嬉笑，玩乐，斗嘴。他口才出众，反应敏捷，总能对答如流，在完全自由的对话中，他总能随时随地地夹枪带棍，或者引经据典。他几乎无法抵抗毒舌攻击带来的快感。

与此相对的是，这个男人也很善于隐藏自己内心的悲伤。1978年他母亲去世，享年82岁。他没有参加她的葬礼，也没有参加他父亲的葬礼。他化悲痛为食欲，结果让自己变得过分肥胖。

工作也是一个温柔的避难所。根据《女装日报》（*Women's Wear Daily*）报道，他的年收入达到350万美元。这样我们就更能理解为什么他把摩纳哥的公寓作为最爱的住地了，这样可以减少在法国的税单。

❀

20世纪80年代，是属于拉格菲尔德的荣耀的10年。有些时尚明星失去了光彩，而他似乎变得更加自信，更有创新力。1982年9月15日，在经过了无数次谈判之后，他被当作救世主请到了Chanel。这个知名品牌的拥有者❶终于决定打开窗户，让时代的新鲜空气为时装屋补充氧气。命运之绳被交到了德国人卡尔·拉格菲尔德手中。这是一个明智的决定，他是面料肌理的造物主，是穿衣打扮和扇子的魔术师，同时他和可可本人一样，喜欢抛出格言金句。他们有很多相似的地方，都以时尚作为表达方式，都有极致的巴黎腔调，都思维敏捷，言辞犀利。这个扎着马尾的男人让Chanel风格适应一季又一季的变化，根据时代精神对它进行再设计，极力从品牌传统中

---

❶ 可可·香奈儿于1971年1月10日去世。

挖掘元素，融入他的色彩，他的幽默，不断演变但是绝不丢失本性。这将会带来全球性的成功。

有传言说，他的合同是100万美元一年❶。他并没有因此而失去理智，品尝着重新回到高级定制时装的喜悦，并把伊内丝·德拉弗拉桑热（Inès de La Fressange）打造为明星模特。拉格菲尔德突然成为全球都关注的对象了。他有很好的文化修养，辛辣的幽默，多才多艺，这一切都将保证他从此盛名不衰。同样，他设计的服装系列也让Chanel始终处于时尚领头羊的地位。在他出色的领导下，品牌就像凤凰涅槃重生，在国际上占领了主导地位。拉格菲尔德的天才之笔在于，将更加年轻时髦的元素融入了产品，从而吸引更大的客户群体，同时又兼顾稍微年长的客户市场，维护她们心中Chanel品牌所代表的完美品质和低调奢华。

在他掌权之初，他抓住了品牌几个标志性的单品：粗花呢套装、珍珠项链、绗缝包、双色浅口皮鞋，并以自己的方式加以大力改造。他设计了一系列美轮美奂的晚礼服，黑色面料上的图案，灵感来自康邦街可可公寓里的乌木屏风。以1920年低腰裙风格为灵感设计的连衣裙更加贴身，刻意展露身材，裙子上布满了刺绣和珍珠饰品，描绘出异国风情的山茶花、叶子和其他东方符号：非常纯正的可可的元素，但是使用卡尔的方式去表现。围绕着标志性的"小黑裙"，拉格菲尔德有满脑子的新想法：雪纺纱、蕾丝、绢纱层叠、刺绣、珠片，将小黑裙演绎成更符合时代精神的新版本。他同样玩转Chanel式的巴洛克风格，华美的外套上，是由勒萨热刺绣工坊绣的各种图案，灵感来自摄政时期五斗橱、布勒家具❷、洛可可装饰风格、萨伏纳里地毯❸等的图案，外套里穿着非常简单的层叠雪纺纱裙。

---

❶ 现在传说他的收入一个服装系列是100万美元，而且他签的是终身合同。

❷ Boulle，安德烈·查尔斯·布勒（André Charles Boulle），1642年11月11日～1732年2月29日。路易十四时期法国最著名的家具设计制造大师，特别擅长镶嵌工艺，被称为家具界的珠宝设计师。——译者注

❸ Savonneries，17世纪奉法国王室命令在巴黎沙伊洛特—加龙省建立的萨伏纳里工场。当时生产的裁绒毯供王室使用或作为皇家赠品。——译者注

❦

　　但是一季一季的创作中，拉格菲尔德并不满足于怀旧。他非常善于将过去、现在和未来巧妙地编织在一起。他就是这样，为著名的Chanel套装带来了无限可能。他会微调它们的比例，尝试一些奇妙的面料，将它解构然后重塑。在他再设计的版本中，迷你半身裙的折边可以是用塑料彩线编结绳镶边的；半身裙可能是用香奈儿小姐自己确认过的传统的粗花呢制作的，但是面料的切口被拆成了毛边，并且不做卷边处理。他将套装的夹克拉长变成收腰上衣，显得更加轻快，在水手贝雷帽上加了西班牙头纱或者短面纱，用天鹅绒斯宾塞式上衣搭配红色苏格兰格子粗呢裙，或者黑色尚蒂伊蕾丝短裤。

　　拉格菲尔德自己曾说："我所做的，可可可能会厌恶。品牌标签是有自己的形象的，我的指责就在于让它与时俱进。我会做她永远也不会去做的东西。对我来说，Chanel就像是隐约。一共有这么多音符，您要用它们来创作另一首乐曲。"他总是对变化充满了好奇和探索的欲望，所以从来不会显得过于尊重；就像他自己说的："绝对的尊敬，对创意来说，是致命的。"

　　虽然与香奈儿小姐的典型风格——简单、朴素、优雅——相去甚远，但是每一个新系列都保留了足够多她的标志性元素（双C纽扣、绗缝、山茶花、金色链条），让品牌展现出一种更现代的表达方式，走秀的时候，模特们头顶珍珠发髻，戴着巨大的手镯，拿着只能放粉扑和手绢的小手袋。拉格菲尔德既能设计饰有小珍珠的肉色薄纱裙或者刺绣荧光粉粗毛呢长袖开衫，也能设计因为朦胧暧昧的领口造型而显得波浪起伏的线条，或者利用丽兹和比亚里茨的韵脚，创作出荧光珠片的冲浪外套，金色纽扣的连体裤，饰有巨大糖果蝴蝶结的短睡衣。

　　"Chanel品牌的基本理念是为时代女性设计服装，"拉格菲尔德强调，"在高级定制时装中，我喜欢的是它极致精湛的制作工艺。大家也许看不出来，但是对于内行的眼睛来说，一目了然。这些服装是为极少数尊贵名流贵胄创作的，它们必须现代而优雅精致，才能配得上它令人咋舌的价格。今天，客人们穿着牛仔裤，但是搭配的外套却饰着精美的缎带、繁复的刺绣和夸张的纽扣。这些细节对于成衣的价格来说是无法企及的，这也正是高级定制时装的精髓。"

特别是，他组织的品牌声势浩大的时装秀——绝大多数都在大皇宫举行——都获得了巨大的成功，每场秀就像是真正的情景演出，现场图片很快就会流传到全世界。时装秀会在互联网播放，通过图片分享社交网站直播："上相"已经成为产品非常重要的品质了。时尚短片大获全胜。互联网及其社交平台构成了一个棱镜，进一步增强了时尚影像的冲击力。

另外非常重要的一点是，要给麻木的大众带去娱乐，同时又不抹杀时尚令人向往的神秘光环，拉格菲尔德巧妙地掌握了这里微妙的平衡。他善于在推特上制造话题，比如，在大众就同性婚姻法争论不休的时候，他让两位美丽的新娘带着一个小男孩一起走秀。他犯过的唯一错误就是，1994年夏，为克劳迪娅·希弗设计了一条黑色超低领抹胸连衣裙，上面饰有从泰姬陵复制而来的阿拉伯文字，而这段文字其实出自古兰经，最后他们赶在毛拉❶发出强烈谴责之前，将这一款裙子从这个系列中删除。卡尔为此做了忏悔祷告。Chanel公司向全世界的穆斯林社群表达了歉意，并将引起公愤的产品从销售名录中删除。

卡尔·拉格菲尔德经常将自己描述为时尚机器。他的脑子就像是电脑。"他将Chanel的遗产都刻在了自己的记忆中：面对一张从卷宗中拿出来的20世纪30年代连衣裙的照片，他看一眼就能注意到，少了一条腰带。"他的一个合作者非常钦佩地说。曾陪伴了他15年的得力助手吉尔·迪福尔（Gilles Dufour）说："他可以在10分钟之内就确定一个完整系列的主题。"弗朗索瓦·勒萨热（François Lesage），刺绣之王，甚至说："他就像是一部百科全书，他可以凭记忆画出百年时尚。这就是他与众不同的基石。他从来不向破坏性

---

❶ 某些地区穆斯林对伊斯兰教学者的尊称。——译者注

和颓废文化的流行趋势妥协。"

　　他在 Chanel 的工作室里充满了创意因子，工作节奏相当快，但是卡尔·拉格菲尔德从不会因为与"创作"相关的压力而烦恼。空气中从来没有悲伤的气氛。他情感从不外露，也没有捉摸不定的歇斯底里！他用老派的方式工作，自己亲手画每一款服装。他说："如果不能在30秒内回答一个技术问题，那就应该改行。我非常感恩工坊的那些工匠们，没有她们，我什么都不是。我给出的图纸都是经过筛选的，其他的都进了垃圾桶。我的创作有时是顺产，有时会早产，还有些时候需要剖腹产。"但是他不会因此而打扰到其他人，到了约定的时间，设计图就都好了："我很幸运，我画的款式图我的工艺师们都能看懂，包括那些细节的工艺。"当每场秀结束，大家庆祝的时候，他说："还有下一个！"他总是看向未来。

⚜

　　拉格菲尔德非凡的精力令人震撼。他永不停止地工作，数不尽的合约，马不停蹄地旅行，公司装修，摄影，他的出版社，在媒体上的频繁亮相，旺盛的生产力，全面的业务活动……似乎没有什么能让他的创作力、工作能力和异于常人的耐力衰竭。他是否通过这种不知疲倦的工作，来减轻他的朋友雅克·德·巴舍尔在1989年因艾滋病离世带来的冲击，并且隐藏自己的悲伤呢？他保持情绪内敛，从不在人前流泪。

　　卡尔·拉格菲尔德的生活被一种必然的孤独和理性的控制所支配。这是一种奢华的禁欲主义。如果要定义拉格菲尔德典型的一天，一切得从早上8点说起，他从位于伏尔泰码头的未来风公寓醒来。他每天晚上都非常准时地睡7个小时的安稳觉。他穿上一件在巴黎仙狄仕金定制的"帝国府绸"白色睡袍。

　　他起床后的第一件事就是吃早餐。他的营养师为他准备了两种蛋白质饮品：一种是无糖巧克力味的，另一种是熟蒸苹果味的。他从不喝热的东西，因为他不喜欢热饮。奇怪的是，他从起床到睡觉的那一刻都喝零度可乐。他甚至可以在半夜喝一瓶，但这并不妨碍他睡觉。

接着，卡尔·拉格菲尔德用"诺巴菌（Nobacter）"慕斯剃须，用同一个牌子的肥皂洗澡。他对细菌的恐惧是众所周知的。而且他的这种恐惧和可可·香奈儿本人可以说是一脉相承。洗脸用的是希思黎（Sisley）的百合洁肤乳（Lyslait），最后终于挽回了面子——他用Chanel的"魅力男士运动（Allure Sport）"须后水做收尾。他经常换香水。他公开说过他最喜欢的那几款香水："我的第一款香水是罗莎（Rochas）的'胡须（Moustache）'。之后，我有很长一段时间都比较偏爱雅克·法特的'绿水（Green Water）'和'灰鸢尾（Iris Gris）'，我很喜欢在上午喷它们。"他也会优先考虑自己开发的香水："我的第一款香水是1978年推出的'经典（Classic）'。在之后的两到三年里，它一直都是卖得最好的男士香水。最后我对它厌倦了，因为我自己也喷这款香水，我受够了闻到全世界都是我的味道。不管怎样，一定要不停地换香水，否则您的嗅觉会变迟钝。我的话，我一直都随身带香水。我有时候一天换几次香水，我都喷在衣服上，而不是直接喷在皮肤上……"

接着他开始打理头发，因为他讨厌画画的时候头发落到脸上。它们并不是真的白色，而是浅灰色，他不喜欢这种毫无生气的颜色。于是他每天用一整罐康如（Klorane）干发免洗喷雾给头发扑粉。他经常开玩笑说自己是一个行走的烤蛋白！如果离他很近，可以看到他头发上白色的细小颗粒在一天里不断地落到他的肩上、他的桌子上甚至他边上的人身上。为了转移注意力，卡尔开玩笑地说："他们说我头上有可卡因。"马修（Mathieu）美容院的朱丽叶（Juliette）女士在很长一段时间里为他提供一周两次的头皮护理。卡尔害怕变成秃顶。

通常情况下，他希望整个上午的时间都能属于自己。每天早上，因为近视，他戴上梅罗委兹（Meyrowitz）定制眼镜，读两个多小时的报纸，法语、英语和德语的都有。他的助理塞巴斯蒂安

（Sébastien）给他带来几袋子来自柯莱特（Colette）**❶**的杂志。他翻阅杂志，看书，画画。他胡思乱想，这对于寻找灵感很重要。他画画要用塞纳利耶（Sennelier）店里卖的带颗粒的画纸，因为光滑的纸不适合他的画画技巧。他用植村秀（Shu Uemura）的化妆品，因为其他厂商不能提供符合他标准的漂亮颜色。画着画着，他的睡袍变成了画家的外套。只能送去洗衣房了。于是他换上一件仙狄仕金的白色提花和服式晨衣。

12点了，神圣的沐浴时间到了。他在浴缸中倒入一整瓶植村秀的"日式沐浴乐趣（Pleasure of Japanese Bath）"沐浴液。很快，它的柠檬、鸢尾和苹果花香弥漫在整间公寓里。接着他不吃午餐，而是快速地吃一些点心。他严格遵循著名的让·克洛德·胡德雷（Jean-Claude Houdret）博士的建议，一直生活在"不饱腹"状态中。他吃全麦面包、一点白肉、很多鱼和水果（苹果、梨、芒果、菠萝）。但是，他在两餐之间不再吃任何东西，包括糖、奶酪、巧克力、蛋糕**❷**，他对这些不再有念想。但这对请他去家里吃饭的人来说是多么烦人！

下午出门，卡尔有两个司机……在路上，他不厌其烦地欣赏着巴黎。有时会绕道去他最爱的书店加利尼亚尼（Galignani），或者他自己的7L书店。他对书有种永不满足的欲望，自己收藏了大约30万册。"阅读是我生命中最奢侈的事，也是让我最快乐的事。"他满怀

---

❶ 巴黎柯莱特时尚店 （Colette）1997年成立，于2017年12月20日正式关停其线上与线下业务。曾被誉为是世界上最好的时尚买手店。——译者注

❷ 拉格菲尔德神奇的饮食减肥法令全世界惊艳。自玛丽亚·卡拉斯（Maria Callas）之后，没有人取得过如此大的成功。在严格执行严苛的饮食制度十三个月后，他终于可以穿上Dior男装设计师艾迪·斯理曼（Hedi Slimane）设计的衣服了。穿这些紧身的新衣服的理想体重是多少？1.80米60公斤。拉格菲尔德自豪地炫耀完美身材。从此，再见了，用来遮掩他雕肿的脸的扇子。在他64岁之际，减重42公斤的设计师扎着马尾辫，穿着迪赛（Diesel）的修身夹克和牛仔裤，在与他的营养大师让·克洛德·胡德雷博士乘胜追击，联手撰写的《最佳饮食方案》一书中，讲述他的减肥历程。

热情地说，"法语、英语、德语的书我都读。每一种语言都会给我带来对世界的不同看法。使用三种语言会带来一种奇怪的感觉。当我用其中任一语言讲话的时候，我的个性都是不同的。就好像我有三种不同的生活。这就像是一场游戏。我不止有一种人格，我有三种。"

然后，终于姗姗来迟地到达了康邦街的Chanel。顶楼的工坊里，大家都得到消息，知道"大师"到了。这位设计师这样安排时间因为他希望他的首席工匠们白天可以在车间里和裁缝们待在一起工作："如果她们和我一起待在工作室里，她们将无法监控制衣工作。"他说，"我每天在那里从下午5点待到晚上8点或者8点半。我工作效率很高很有条理。我画图的方式，我工作的方式是这样的：我更喜欢在晚上、上午和周末完成我的工作，然后通过苹果手机发给相关人员。"拉格菲尔德的态度很轻松。

但是在发布会前，他喜欢花更长时间在这个嗡嗡作响忙忙碌碌的蜂巢里坐镇。他仔细审视每一个模特，做最后的检查。他敞开一件外套，合上一只口袋，抬高一个领子，确认一件毛衣的长度到手的高度的位置。什么都躲不开他的眼睛。他站起身，转一圈看。他用超音速快速地解决各种问题和细节……他的工作室就像是一间编辑室。有Chanel的工作团队在，他做起事来易如反掌。"首席工匠非常重要。所有的设计图都能做出来，但是如果做不好，那就一文不值。"大师娓娓道来："这就像是一个家庭，一切都与利益无关。如果他们在这儿，是因为他们想在这里。所有这些都是我生活布景中的一部分，而非我的生活本身就是布景，这就像是一场舞台剧中的场景。这是一个多幕剧……而我的人生，有很多很多幕！"

作为一个优秀的帝王，他在自己家里像"小凡尔赛"一样的客厅里组织舞会。设计师、模特和合作伙伴们齐聚一堂，大跳探戈和恰恰舞，而他在乔治和罗西（Georges et Rosy）学校刻苦学习之后已经取得了大师证。他会给大家送很多礼物，希望他们永远保持初心，积极配合。卡尔·拉格菲尔德总是对每个人都和颜悦色，面带微笑说着俏皮话，既像国王的弄臣，又像是个贵爵。他在的时候唯一要避免的错误：明言或者暗示自己累了。他永远不会累。

晚上9点，晚餐时间到了。他在家用餐或者去鱼子酱餐厅（Maison du caviar）享用他喜欢的鱼子酱、螃蟹和三文鱼。他避免巴黎晚餐，——虽然还是会控制不住地经常出入那些知名餐厅，更喜欢和他的爱猫舒贝特共进晚餐。对于他的宠物，他话语中充满了宠溺："她不喜欢在地上吃饭，所以我把食物放到桌上。她的餐具都是高雅德（Goyard）的，一个装水，一个装小丸子，还有一个里面是面条。给她这三个盘子，她自己选了吃，或者就甩脸色……她很聪明，非常可人，毛色漂亮极了。她让所有人惊艳，那些人在她面前都黯然失色。"总之，这是一只有盛世美颜的猫！

睡觉前，他解开马尾辫，一遍遍地梳头发，把上面的白色粉末都刷掉，然后重新扎上发圈……稍微低一点！他已经准备好过夜了。他的夜晚似乎很孤独："我很少做梦。"他说，"我的问题是放松我的注意力。因为我同时做很多事，有时脑子里会涌入太多东西……有点像喷出泡沫的香槟……"

✿

与之相对的是，拉格菲尔德的生活同时也是没有时间规律的，根据他永不知足的工作合约和巴黎、蒙特卡洛、米兰、纽约的出差行程而随时调整。他是Chanel的艺术总监，他也是营业额超7亿欧元的Fendi的设计总监，他还重振了自己的品牌❶。他还是联名品牌的拥护者，将自己的名字印在了数十种产品上。

---

❶ Karl Lagerfeld 高级成衣品牌于1984年推出，后因不够严谨的委托授权，公司于1997年倒闭了。之后品牌又经历了重启、出售，于2010年回购（通过安佰深基金 Apax Partners）。拉格菲尔德坚持自己的基本原则，没有任何投资。但他是个人品牌之王，他甚至将自己商品化成为一个漫画形象：卡尔头像的T恤（60欧），带有K标志甚至卡尔形象的配饰，假领子，外套（300欧）……所有这些都在网络销售，他的粉丝们可以在线收听卡尔推荐的音乐，通过博客随时随地关注他，采纳他的购物建议，去他爱去的地方。

　　他还能抽出时间为其他知名品牌工作：从施坦威（Steinway）钢琴到勒诺特（Lenôtre）的圣诞柴薪蛋糕，从丽派朵（Repetto）凉鞋到倍耐力（Pirelli）的日历。"每次，我都能找到一个接受它们的特别理由，"这位设计师举例说，"可口可乐，因为我是他的消费者；梅丽莎（Melissa）的鞋子，因为我想和巴西人一起工作。"接着他一本正经地说："我不是为了谋生而工作。现在，我不是在做慈善……"

　　大多数情况下，这位设计师负责所有工作，从媒体物料的制作到广告活动。他挑选模特，通常和Chanel是同一批，构思一些场景，拍照，可以连续拍摄几组。他自己也是一个完美的广告代言人。这就是为什么一些品牌请他做模特，拍摄了大众汽车的广告，或者2008年为道路安全拍摄公益广告，宣传黄马甲的使用。其他工作，他也觉得很搞笑，比如，禁吃甜食的他给梦龙冰淇淋拍了广告，用自己的名字命名巴黎VIP Room舞厅的低卡蟹肉色拉，为《小拉鲁斯词典》画插图❶。

　　这个穿着时髦的男人不会采取折中主义。有人觉得他滑稽可笑，其他人觉得他天纵奇才，他既有煽动性，又反传统，这位大人物成功地避开了批判。他在电视中努力塑造的"令人讨厌"的傲慢背后，流露出的是他清醒的自嘲。"我就是一个商品，就像汉堡红灯区的女郎一样，"他常常说。光是他的名字就会引起嘲笑或者尖酸的言论。这位奢侈品业的自由职业者是这个似乎为他量身定制的机制的主导者，也是受益者。在一个新事物瞬间赶走另一个事物的新时代，在这个必须紧跟事件步伐的"全球秀"时代，没有谁比卡尔更称得上是当之无愧的超级明星。

⽊

　　他掀起时尚世界的革命了吗？这个问题对卡尔·拉格菲尔德而

---

❶ 《挑战》（Challenges）杂志，336 期，2013 年 3 月。

言没有什么意义。他是自己的艺术作品，一件完美的高级定制时装作品，一件手工缝制的作品。

尽管他深受过去的价值观的洗礼，并且从不放弃任何提高自己修养的机会，卡尔·拉格菲尔德对当下极其热衷，用开放的态度接受各种艺术潮流和时尚风格，几乎来者不拒。他的原则是："应该适应不断变化的时代。"他做起来就像溜冰运动员一样轻巧，就像他带着幽默说："如履薄冰，就要在它破碎之前迅速通过。"

让·保罗·戈尔捷

（Jean Paul Gaultier）

当我们想起让·保罗·戈尔捷时，脑子里会涌现的画面是他锋芒毕露的演出画面，怪诞的巴黎女郎身穿带有尖锐戏谑意味的不可思议的裙子。这位巴黎土生土长的时装设计师让时尚走出了象牙塔，并给它输入了街头色彩，颠覆了美与丑、优雅与粗俗的界限。但是因为不断绕着这些画面转圈，——这也确实是这位设计师本人一直维持的形象，我们几乎忽略了，从裁剪的精确度和速度来说，他是巴黎最好的裁缝之一，可以非常稳健地画出一件完美的吸烟装，在模特身上雕刻针织面料的褶皱线条，制作充满想象力的如天外来客的裙子。这是因为他完全掌握了工艺技术和服装史，他可以将男性和女性服装都进行再演绎，将不同的流行趋势、时间、功能融合在一起，无视那些腐朽陈见，按照自己的想法改变它们。

当然，"可怕的顽童"的标签和他如影随形。难分类，管不住，反传统。他太喜欢颠覆时尚及常规，从中得到见习巫师的破坏乐趣。所以，他手中的高级定制时装必然会成为众说纷纭的对象：他让高定时装尝尽了各种滋味。他不断地用自己的创造力奏出格格不入的音调，设计出那些大胆穿越时代、印下大众记忆的服装：超级明星海魂衫，黑色锥胸连衣裙，肉色绸缎紧身胸衣，穿裙子的男人和穿背带西装裤套装的女人，精美的身体穿孔和文身。

❦

　　他的所有故事从巴黎近郊的阿尔克伊（Arcueil）开始，带着黑白电影的色调。让·保罗·戈尔捷于 1952 年 4 月 24 日出生于拉斯帕伊（Raspail）廉租房的小公寓中，他是索朗热（Solange）和保罗·戈尔捷（Paul Gaultier）夫妇的第一个也是唯一的孩子。出身贫寒，但是这个男孩重新包装了自己的身世。"那段时间，"他说，"我说了很多谎言。我父亲只是个会计员，但是我说他是会计主任。后来，我还把他提升为注册会计师了。我母亲是阿尔克伊信托局餐厅的收银员。我不可能承认她是在餐厅工作的，所以我就只是说，她在信托局工作。"

　　在他深受保护的童年，对这个淘气的孩子而言，相较于踢足球或者他为数不多的小伙伴——其中就有未来的小说家让·特雷（Jean Teulé），他更喜欢待在他奶奶加拉贝（Garabé）位于巴斯特（Pasteur）路上的公寓里。她是护士，有点像美容师和磁疗师。她为女邻居们打针，洗头，或用纸牌算命，因人而异。同时总有很多秘密的交换，而电视永远都开着。小让·保罗很喜欢在她的候诊厅里晃悠，认真观察这里来来往往的女性。

　　待在这个都是女性的港湾里，他觉得很幸福，他花很多时间画画，看漫画书，大吃薯片，看《法国周日》（France-Dimanche）杂志的头条新闻。在米粉的香气、脂粉的怪味和洗甲水的气味中，他专心致志地为娜娜（Nana）——他的小熊，也是他的第一个模特——化妆或者乔装改扮。他可能也梦想着能和他表妹一样，拥有一只贝拉（Bella）娃娃吧。他在黛西·德·加拉尔（Daisy de Galard）担任制片的系列电视节目《叮当咚》（Dim Dam Dom），比利时法比奥拉王后（Fabiola）的婚礼，加莱特磨坊（Moulin de la Galette）餐厅拍摄的直播节目《温柔年代和木头脑袋》（Âge tendre et tête de bois）中得到安慰。他还有一个爱好，就是看《法国周刊》上插画家基拉兹（Kiraz）画的巴黎女郎，然后用铅笔临摹。

❋

　　一天晚上，他在本地新闻中看到了不朽女神米舍利娜·桑德雷尔（Micheline Sandrel）出演的新剧《女神游乐厅》（*Folies-Bergère*）的转播，赞叹不已。第二天，在教室里，他在本子上随手画着穿着长筒网袜的肉嘟嘟的女孩。这就是一个雷内·格吕奥。他被老师玛丽·伊冯娜·帕特里（Marie-Yvonne Paîtry）发现了，并且决定惩罚他，用大头针将他的画别在他背后。这使得被他的直男同学们称为"姑娘"的他重新获得了尊重。这些非常性感的画很受欢迎。它们的作者是否知道，他只有坚持这条道路，才能彰显自己的与众不同？

　　12岁的时候，他看了一部电影，由雅克·贝克（Jacques Becker）执导，米舍利娜·普雷斯尔（Micheline Presle）主演的《荷叶边》（*Falbalas*），影片塑造了一位性格反复无常的时装设计师的灵感缪斯，其中还会时不时地出现由马塞尔·罗莎设计的时装。这部电影给了他一个明确的职业方向：成为高定时装设计师。

　　他的学业并不出色：留了两次级，最后读到高二就辍学了。显然，他只对高定时装感兴趣，他阅读《时装花园》（*Jardin des modes*）杂志丰富自己的服装史知识，并使整个行业都看到了他画的那些小人儿。他出色的画稿甚至出现在Dior的设计师马克·博昂的办公桌上，他的作品吸引了设计师的注意，但是工坊里没有可以给他的职位了。让·保罗并不气馁，而是继续向另外27间高定时装屋寄去他那些画满了彩色草图的画本。

　　他的坚持得到了回报：皮尔·卡丹于1970年4月24日在博沃广场约见了他。这位充满创造力的业余爱好者的画本能让他喜欢，已经是一个小小的奇迹。刚满18岁的他被雇为设计师，每周工作四个下午，月薪为500法郎。还有什么比这个威尼斯人这里更好的学习现代主义的学校呢！

　　"他是一个非常有礼貌、风趣和令人愉快的男孩，"卡丹回忆道，"在他最初的那些画稿中就已经显露出他的与众不同。让·保罗有很强的个性，很多的想法。他善于再演绎，循环利用，但是从不抄袭。

他有真正的创新意识，而且不怕过于大胆。在我这儿，有时候得提醒他，现在是在为 Cardin 设计，而不是 Gaultier ！他给我看了一些非常有趣的设计，比如犬类太空服——为宠物狗设计的无性别连体衣，甚至还有两人共穿的新娘装。我的工坊里没有任何约束，这为他插上了翅膀，也让他知道，他的时尚会有人喜欢的。"

戈尔捷在创新的最前沿：卡丹教他在日常生活的场景中寻找灵感，而不需要一直依靠文化参照。这个年轻人就像海绵一样，吸收一切。他储备知识技能、实验、学习，为未来做准备。每天都有新的挑战。卡丹，他的良师益友，打开了他的眼界，为他指明了道路。他的个性中有很强的艺人特质。然而，威尼斯人还是要和他分开了。于是让·保罗在 1971 年到雅克·埃斯特雷尔（Jacques Esterel）公司做设计师，但是他在那里并没有学到什么。

真正的机会出现在 1972 年，他在 Patou 公司得到了工艺助理的职务。他在设计师米歇尔·葛马身边工作。严谨的高级定制时装的格调就像是枷锁一样。所有的一切都让他想起了电影《荷叶边》。但是当继任者安杰洛·塔拉齐来到圣弗洛伦丁路后，气氛变得更加凝重了。他每天都在那里整天整天的裁剪，拆线，修剪，但是他时常觉得自己没用。他与这个冰冷的世界格格不入，努力与对这间僵化的公司的畏惧和解。他与长相颇具莫迪利安尼风格、雌雄难辨的棕发斯拉夫模特安娜·波洛夫斯基（Anna Pawlovski）互相安慰，两人也因此成为最好的朋友。

让·保罗·戈尔捷大胆地开启自由设计师之路，和依芙德伦（Yves Delorme）、Philippe Lelong 合作，甚至为保罗·罗森伯格（Paul Rotenberg）设计皮草服装。很快，卡丹就再次联系他了，推荐他去自己在马尼拉新开的公司做设计师。1974 ~ 1975 年，让·保罗·戈尔捷距离国际化非常近了。他甚至曾为脾气火暴的伊梅尔达·马科斯❶设计过服装。这些经验都让他学会了精湛的缝纫工艺，面料、色

---

❶　Imelda Marcos，1929 年 7 月 2 日出生。菲律宾前总统费迪南德·马科斯的妻子，她本人也有较高政治地位，在政坛有"铁蝴蝶"的称号。——译者注

彩、首饰搭配技巧。但是他太想念法国了，所以很快就回到了巴黎。

❦

连续5年先后在Cartin、Esterel和Patou公司丰富的工作经验，使得让·保罗·戈尔捷开始憧憬创立自己的品牌，留下自己的痕迹。对他来说，这是一个非常利好的时代：时尚正朝着有利于年轻设计师的方向改变。他们觉得高定时装太过于精英主义了，于是举起战斧，用价格更加亲民的服装与之对抗。新的造型更适合现代生活的需求。材料有时非常反传统，甚至那些橡胶、合成纤维、防水油布，都被用来装点夜色下的美人。一股让人无法抗拒的新风扑面而来，其中的主力军有蒂埃里·穆勒、让·夏尔·德·卡斯泰尔巴雅克、三宅一生、高田贤三、克洛德·蒙塔纳（Claude Montana）、米歇尔·克莱因（Michel Klein），还有阿根廷双人组巴勃罗与迪丽雅（Pablo et Delia）。他们宣扬反高定，让·保罗太爱这些了。多次在伦敦的长期逗留，让他更加坚信，法国人的狭隘已经不再合时宜了。该是他登台表演的时候了，给时尚注入肾上腺素！

1975年9月，他的朋友唐纳德·波塔德（Donald Potard）人称"迪士尼"在圣米歇尔大道给他介绍了一个朋友，棕发帅哥弗朗西斯·梅努热，索邦六大朱西厄校区法律专业的大学生，同时还在设计潮流首饰。他们俩同龄。两人一见钟情，开始了一场持续15年的爱情故事。这对小情侣在弗朗索瓦一世路的一间公寓里安家了。他们是真正的灵魂伴侣，他们的关系亲密无间，坚不可摧。而且他们之间完美互补。他们的关系很像伊夫·圣洛朗和皮埃尔·贝尔热的关系，但是少了很多喧嚣和虐恋。弗朗西斯不停创作，展现了很强的野心。"他不仅是我的爱人、朋友，更是我从不妥协的顾问、我的左臂右膀，如果没有他，我可能会变得局促不安。"设计师回忆道，"直到1990年，弗朗西斯死于艾滋病。"

在我们现在讲到的这个时间点，让·保罗和弗朗西斯决定认真起草一份有说服力的方案，以入选"设计师与实业家"之列。这项行动由迪迪埃·格伦巴赫（Didier Grumbach）❶的得力助手也是缪斯安德莉•普特曼（Andrée Putman）主持，旨在推出那些代表成衣前卫思潮的人。这一行动除了展现丰满的乌托邦理想，也确实可以吸引新鲜空气，并且是对巴黎所孕育的时尚的未来的投资。但是他们并没有被"设计师与实业家"选中。这点挫折还不足以打击到决定独立发展的梅努热·戈尔捷双人组，并且他们已经找到了排除困难的妙计。

❀

  1976年11月5日，24岁的让·保罗带着自己独有的幽默和勇气开始了自己的事业。他租用了探索宫的天文馆。他事业的开始，他的这场首秀看到的人很少。因为这位天真的年轻设计师选择的发布会时间与戴着大眼镜的女设计师艾玛纽尔·康撞期了，她可是当时的明星。而他只有9位模特。他选择了褶皱家居面料，带有蓝色或石榴红图案的米色底茹伊印花布，并将其裁剪成宽大的农妇裙。做绒绣用的十字布被他用来做米色波莱罗短上衣的背部，搭配T恤和长及膝盖或脚踝的裤子，底部有三个褶裥收紧裤腿。那一年涌现的年轻设计师很多已经被遗忘——让·克洛德·德卢卡（Jean-Claude de Luca）、菲利普·德维尔（Philippe Deville）、玛丽·皮埃尔·塔塔拉齐（Marie-Pierre Tattarachi），而戈尔捷这一股后浪将继续汹涌前行。

  他们的下一场发布会没那么野心勃勃，选在了"奇迹殿堂"❷的一间演艺咖啡厅举办发布会，而这两位一贫如洗的年轻人也确实在这里创造了奇迹。那些改造成手镯的罐头盒，迷彩夹克，以及造

---

❶ Didier Grumbach，1937 年出生于巴黎。法国实业家，商人。1971 年创立设计师与实业家（Créateurs & Industriels）公司，搭建年轻设计师和实业家的平台。曾在 1998 ~ 2014 年担任法国时尚协会主席。——译者注

❷ 旧制度下，巴黎穷人和乞丐聚集的区域，即贫民窟。——译者注

型疯狂的骑行服，是对去神化的加冕。他的作品开始在精品店，尤其是位于圣日耳曼大道，隶属于日本坚山（Kashiyama）公司的名为"汽车站"的精品店中销售。这家日本集团想要推出自己的成衣产品线。时任店铺经理、后来成为他公司二把手的多米尼克·埃姆施维勒（Dominique Emschwiller）和中本良雄（Yoshio Katsuno）都很信任这个长着一张狡黠的娃娃脸的家伙。他为他们设计了一个"让·保罗·戈尔捷X汽车站"1979春夏系列，以他最爱的电影《油脂》（Grease）命名。他在竖条纹的无袖紧身T恤下加了一层层的芭蕾短纱裙，或者宽条纹的半身裙。这个系列的所有服装都被商品化销售了。

1980年4月，年轻的设计师崭露头角，推出了各种长度的金属光泽苏格兰褶裙，还有夜店风迷你连衣裙，下面也会叠穿半身裙或者长裤。在下一季马拉松式的成衣秀后，所有的时尚编辑都达成了共识。从此以后再也不会在所有服装设计师的创作中看到贯穿其中的一种主流服装流行趋势了，而是各种风格、各种审美、各种灵感源并存，百花齐放，百家争鸣。设计师们朝着各自的方向进行研究创作。戈尔捷一方面受工业伦理的影响，另外，受20世纪60年代"非服装"风格的启发，创造了穷酸的拼贴时尚，接近于直白混杂的街头审美。

对此，他解释说："服装变得彻头彻尾的政治化了，因为它不再那么突出显示穿着者所代表的社会职业类型，即相同的收入水平，而更多地彰显他们的文化归属，即相同的世界观。通过一个人拥有的服装，尤其是穿着方式，可以显示出他内心对这个世界的看法。"美学会接替失败的政治吗？

1981年春天，这位新风格的骑士用藏青色羊毛华达呢制作飞行员夹克，搭配黑腰带，白色油布做的宽大袖子，以幽默的手法用斯瓦卡拉卷毛羔皮制作褶裥领短大衣或夹克，或者是套在舞蹈灯笼短裤外的柔软靴套。1982年他有了新的制衣伙伴：意大利的捷宝（Gibo）公司为他制作机织服装，赤道（Equator）公司制作针织服装。坚山公司也继续以授权的方式生产Jean Paul Gaultier服装。

　　1982 年春，戈尔捷的别出心裁、幽默感和怀旧的诗意一样都没落下，但是嘲讽被温情所取代。他的挑衅性消融了。厌倦了继续做时尚界的可怕顽童？并不是，他对代表《世界报》前来采访他的作者埃尔韦·吉贝尔（Hervé Guibert）坦言："嘲讽是我最重要的动力之一：我很喜欢重新审视那些既定理念，摧毁那些端庄优雅的服装，同时，将那些粗俗的服装变得更加优雅。有一天，我远远地看到了一些食品罐头，心里想：这可以做成漂亮的首饰，只要把它们抛光、镀金、扔到染缸里就够了。同样，我也会选择有特色的模特。我在街上看到一个女孩看起来像一种奇怪的动物，还有点性感，她叫法里达（Farida），最终，她展现出了极强的美感。粗俗主要不是体现在外表上，而是思想和态度上。所以我的模特可以是胖的，她们有的高有的矮，她们可能胸部丰满，或者胯部特别宽。"

　　这位设计师坚持他的信条："我喜欢经典品味和它的嘲讽意味，但在我厌倦时尚里古董的一面。就像是在跳蚤市场，不惜一切代价怀旧，完全再现 1925 年或 1950 年变得荒谬。将各种风格混搭在一起，将矛盾的材料和不同时代组合在一起，这才更有趣：将高贵典雅的面料用在运动服装上或将它们变得性感，将 1925 年的回忆融入今天的造型中。我意识到我只是在将我从童年时代起接受的所有文化搅拌在一起。"

❧

　　这位刚刚完成了自己第 11 个服装系列的奢侈品业的不良少年，在他位于亨利四世码头的工坊里接受媒体采访，房间里都是他收藏的自动点唱机、弹珠机、20 世纪 60 年代的窗帘，还有衣架上挂着的他的服装作品：仿豹纹皮草，小格子派克大衣，亮片绣牛仔夹克带可拆卸燕尾，驯兽师夹克，晚装飞行员夹克。他的话思路清晰："当我设计一款服装的时候，我并不依靠抽象概念，我不想为了做艺术而做艺术。工业化生产的时尚需要可以商业化销售的产品。我试着紧贴当今时代，试着去感受那些和我一样厌烦了某些线条、某些面料的人的愿望。服装的款式也应该与其结构和装饰一致。有一些是偶得的点子：我们以为看到了一些并不存在的东西，视觉上的效果带来一个点子；试衣的时候一个失误的裁剪可能会催生一种新的袖子。同样，有些想法是在纸笔间诞生的，一条突出的线可以创作一整套服装。有时候是面料决定的：新材料带来新功能。"

他令人愉悦的创造力，秀场上展现的暴露癖，和像大猩猩般的手舞足蹈，给媒体留下了深刻的印象。1983年秋，小圆帽被当作了胸罩，但是赤裸的臀部只有蓝色的薄纱欲盖弥彰。在这里，最重要的不是服装本身，而是在于穿着它的方式，让它们垂坠的方式，用罗斯·梅尔❶风格的紧身胸衣和巨大的假发改扮它的方式。有些媒体上的标题是"费里尼❷式嘉年华"。

对于时代脉搏、图像轰炸和无所不在的信息，设计师们比以往任何时候都更加敏感。历史正在加速发展，时装设计师们正以可怕的速度前进，在丝绸、薄纱、羊毛、皮革中，保留住各大洲的异域风情。来自沙漠的女孩们从此在T台上迈出气势汹汹的大步。地理的边界在时装周中被打破了。如何在这瞬息万变的潮流中脱颖而出？要穿上最有灵魂的服装。

戈尔捷颠覆了魅力法则。在跳蚤市场风格中，他不断设计巨大的似乎要散架的衣服，有点滑稽的吉卜赛人风格，有搞笑噱头，有意想不到的搭配，显而易见的杂乱无章。他的天赋在于明白这种肆无忌惮的方式很符合他那一代人的心理。1984年春，他推出了流浪儿长裙、洗衣妇长袖襻衫和以皮草为衬里的晚装睡袍。1984年秋，他推出了一个男女同款的系列，发明了"两性同用衣橱"的概念。其中的明星单品是：低腰露肚裙裤搭配紧身短背心，或单袖不对称吸烟装外套，以单扣在髋部合拢，搭配金银丝胸衣连体裤。

---

❶ Russ Meyer，1922年3月21日～2004年9月18日。美国著名情色电影导演，擅长嘲笑道德上的刻板印象，并公然讽刺保守的美国价值观。——译者注
❷ 费德里科·费里尼（Federico Fellini），1920年1月20日出生于意大利里米尼市，意大利电影导演、编剧、制作人。费里尼作品常出现热闹的嘉年华。

1985 年春，他的秀在冬季马戏团上演，使 T 台呈现出前所未有的舞台效果。在穿插了西尔维·乔利（Sylvie Joly）和男高音歌唱家表演的这场秀中，展现了新资产阶级的形象。褶皱大衣，收腰燕尾西装，伞裙，用绗缝绸缎、羊绒印花布、东方风短流苏地毯制作的紧身连衣裙，像纱丽一样在胯部打结。他创造了令人惊叹的视错觉，闪闪发光的荷叶边，设计了天马行空的衬里。他有变魔术的技巧。

1985 年是前所未有的戈尔捷郊区小酒馆风。他刻意打造了矫揉造作的形象，让层叠的荷叶边从紧身裙的裙底和皮革抽绳围裙的背部倾泻而出……皮革与蕾丝，蕾丝与针织，紧身胸衣，交叉襟夹克，宽大的裙子和荷叶边裤子。还有一些他的经典保留作品：穿裙子的男人，毛巾裹成的缠腰长裙，闪着铜光的收腰大衣，穿着紧身褡和高筒靴的半裸美女。我们被这种肆无忌惮所征服！

1986 年春，他设计的收腰大衣下摆外扩，落在花冠形的短裙外，下穿紧身踏脚裤。接踵而至的，有垫肩宽松夹克，亮面羽绒服，直身长袍。在色调暗沉中，突然出现一件亮红色的天鹅绒大衣。异域字母、条纹织物、褪色阔条纹交替拼接。图案互相交错，重叠呈现出 MTV 的效果。

1986 年秋，他推出了球形半身裙、喇叭裙、紧身褡和胸罩连衣裙，但整体线条是骨架脆弱的修长的花美男轮廓，外穿严谨的双排扣西装。这里有各种条纹的组合，黑色和灰色和谐搭配。在搞笑方面，他的秀场上还出现了《星际迷航》中的奇妙生物，包括一位全绿的斯波克（Spock）先生，就像他拒绝营造处于病态边缘的紧张气氛。他改造了无数时髦的奢华元素，让它们更适合忙碌的职业女孩，提供低调简洁的穿着。

啊！让·保罗·戈尔捷的幽默感啊！他的 1987 年春夏系列在轻盈的门房和房东家的小侯爵中摇摆。他的女主角们包裹着雪纺纱围裙，穿上男式长裤，莱卡紧身背心勾勒出丰满圆润的胸型。男子气和女人味的服装融为一体，互相沟通。他的嘲讽如影随形，用塑料雏菊装饰泳装连衣裙，可以与埃丝特·威廉斯❶的泳帽相媲美。还设计了沙漏形的紧身褡。面对那些时尚的浮夸做作和繁复装饰——他称为"令人讨厌的玩偶"，他以自己幽默而直白的简洁予以反击。

在下一季中，戈尔捷巧妙地回到原点，四两拨千斤地改造了很多基本款：男士上装变成了海军衫、抹胸衣、大衣、连体裤。大笑过后是心领神会的眼神交流，服装不再挑衅，不再为了自我证明：它们好像就应该是这样的！ 1988年，他推出了第一个Gaulier青少年系列。这位设计师的基本款以更加亲民的价格销售，仅一季就卖出了超过45万件。

"坚定地游离于流行之外"，*Elle*杂志如此定义戈尔捷的设计语汇，丰富而混杂，他是最难一言蔽之的设计师之一。他打破了所有的准则，粉碎了所有既定的条条框框。戈尔捷超越了时尚，是一种生活方式，是穿上或者放弃一件服装的方式，无论这件衣服是否被打上JPG的标签。从巴黎到纽约，从伦敦到巴塞罗那，那些年轻的或者不那么年轻的人们都不自觉地采用戈尔捷的服装风格。而他本人也毫不介意借用别处的服装。他否认时尚是一门艺术，拒绝"创意设计师"的浮夸定义，更愿意被称为"翻译"。就像是一位精通多种语言的翻译，捕捉各种欲望，并用各种语言赋予它们真实的形态。

同样，戈尔捷也以其原创的如电影原声带一般的编曲颠覆了时装秀表演的准则。他也从未受制于超模现象，相反，他在那些明星模特中加入了风韵犹存的半老徐娘，矮小圆润的性感女郎，一些特殊群体，比如舞蹈演员、运动员、本性善良的孩子、顽劣的朋克，还有很多他在街上发现的模特……还有一些特邀明星嘉宾：卡罗琳娜·勒布❷扮演女佣，麦当娜的未婚夫扮演画报男孩，萝西·德·帕

---

❶ Esther Williams，1921年8月8日～2013年6月6日。美国著名电影演员、编剧。代表作《出水芙蓉》《一夫二妻》等。——译者注
❷ Caroline Loeb，1955年10月5日出生的法国女演员，代表作《80年代巨星》《口袋空空》《夜晚的明星》等。——译者注

尔马❶扮演圣母，媚俗的伊维特·霍纳❷扮演舞厅皇后，阿曼达·丽儿❸扮演巨星，蒂塔·万提斯❹扮演轻盈的蝴蝶……

出于惯性思维，我们想要在这种显而易见的非专业性中看到旨在吸引媒体注意的挑衅、黑色幽默和前卫。当然，戈尔捷把这当成了时尚（电视真人秀明星们小心了），但是这也是为了更好地将不同种族、性别、风格融合在一起，展现对差异的捍卫。请八卦乐队的贝丝·迪托❺炫耀自己的赘肉，几乎就是明目张胆的宣战了。他的时尚表达了他的政治观点，他积极行动，为社会多元融合、反种族主义、反恐同而战。

—❀—

他对原创性和多元混杂的偏爱，指引他与不同领域的艺术家们开展了众多高水平的合作：Rita Mitsuko 乐队、编舞家雷金·乔皮诺（Régine Chopinot）、卡罗尔·阿米蒂奇（Karole Armitage）、安杰林·普雷约卡伊（Angelin Preljocaj）、演艺明星伊维特·霍纳、西尔维·瓦尔坦（Sylvie Vartan）、阿丽尔·朵巴丝勒（Arielle Dombasle）、米莱娜·法尔梅（Mylène Farmer）、凯莉·米洛（Kylie Minogue），还有导演彼得·格林纳威（Peter Greenaway）、佩德

---

❶　Rossy de Palma，1964 年 9 月 16 日出生的西班牙女演员，代表作《机械心》《婚礼三个多》等。

❷　Yvette Horner，1922 年 9 月 22 日 ~ 2018 年 6 月 11 日。法国手风琴家、钢琴家和作曲家。——译者注

❸　Amanda Lear，1939 年 11 月 18 日出生于中国香港的法国歌手、作词家、画家、演员和主持人。——译者注

❹　Dita von Teese，1972 年 9 月 28 日出生于美国密歇根州罗切斯特市，全球最贵舞娘，从事电影、电视、舞台、杂志等多个时尚事业。——译者注

❺　Beth Ditto，美国当红摇滚朋克乐队"The Gossip"的女主唱，一个言辞锋利、特立独行的歌手。——译者注

罗·阿莫多瓦（Pedro Almodovar）、卡罗与热内❶，以及吕克·贝松（Luc Besson）。最为媒体津津乐道的是与歌后麦当娜的合作。她从1985年就开始穿戈尔捷的设计了。筹备1990年"金发雄心（Blond Ambition）"全球巡演的时候，她请戈尔捷为她设计一整套全新的演出服装。

历时5个月的辛苦工作，最终完成了表演团队的200套服装和巨星的6套服装。这些服装充满了幽默感和魅力，从快乐寡妇风的黑色薄纱羽毛短睡衣，到赛德·查里斯❷的绿色亮片紧身连体衣。最著名的是一件三文鱼色的缎面紧身胸衣，饰有穿绳编织和车缝线迹，这款20世纪50年代风的胸衣，胸罩部分像炮弹一样突出。几乎是带有符号意味的，紧身胸衣不再是压迫的象征，而是一种自由的符号，标志着自此女性的身体由自己掌控。

戈尔捷和这位流行巨星成为朋友，她后来为他走过两次秀。16年后，他又为她的"忏悔之旅（Confession Tour）"演唱会设计服装。关于他，她只有溢美之词："我最喜欢他的地方在于，他总是不停冒险。他有喷涌而出的想法，是混搭艺术大师。我很喜欢他那种男女交错的表现方式，让男人穿上裙子，让女人穿上男装。满满的性感，同时也充满了欢乐。另一个让我喜欢的地方是，他从全世界的传统服装中寻找灵感，并且以自己的方式把它们组合在一起。他的作品，有时很极端，不适合我，但是我超爱他超现实的一面。"

❀

作为明星们的吉祥物，让·保罗·戈尔捷有100个灵感缪斯吗？他珍视自己与碧翠斯·黛尔（Béatrice Dalle）、乔丝安·巴拉思科（Josiane Balasko）、维多利亚·阿布来尔（Victoria Abril）之间的

---

❶ 马克·卡罗（Marc Caro）和让·皮埃尔·热内（Jean–Pierre Jeunet）双人组。
❷ Cyd Charisse，1921年3月8日～2008年6月17日。美国芭蕾舞演员，后转型为好莱坞歌舞片和剧情片电影演员。——译者注

友谊。玛丽昂·歌迪亚（Marion Cotillard）穿着他的美人鱼裙领取奥斯卡金像奖，凯瑟琳·德纳芙有时为了他背叛圣洛朗，都让他感到骄傲。他有吉祥物的美誉，总能用他禅意的叛逆在红毯上创造奇迹。这位点石成金的设计师是红毯女王们的宠儿。

　　一条特殊的纽带将他与法里达·凯尔法（Farida Kelfa），他的灵感缪斯和最爱的模特联系在了一起。20世纪70年代末，这位漂亮的棕发高个姑娘决定离开里昂郊区的漫盖特街区，离开自己的父母和8个兄弟姐妹。她想逃离这里带给她的厌倦和隔离：没有自由、只有一段无法逃避的婚姻和两辆去学校的公共汽车。另外，她也不能接受别人和她那位做夜间值班员的父亲说话的方式，他们称他为"你"，因为他是阿拉伯人。

　　与家人的决裂是惨烈的。她来到巴黎，住到了"朋克女王"艾德薇姬❶（Edwige）家中。她体验了夜巴黎的魅力，看到了时尚的快速演变，见证了新浪潮音乐的流行，感受着这种应接不暇的新生活。法里达和新认识的朋友们在蒙特伊的跳蚤市场闲逛，准备为自己淘有定型褶痕的Stapress牛仔裤、尖头鞋、她拿来倒穿的V领毛衣、口红、男士外套。她在皮加勒（Pigalle）街区的Ernest商店买跟特别高的高跟鞋，那些莺莺燕燕的玩意儿。她还在耳朵上戴非洲大耳环。

　　她用自己混搭的耀眼魅力征服了那个时代的一小撮潮流人士：她以王者之姿登上宫殿剧院，还为澡堂（Bains-Douches）夜总会揭幕。她话多聒噪，姿态傲慢，语气散漫，精神独立。她和戈尔捷完美契合。他当然一下子就注意到她了，请她来参加模特面试。法里达睡过头了。到第三次相约，她才终于决定去了。他立即就选定了她，因为她有着东方的长相和坚毅的性格，也因为她与那些垄断了*Elle*封面的金发瑞典美女完全相反。她从1980年开始为他走秀，也成为首位北非裔超模。

---

❶　艾德薇姬·贝莫尔（Edwige Belmore），1957年～2015年9月22日。法国模特、歌手，被认为是20世纪70年代末到80年代的朋克偶像。——译者注

广告和服装设计师让·保罗·古德（Jean-Paul Goude）也拜倒在她的石榴裙下。他为她拍照：她那么美丽，眼睛里满是怒火。杂志和电视节目都对她大加赞赏，称她为巴西人。她不断重复，她是阿拉伯人，不久后，似乎是为了更好地证明这一点，她和突尼斯设计师阿瑟丁·阿拉亚（Azzedine Alaïa）开始了合作。她还是会一直出现在戈尔捷身边。2000 ~ 2004年，她负责管理他的高定工作室，2011年，年逾40岁的她仍为戈尔捷走秀。在她2012年9月与亨利·赛杜（Henri Seydoux）的婚礼上，她穿的当然也是他的作品，一件象牙白的蕾丝婚纱。

❧

1997年1月，戈尔捷进入了名人堂。这位成衣设计最耀眼的代表被巴黎高级定制时装公会接纳了。有人等着看笑话。在决定推出自己的高定系列时，他就决定抓住机遇，为这个职业带来一阵新风，即便他选择削弱他搞怪的一面。他没有让媒体失望，他们认为这个新人的到来开了一个好头。对于这位以对流行运动的演绎而闻名的设计师而言，这一战并非毫无风险。从巴黎街头到贵族街区，中间隔了一大步。但是戈尔捷还记得他接受过的传统训练，他用自己版本的令人惊艳的优雅吸烟装和西装长裤向伊夫·圣洛朗致敬。戈尔捷仍然忠于他最爱的牛仔裤，将它们改头换面，加上刺绣，染成铜色，饰以亮片，刷上珠光，混搭绢纱或水貂皮。至于晚礼服，一件裹在紧身胸衣外如云朵般的白色绢纱连衣裙引起掌声雷动。

这场秀，既光彩夺目，又谨慎克制，同时充分展现了对那些为高级定制时装努力工作了几十年的工匠们的手艺的尊重，让高定时装回归其存在的初心：年轻、新鲜、快乐。除了带来视觉上的享受，这个天然去雕饰的服装系列的成功还在于为时尚注入了新鲜的活力。摆脱了被诟病为自我模仿的噱头，戈尔捷为新古典主义奠定了基础，证明传统不是规则，而是一种真正的表达，必须自内而外赋予它强烈的个性，打破行业陈规，才能真正生存下来。他是一个非传统的传统主义者，将会用大师级的裁剪再现所有经典之作。从双排扣大衣到吸烟装，从飞行员夹克到连体裤，他对它们精心雕琢，让它们臻于完美。

✺

在他那推门而出就能俯瞰整个巴黎屋顶的斯巴达式工作间里，能造成这位工作狂情绪波动的只有一样：他自己的要求。他的高定系列并没有花哨的名字，只是很低调地叫戈尔捷—巴黎并以年份和季节区分每一季。年复一年，这位设计师不断更新自己的关注点，把视线看向不同的地方。颜色、材质、分寸掌握得极好的幽默感都展现了令人赞叹的优雅。

1997 ~ 1998年秋冬秀场上，他沿袭了自己最爱的元素，男式西装、水貂皮海军条纹衫，这位色彩大师还将天鹅绒头巾玩出了光影效果。1998年夏，他创作了如云朵般轻盈朦胧的褶皱真丝薄纱外套，彰显了他的专业能力和精湛技术。下一季，他歌颂巴黎，歌颂它的博爱、它的浮华和它灰色的天空。从凯瑟琳·赫本式的香烟裤，到米歇尔·摩根[1]式的奢华风衣搭配螺旋形真丝红裙，一切都那么不同寻常。

1998 ~ 1999年秋冬系列，他向圣洛朗致敬，以出色的技艺，让线条和体积在身体上自由延展。太阳褶夹克，海军条纹衫，黑色羊皮长裙，风衣式连衣裙……众多经典款都被他重新演绎。在1999年春夏秀场上，他轻易地就从经纬明确的套装转向了暧昧模糊的线条，从古金色纱罗西装，到格雷夫人钟爱的帕台农风格裹裙，用各种新远古风格的珠罗纱，将阿莱蒂和美狄亚集合在一起。各种风格的互相渗透已经成为他被人津津乐道的特色。

---

[1] Michèle Morgan，1920 年 2 月 29 日 ~ 2016 年 12 月 20 日。法国著名影视剧演员，代表作品有《田园交响曲》《天伦之旅》《有教养的人》等。——译者注

1999年7月，当获悉爱马仕（Hermès）注资1.5亿法郎，获得这个设计师品牌35%股份的时候，整个时尚界震惊了。新闻发布会上，让·保罗·戈尔捷换下了苏格兰裙，穿上了严肃的黑西装和带有Hermès品牌字母的领带，而这家奢侈品公司的集团主席兼行政总裁让·路易·杜马（Jean-Louis Dumas）则漫不经心地披了一件这位设计师著名的条纹衫。

与资产阶级钟爱的品牌结成联盟，让戈尔捷很开心："从童年起，我就一直很欣赏以爱马仕为代表的奢华。这一次的联盟，是四轮马车和水手毛衣的结合。"这也证明了，他是极少数能每6个月就让营业额翻番的高定设计师，而同时，却有很多品牌因为长期赤字而放弃了高定业务。

千禧年来临前的最后一场发布会上，他以不同寻常的方式来处理各种面料，形成渐变效果和视觉陷阱。这个系列中皮草工匠和刺绣工匠的精湛工艺比他的大胆创新更加光彩夺目：自由缠绕，刺绣长裤。下一场秀中，他展现了金属光泽的紧身裙，或者沃霍尔式的丝网印连衣裙。2000年冬，除了各种细节，线条变得更加细腻优雅，展现出毛笔画出的廓型：萎靡而流畅的曲线。长披巾变成了开衫，外套的领子变成了绸缎波浪褶，用雪纺纱装扮出游的美人。

2001年1月，Paco Rabanne、Nina Ricci、Olivier Lapidus等品牌关闭了高定工坊，Castelbajac、Mugler开始冬眠，还有一些设计师给人的感觉是为了避免翻车，盯着几种面料不放，而戈尔捷则翻出了做紧身胸衣的粉色缎带和记忆中搔首弄姿的女郎手中的绣花包，将它们用在了连衣裙上。水彩画般的裙子在模特身上完美贴合：螺旋形的刺绣，滑落的肩线，繁复的带子，美人鱼裙。2002年1月，他用一个为巴黎的"舞林人士"设计的系列，将闺房精神发扬光大。当卡拉·布吕尼穿着如脂粉般轻盈、形似被撩起的"康康舞"裙出现的时候，掀起了全场高潮。这是40米珠罗纱200工时手工缝制褶裥的成果。这，就是高级定制时装的奇迹。

2002年秋冬发布会上，他在《双头鹰之死》（L'Aigle à deux têtes）中艾薇琪·弗伊勒（Edwige Feuillère）扮演的王后的寝殿里，召集了茜茜公主、斯嘉丽和其他女主角们，一起开启一场巴黎—梅耶林之旅。勃兰登堡绦子排扣天鹅绒大衣、普鲁士蓝丝绸、歌剧院红天鹅绒在服装中竞相争艳。下一季，他玩起了幻象游戏，一件乔其纱面料的"马格里特式"男士西装上绣满了砖色纽扣，还有很多像抹胸一样平挂在胸前的视错觉外套，还有做成人体造型的皮革背心。他的爱琴海蓝褶皱真丝紧身裙和螺钿纽扣头饰都赢得了媒体盛赞。2004年1月，他在巴黎高定时装中注入了日本元素，服装变成了性感的盔甲。这种微妙细腻的奢华以前所未有的力量彰显了设计师的想象力。

<hr>

几乎是顺理成章的，他在2004年被钦点去重振贵族品牌爱马仕的成衣线。公司规模变大，他很快就搬到了圣马丁（Saint-Martin）路325号，将所有工作团队都安顿在一起。从一个郊区到了另一个郊区❶。从街头文化的世界，他的幽默戏谑、他的天马行空、他的创新创意，走进这个位于福布尔圣奥诺雷路的品牌沉闷的围墙。戈尔捷潜入爱马仕的世界，将其据为己有，专心研究品牌档案，一遍遍穿梭在公司博物馆，搜集可以带来灵感的素材。在此基础上，他设计了50多套服装，打造了一个带着鲜明的戈尔捷烙印又不失爱马仕特征的系列。

这位《欧洲杂谈》的前主持人❷成功塑造了他之前一直不屑的优雅美丽的贵妇形象。他的法宝是：品质卓越的皮革，世代相传的精湛工艺，可以与高级定制时装相媲美的成衣设计。20多名员工、工

---

❶ 爱马仕公司所在的福布尔圣奥诺雷路（Faubourg-Saint-Honoré）在中世纪都属于巴黎郊区。街名中的"faubourg"即郊区的意思。——译者注
❷ 《欧洲杂谈》（Eurotrash）是一档30分钟的英语谈话类节目，1993年9月24日开播，由安东尼·德科内（Antoine de Caunes）和让·保罗·戈尔捷共同主持，收视率很高。戈尔捷在1996年10月第七季结束后离开了节目组。——译者注

艺师、设计师、皮革工坊都在他的领导下工作。让人有点陶醉。要向海军衫加苏格兰裙的丁丁造型告别了，让·保罗·戈尔捷穿着一身黑出来向观众致意。但是这位染了一头金发、拥有一双湛蓝眼睛的设计师还是保留了眼底那狡黠的火花和搞笑的身姿。

❋

爱马仕和戈尔捷的亲密合作将持续7年。每年，让·保罗·戈尔捷都会在不同领域推出约20个同名服装系列和产品线（高级定制时装、女装成衣、男装、儿童时装、泳装、配饰或美妆），在此基础上再加一年两季的爱马仕成衣系列。即便对于他这样永不知足的创作者来说，这也已经很多了。他身边有一些极好的朋友。他设法将20世纪70年代结识的那一小撮朋友招募到他的公司，体验着类似部落的生活。

但是，这个男人特别爱折腾。他公司总部换过三个地址，分别在薇薇安（Vivienne）路、福布尔圣奥诺雷路和现在的圣马丁路325号。在他2004年买下位于巴黎九区佛罗绍（Frochot）路口的一栋有地下泳池的宅邸和位于圣让德吕兹❶一栋别墅之前，他已经在佛罗绍路搬过4次家了。在巴黎，一位厨师和一位保姆足以保障他舒适的生活了。因为他没有驾照，所以他还有一个司机，但是他的座驾始终是个秘密。在公司里，有4名员工将他从行政工作中解脱出来。

痴迷于服装系列的创作，让·保罗·戈尔捷每天在办公室努力工作12小时，他能承受非同一般的工作压力。他不抽烟，很少喝酒：这是他保持青春活力的秘诀。同时，他也很懂得享受生活，经常送礼物给员工和密友：他的公关总监利昂内尔·韦尔讷伊（Lionel Verneuil），他曾经的模特现在担任媒体专员的弗雷德里克·洛尔

---

❶ Saint-Jean-de-Luz，靠近西班牙的海滨小镇，路易十四迎娶西班牙公主的大婚之地。——译者注

卡（Frédérique Lorca），还有他的男装缪斯塔内尔·贝德罗西安茨（Tanel Bedrossiantz）。他幽默的口才和孩子气的热情有着让人无法抗拒的魅力。他时刻保持的好心情感染并激励着每一个人。在由米蕾耶·西蒙（Mireille Simon）领衔的占了两层楼的工作坊里，大家几乎忘了35小时工作制。

❦

2005年，公司经历了财务动荡，最终以公司重组、31名员工离职收尾。有些小人指出，Jean Paul Gaultier的销售量配不上他的知名度。2006年，公司报告包括Gaultier精品店在内的直接营业额为2900万欧元，授权经营收益未算在内。公司的整个网络包括法国本土35个销售点，以及在亚洲和中东的良好布局。Gaultier公司直接生产什么呢？首先，当然是他的高级定制时装，还有包袋、首饰、鞋子。品牌内部重振了男装线。女装成衣授权意大利的艾弗（Aeffe）时尚集团销售。针织和泳装则授权给了富齐（Fuzzi）公司销售。童装由赛霓尔（Zannier）集团负责生产和销售。眼镜由意大利德礼高（DeRigo）集团经营。在位于圣马丁路325号的公司总部，135名员工在5000平方米的空间里工作。

品牌的8款香水直到2016年都由资生堂集团控股的BPI集团经营。其中"裸男（Le Mâle）"和"经典裸女（Classique）"❶这两款在广告片导演让·巴蒂斯特·蒙迪诺（Jean-Baptiste Mondino）镜头下让人浮想联翩，畅销全球，新开发的"可可洛克（Kokorico）"也得到了热烈的反响。戈尔捷还与罗奇堡家居签订了授权协议，开发家具和椅子产品系列。

2011年5月，旗下拥有Paco Rabanne、Nina Ricci、Caroline

---

❶　"Le Mâle"由调香师弗朗西斯·库克坚（Francis Kurkdjian）调制，瓶身是蓝白条纹男性躯干的造型。"Classique"的香水瓶是女性躯干的造型，装在一个罐头盒子中，成为非常流行的收藏品。

Herrera等品牌的西班牙的普伊格（Puig）集团收购了Gaultier。为了得到这个法国时尚界的淘气鬼，他们支付了1亿欧元，其中6000万是为了赎回爱马仕手中的35%股份。让·保罗·戈尔捷还向普伊格出售了自己手中10%的股份，将公司的控制权拱手相让。但是他继续担任品牌创意总监和形象代表。每场秀，挑战也始终如一。

※

让·保罗·戈尔捷现在已经进入博物馆了，他的回顾展在蒙特利尔、纽约、伦敦都广受关注，2015年春将在巴黎大皇宫举办。为什么全世界都那么爱他呢？因为他有些疯狂，对于需要不断推翻自己锐意创新、始终保持张扬态度的人来说，这种疯狂是唯一合理的姿态。因为在他滑稽的外表下隐藏了严肃的思想。因为他让全世界最美的姑娘套上垃圾袋，却将不名一文的小女孩打扮成公主。因为在时尚之外，他用作品述说了我们的暧昧不明，我们的热爱，我们的不安，我们的摸索，以及我们对幸福的不懈追求。因为他那永远神采奕奕、永远充满好奇的目光总是敏锐而温柔地关注着周围的一切。因为他那友好、阳光、爱笑的性格是发自内心的，而这种善意具有很强的传播力。因为这位创作力旺盛的设计师颠覆了我们的已有的认知，不断搅乱服装语汇。因为他的风格是最有识别度的，没有人敢像他那样肆无忌惮地推翻优雅的准则。因为这位才华横溢的捣蛋鬼是一个真正的舞台之王，他给自己的高定时装塑造的媚俗风格和辛辣思想为巴黎时尚带来了焕然一新的面貌。因为他是欢乐、色彩、幸福的化身。

※

对他而言，不拘一格、兼容并蓄与优雅从来都是相得益彰的。他永远都在疯狂模式下，但是他也特别注意保护这种给他带来好

运的让人喜爱的天性。让·保罗·戈尔捷还有很多服装故事可以述说。❶

---

❶ 让·保罗·戈尔捷于 2020 年 1 月巴黎高定时装周期间宣布在 1 月 22 日举行的从业 50 周年时装秀之后从时装行业退休。——译者注

克里斯蒂安·拉克鲁瓦

（Christian Lacroix）

1987年7月，从Jean Patou离职的克里斯蒂安·拉克鲁瓦进军死气沉沉的高级时装界，为行业注入了一剂强心针。他是时尚星球的新英雄，这位白马王子用自己巴洛克式的笔触唤醒了时尚。他的词典里没有平淡乏味。全世界都随他进入了普罗旺斯、享乐和美丽的阿尔勒女郎的时代。女士们试着穿上荷叶边衬裙、圆点裙撑和塑造圆润身材的紧身胸衣。裙撑架重出江湖，披巾在胸前交叠，弗拉明戈强势回归。他的礼服，就像珠宝一样精雕细琢，令人眼花缭乱。这个钟爱斗牛节的贵公子成为这个星球上最著名的设计师之一，更是最受喜爱的设计师之一。

22年后，在盈利的祭台前，他缴械投降了。所有人都对此深感痛心。克里斯蒂安·拉克鲁瓦几乎可以位列文化遗产。他那些如梦如幻、传奇浪漫的华美服饰，吸引的远不止属于他的忠实客户。

尽管他今天继续以其他形式从事设计工作，但大家还是很怀念他当年那些像幸运袋一样给人带来无限惊喜和欢乐、充满优雅和贵气的时装秀。

❧

1951年5月16日，他出生于阿尔勒（Arles）的特林克泰耶（Trinquetaille）区，金牛座。他的父亲在堂兄戴维（David）创立的普罗旺斯金属结构公司担任工程师，负责福斯（Fos）港的很多项目。他取消了原来的婚约，娶了自己年轻的秘书，争取到了真正的恋爱婚姻。家族里很多人都无法原谅他。然而，这个家族中本就不缺传奇的爱情故事：这位时装大师的一位叔祖就曾因猜忌而枪杀了自己的意中人，最终投罗讷河自尽了。

克里斯蒂安的童年走过罗讷河三角洲、卡马格（Camargue）海滩、未受任何城市化影响的地平线，穿梭在阿尔皮耶（Alpilles）山的松树林、高卢罗马时代的遗址和斗牛场、剧院、歌剧院中。他是个腼腆的孩子，容易焦虑，有一天他本该在学校的晚会上背诵《龟兔赛跑》，却躲到了角斗场的地下室。

无所事事的时候，他喜欢像猫一样躲到高处，总是溜进家里的阁楼。他也喜欢书柜的格子玻璃门后面的绿色塔夫绸帘、杂乱的抽屉和旧时尚杂志。他摆弄桌布，搬动椅子，独自搭建一些场景。他对玛丽·安托瓦内特王后充满了好奇，恳求奶奶穿上睡衣，扮演女王，点燃蜡烛，吹起一阵温和的疯狂之风。他的堂姐梅兰妮（Mélanie）也喜欢给他讲鬼故事，直到夜色笼罩整个房间，只有她缓慢的声音在低语。

❧

我们能理解为什么他那么喜欢还愿画、护身符和其他迷信的事物了。还是孩童的时候，他只走在黑色石板上，否则可能会招来厄运。他只喜欢三个数字，"5"是最爱，其次是"3"，再次是"9"。他有自己偏爱的天使。他很少说话，因为他深信，人拥有一定量的唾液库存，一旦用完了，死亡就会不可避免地降临。他最大的烦恼就是无聊。在他们家里，这种情绪被称为"诺曼兰（nomanlan）"。他的爷爷是一个搞怪的纨绔子弟，喜欢在晚饭后模仿时事新闻中的社会事件。

他父母带他去卡比托勒、福米纳或者奥德翁剧院，看《卖紫罗兰的姑娘》（La Violetera）或者《从龙达来的卡门》（Carmen de

Grenade）中的萨拉·蒙铁儿（Sara Montiel）。这位女演员身上挂满了首饰，拥有如丝般光滑的古铜色肌肤，显示出一种易燃易爆的傲慢。对他来说，这性感至极。她身上总是有很多水钻或亮片。他最爱这些了。他凭记忆画出了电影的场景、海报和服装。他从那时起就喜欢上黑白圆点图案了。

服装在阿尔勒的社交生活中扮演着非常重要的角色。按照传统，每年复活节那一周要穿上春季的新装。为此，拉克鲁瓦一家从2月就开始忙起来了。要准备早弥撒的服装，晚弥撒或晚祷的服装，还要准备去斗牛场的正装，以及去位于集会广场的北派纳斯（Nord-Pinus）大酒店参加家宴的套装。

家族的女性经常出入当地的裁缝店，买大品牌时装屋的纸样，翻阅 Vogue 杂志。甚至有一位姑姑有时会定制 Maggy Rouff 的套装。还有一位女眷因为穿上了一件耗费45米双绉绸的太阳褶连衣裙而洋洋得意。她们有些人留着很长的指甲，涂上鲜红的指甲油。她们喜欢20世纪30年代的项链、玫瑰花和沁人心脾的香氛。

❁

阿尔勒的色彩是属于夏天、节庆和斗牛场的，小克里斯蒂安最喜欢欣赏竞技场中热力四射的斗牛士。在7月第一个周末的佩古拉德（Pégoulade）狂欢节上盛装打扮，也是这里的传统。大家戴上阿尔勒风格的首饰，热衷于《米蕾耶》的重演。阿尔勒城充满激情，有着普罗旺斯和拉丁民族的灵魂，这里有闻名遐迩的头饰，斗牛士的投枪与绥带，十字勋章和圣物，在对密史特拉风❶的敬畏中，市政厅报时的钟声和方尖碑喷泉的天鹅嘴中喷出的水柱，都能抚慰人心。

有时，他会遇到一些美丽的吉普赛姑娘，她们傲慢的态度和将男士条纹衬衫与她们五颜六色的披巾混搭在一起的方式让他觉得很

---

❶ Mistral，该词源自古代普罗旺斯方言单词 maestre 的派生词 maestral（主人之风），指法国南部及地中海上干寒而强烈的西北风或北风。——译者注

有趣。在阿尔勒有他数不尽的家庭记忆，红与黑也深深地印在他的脑海中。哑光黑、亮光黑、华丽黑，牛血红、朱砂红、中国漆红。随着年龄增长，当别人问他："你长大后想做什么？"他越来越肯定地回答："克里斯蒂安·迪奥！"他说："对我而言，克里斯蒂安·迪奥这个名字代表了一个职业。我一直都想着华丽服饰。我小时候经常去翻那些装了旧衣服的箱子。我那时的梦想是有一台可以回到过去的时光机，这样我就能知道当时是怎样的了。我还画一些风俗画。"

青春期的时候，如果逃学，他必定会去雷阿图（Réattu）博物馆。"就是在这里，我父母带我看了我人生中第一场毕加索的展览，那是在20世纪50年代中期。从那一天起，我就知道了艺术属于生活。"他说。在一个世代都是工程师的家庭里，小克里斯蒂安的敏感让人惊讶。但是必须面对的事实是：在中学，让他大放异彩的是他画的速写而不是几何图形。他和几个小伙伴一起逃课去马赛，去淘那些新到的旧衣，然后在圣查尔斯火车站的楼梯上假装走秀。慢慢的，他开始留长发，穿上红色天鹅绒紧身牛仔裤。他第一次真正的购物买的是一条麻绳编的腰带，带扣上是一个汉尼拔的标志。他对戏剧的热爱始于普罗旺斯地区艾克斯和阿维尼翁的戏剧节。TSE剧团的演出给他带来了深深的震撼。

※

从阳光明媚的假期到慵懒散漫的冬天，克里斯蒂安·拉克鲁瓦到了读大学的年纪，在蒙彼利埃攻读文学和艺术本科学位。"我先学了一年拉丁—希腊文学艺术，"他回忆道，"就是在那时，我发现了艺术史课程。我超爱这门课，甚至去蹭其他班的课程。"然后他"北上"巴黎进入卢浮宫学院学习。然而，此路不通。他继续认识自己。当然，他可以去参加博物馆管理员的考试，但是他只对服装感兴趣，而那时时装博物馆尚不存在。而且过去也让他有点厌倦。对他来说幸运的是，父母的资金支持让他还有继续犹豫的资本。他想和维斯康蒂一起工作。事实上他想要做的，是尽可能准确地重建不同的历史时期。装修、重建、戏剧、电影都在他的考虑范围内。

1973年11月1日，他遇到了未来的妻子弗朗索瓦丝（Françoise），一位当时在阳狮集团❶工作的风风火火的红发女子。他至今仍清楚地记得他们的第一次约会和第一次晚餐：当时她戴的围巾，穿的厚底鞋、梯形裙，色彩搭配等他都记得一清二楚。"弗朗索瓦丝能让人融化在她的爱情和友谊里，"他说，"她拥有一种超乎想象的力量，是某种母性光辉与惊才绝艳的学识的综合体。"

他们将一起见证20世纪70年代末笼罩在时尚界的快乐气氛，并最终决定开始冒险之旅。他们富有成效的对话很快就显示了他们的不同。她不屈不挠，干劲十足，窥伺着周围的一切，喜欢直来直往。而他往往寡言少语，焦虑不安，处事圆滑。她车子开得飞起，他没有驾照。她很强悍，会成为他的支柱，给他更多自信。这足以促使他们喜结连理，并从此幸福和谐地生活在一起。在时尚大师中，幸福的婚姻几近罕见。他们没有孩子，但是养了很多爱猫。

❈

另一个对他而言至关重要的缘分，是与公关公司老板让·雅克·皮卡尔（Jean-Jacques Picart）的相遇。他将会成为拉克鲁瓦事业征程中密不可分的伙伴。他远甚于一个忠实的副手，而是以一己之力承担了保障高级定制时装屋顺利运行的所有职责：工作室、工坊、管理、营销。戴着圆眼镜，处事圆滑的他扮演着灰衣主教的角色，直到他1999年离开。他是他背后的男人，不仅随叫随到，并且总能与他的"真知灼见"产生共鸣。

克里斯蒂安·拉克鲁瓦很快就整合他最有灵气的画作，做了一本厚厚的个人资料向剧院经理们自荐。他还咨询了贝尔索瓦

---

❶ Publicis。法国最大的广告与传播集团，创建于1926年，总部位于法国巴黎。
——译者注

（Berçot）时装学校的课程负责人玛丽·鲁基（Marie Rucki）的意见。然而，27 岁的拉克鲁瓦显然已经超龄了。她果断地留了他的电话，并且帮他安排了几个面试。卡尔·拉格菲尔德亲自接待了他，并且给了他一些宝贵的意见。

对克里斯蒂安·拉克鲁瓦而言，真正促使他选择时尚之路的契机，是 1978 年 3 月蒂埃里·穆勒在冬季马戏团举办的第一场时装发布会。"当我作画的时候，想象的是费里尼的电影画面和夏侯❶的戏剧场景，"拉克鲁瓦说，"然后，突然我就看到了穆勒惊人的离经叛道。我对自己说：如果时尚是这样的，那不错。我意识到，我可以以此为生，去追逐我童年的梦想。"

在让·雅克·皮卡尔的帮助下，他首先在爱马仕得到了一份助理的工作，负责复印文件，接听电话，并开始接触时装工艺。他并不安于现状，默默地为一位意大利时装设计师画图，又在 Guy Paulin 公司工作了两年。"线条简洁，造型现代，比例优雅，一种曾经广受欢迎但是到 1980 年戛然而止的风格。宝兰刚刚创立了自己的品牌，招了我当助理。"他回忆道。但是这个品牌遇到了一些资金上的问题。于是拉克鲁瓦绕过障碍，成为一家日本集团公司的设计师，并且短短几年就使其营业额翻了 12 倍。但是他只有每个月 8000 法郎的收入。

❀

1982 年，幸运降临：还是在让·雅克·皮卡尔的帮助下，他进入了 Patou——因为接替安杰洛·塔拉齐的那位设计师产生了职业倦怠。他在 5 名候选人中脱颖而出，成功上位。他立即就筹谋以自己细腻的手法，革新品牌端庄优雅的风格。再见了 20 世纪 30 年代，再见了比亚里茨风。他要绚烂的色彩，飞舞的荷叶边，精美的刺绣。

---

❶ 帕特里斯·夏侯（Patrice Chéreau），1944 年 11 月 2 日 ~ 2013 年 10 月 7 日。法国著名戏剧、歌剧、电影导演。代表作电影《玛戈皇后》。——译者注

他入驻塔列朗公馆的白色沙龙，预示着他的光明前程开启了。"我和让·雅克投入这项工作的时候，完全没有意识到这对我们意味着什么。我们需要和一支饱受创伤的团队磨合，这对我们来说不太有利。但是当时的兴奋让我们忽略了这一点。我们有一笔在我们看来用之不竭的预算，然而，这笔钱很快就被我们用完了。"

1982年7月26日，他在Patou的第一场秀呈现出一种利落简洁的风格，短大衣搭配长裤套装，羊毛呢蝙蝠袖长外套，天鹅绒肋状盘花纽的短上衣。晚礼服的灵感来自公司的明星香水"喜悦"的香水瓶，那是一款像18世纪中国鼻烟壶一样扁平的黑瓶，上面顶了一个像帽子的红色瓶盖。同样的，塔夫绸球形裙搭配漆红紧身胸衣让人觉得柔美慵懒。闪色真丝郁金香长裙搭配简洁的绣珠或刺绣粗羊毛衫。漂亮，新鲜，深得媒体喜爱。《自由报》（Libération）甚至撰文写道，拉克鲁瓦的到来"使时尚再次变得朝气蓬勃，创意无限"。

他接下来的几场秀都没有辜负大家的厚望。1983年拉克鲁瓦推出的新系列进一步巩固了自己的地位，这一季服装主打泡泡廓型，搭配铅笔裙，突出肩部或者髋部线条。秋冬系列主打造型简单纤长的小礼服和晚礼服，包裹到脚踝和小腿肚之间的高度。皮带和色调暗沉的紧身胸衣勾勒出腰线。紫红色、灰色或者海军蓝的斯宾塞式夹克棱角分明，敞开，露出里面几何图案的衬衣。还有，华丽的刺绣终于出现了，这也将成为他的标志，螺旋形的金褐色刺绣或者华美的肋形胸饰装扮着紧身晚礼服和宫廷风大衣。童话故事般的优雅已经初露端倪。

1984年1月，他利用燕尾式裁剪在背后交叉，与裙子底边印花的直身裙形成对比。白色粗横棱纹面料的抹胸和海军蓝直筒半身裙，套在紧身裙或者长裤外宽大的透明长裙都产生了最好的对比效果。1985年1月，他以卡门为灵感，打造了一个带有尼姆节日氛围的年轻而生动的风格，确立了自己的独特风格。牧牛女郎穿着短款连衣裙，一件斗篷式半身裙刚好遮住腿肚，鲜艳的颜色与黑白形成鲜明的对比。隆重的礼服上衣饰有精致的刺绣，裙子上的荷叶边盘旋着，与带有强烈斗牛士色彩的外套高度和谐。在他的设计中，无聊被永远拒之门外。1985 年夏，他推出了一个非常具有节日气氛的系列，就像是在帕拉丁音乐厅上演的《多情的印度群岛》。他就有这种天赋，将他的服装都赋予戏剧化色彩。

1986 年，拉克鲁瓦突然展现出对生活的热爱。高腰抹胸裙的下摆提到了膝盖以上，狐皮或水貂皮 V 领背心搭配法兰绒长裤，还有穿在极简连衣裙和宽大的拼布半身裙外的漂亮收腰大衣。他众望所归地赢得了"金顶针奖"，以及所有时尚编辑对他爱的表白。下一季，这位 Patou 的顽童设计师从更多方向进行嘲讽：紫色水貂半身裙，巧克力色梯形方格大衣，腰间裹着色彩鲜艳的塔夫绸。他强推他那些强烈而犀利的色调。

1987 年 1 月，他邀请大家一起欣赏精湛的技艺，他像调皮的精灵搅乱了时间机器，将牛仔裤的明缝线运用到半撑架的连衣裙上，将水钻纽扣后腰带设计到肩胛骨的高度，手绘"茹伊印花"图案塔夫绸绉泡连衣裙。是时候进入名人堂了。

1987 年 2 月 4 日，旗下拥有 Boussac 和 Christian Dior 等众多公司的阿加什投资公司（Financière Agache）的负责人贝尔纳·阿尔诺宣布，将以克里斯蒂安·拉克鲁瓦之名，建立一家新的高级定制时装公司。连续四周的谈判是秘密进行的。失去了明星设计师的 Patou 公司用到了"叛变"这个词，并打算诉诸法庭：他们得到 1500 万法郎的赔偿。贝尔纳·阿尔诺在克里斯蒂安·拉克鲁瓦身上下了 5000 万法郎的赌注作为第一年的投资。他的野心是重现布萨克与迪奥在 40 年前创造的神话。当然，不是要为仍然处于精英战队的 Dior 树立竞争对手，而是要挖掘新的客户群体，那些非常年轻、现代、时髦的女性。

阿尔诺与拉克鲁瓦之间来电了，但是，有些东西会偷偷潜入这两个男人之间，一个是刻意低调的优雅绅士，另一个则是充满了巴洛克风的地中海风情。阿尔诺长着一张三角脸，额头宽大下巴削尖，具有超前的21世纪理念，极其看重实效，几乎可以说是心狠手辣。而拉克鲁瓦是和贝拉尔同类的人，有时轻浮散漫，有时严肃认真，有时夸夸其谈，有时冥思苦想。在将来的某一天，他会成为自己的投资人的弃子，就像是一段以痛苦的离婚收场的爱情。

但是这会儿，展现在大家眼前的是玫瑰人生。他的时装屋选址在福布尔圣奥诺雷路73号，室内设计师加卢斯特（Garouste）和博内蒂（Bonetti）很快就将这里改造成一座时尚剧院——赭石色的墙上用海绵印上了珊瑚色的肌理，虞美人红的巨大地毯边上镶着黑色的火焰图案。克里斯蒂安·拉克鲁瓦很快就在这里宣布，他不要助手，他将会"亲自设计同名品牌下的所有产品"。高级定制时装是错误时代的未来吗？这位36岁的年轻时装设计师紧紧抓住他对高定时装的怀古之情，并且很快形成一个与市场营销规则相悖的独特现象，使之成为1987年著名的大事件。

❧

他将自己的第一个系列《密史特拉糖果》献给了卡马尔格（Camargue）。7月26日，洲际大酒店就像斗牛场一样，被2000名摇着扇子的观众攻占了，他在这里塑造了一些像是从壁画上走出来的牧牛女和卡门西塔，穿着斑点纹样小马皮披风裙，绦带刺绣黑色天鹅绒收腰大衣。

他的模特们，以他的灵感缪斯玛丽·塞兹内克（Marie Seznec）领衔，在欢呼声中趾高气昂地鱼贯而出，有时温暖，水貂皮派克大衣搭配巧克力色绸缎泡泡袖，羊驼毛大衣搭配方巾领；有时清凉，荷叶边装饰的黑色欧根纱上衣内未着寸缕。最后，美丽的阿尔勒女郎终于来了，大胆地穿着深V领背心，方格衬裙，克里诺林裙架和小背心。所有的一切都让人目眩神迷，心神荡漾。美国媒体对他一见钟情。高级定制时装刚刚经历了一场戏剧性的变化。

经过一个夏天，麦迪逊大道就进入了普罗旺斯时刻。晚会上，满眼都是塞维利亚女孩，罗讷河口的乡间别墅价格飞飙，吉普赛国王合唱团（Gipsy Kings）霸占着排行榜。雅致媚俗是新的灵魂状态。

秋天，他的第一个成衣系列发布，延续了这种高级的绚烂。无数绉泡饰带，异常清晰的线条，露出了大长腿。球形蓬蓬裙有黑白条纹的，也有圆点或者花卉图案。充满欢乐的玫瑰色，光滑的丝绸。饰有尚蒂伊蕾丝和在腰部的蝴蝶结饰。接下来的裙子更短了，因为它们像玛丽·安托瓦内特的撑架裙一样向外张开，并且搭配紧身胸衣。还有一些上身不是特别紧身的服装，会有一些像披巾一样的布条在光裸的肩上交叉，遮挡住腰线。这是为那些喜欢冥想、慵懒的女子所做的裙子。

在第一个"普及型"的系列之后，他紧接着又推出了一个"奢华型"成衣系列。奢华体现在多彩丝绸，天鹅绒，金褐色泽的皮革，水貂皮草用来做宽大的衣袖或者套装领子上的小点缀。奢华体现在带来视觉陷阱的细腻色彩，不同的颜色互相嬉戏，互相依靠，互相对抗。奢华还体现在纤细的上半身与盘旋的裙子间和谐的比例中。拉克鲁瓦让披挂着金色首饰的假嬉皮士站在褪色的18世纪具有迷幻效果的装饰挂毯旁。他总是喜欢如此鲜亮的色彩，总是如此玩心大起。

❦

这位时装界的新宠在他的时装屋里接待媒体采访。沙龙的麻质长沙发上有植绒图案，玫瑰色的豪华拱门上亮着壁灯。他穿着非常旧英格兰风情的格子西装，身材结实，没有棱角。所有人都一下子就爱上了这个眼睛深邃的优雅男人。"我总是不停地在浮夸的巴洛克和禅意花园的纯粹中拉扯。每一位服装设计师都有自己的工作方法。我的话，我先找感觉，我会把所有与之相关的东西都画出来，甚至是风景或者音乐。慢慢地，整个系列的核心支柱就显现出来了。围绕着这个支柱，不要偏离，用一片片拼图讲述一个故事，而我们有办法把这个故事讲丰满了。高定制衣工坊可以花几个星期的时间，死磕一个褶皱或者一条荷叶边。平均来说，一件礼服裙需要100个工时完成制作。对于成衣线说，这是完全不可能的，但是制约性的条件通常也能激发新的活力。"

1988年1月24日的秀同样没有让人失望，并且为他赢得了"金顶针"奖。在金合欢花香气和如阳光般明媚的色彩中，他打造的那些如法国大革命中的狂热女性，穿着蓝、白、红服装阔步向前，上身线条颀长柔软，髋部被肥大的裤子和花冠形的短裙打造得圆润。接着走来的是海滨少女，穿着半透明米色、茴香绿、亮黄色、橘色和玫色的泳装连衣裙。清新的丝绸搭配近乎粗糙的织物。幽默诙谐，光彩夺目，色彩碰撞非常大胆，造型组合非常和谐。克里斯蒂安·拉克鲁瓦塑造了花样美妇，将她们笼罩在梦幻世界。有精致的手工蕾丝，也有以假乱真的蕾丝印花。罗蕾莱们❶穿着慵懒的欧根纱裙摇曳而出。圆锥形的多层蛋糕长裙，每一层的颜色和图案都不一样。为了不让人迷失，我们看到了阿尔勒女郎，斗牛士短上衣，还有巨大的遮阳帽。

❀

2月，拉克鲁瓦登上了《时代》杂志的封面。这在美国被认为是至高无上的荣誉。"幻想复活了！法国设计师克里斯蒂安·拉克鲁瓦，闪亮登场！"他是高级定制时装界的神奇小子，是媒体的宠儿，他的风格、氛围和漫不经心的幽默感都被广为宣传。他给人感觉似乎从未焦躁不安，而且对压力免疫。

紧接着，纽约市芭蕾舞团邀请他为巴里奇尼科夫（Barychnikov）编舞、以奥芬巴赫（Offenbach）的乐曲伴奏的芭蕾舞剧《乐在巴黎》（*Gaietés Parisiennes*）设计服装。无论是色彩对比的条纹裙，紧身荷叶边裙，还是搭配长手套的芭蕾短裙下，都有黑底白色大圆点的长袜包裹着舞者的美腿。男舞者穿着金色盘花纽的短上衣……美

---

❶ Lorelei，德国文学及传说中的女妖，其歌声使水手们受诱惑而船毁沉没。
——译者注

轮美奂的一个系列。杰奎琳·肯尼迪·奥纳西斯亲自前来向这位设计师表示祝贺。

❋

　　实际上，他的工作非常紧张，必须适应紧密的节奏并努力保持冷静。还要警惕不要陷入过度的迷恋。然而，成功的气息令人陶醉。他很快就推出了自己的配饰系列。然后于1990年在喜歌剧院发布了他的香水，"这就是生活（C'est la Vie！）"。装饰着红珊瑚的香水瓶以加莱（Gallé）❶为灵感，瓶子形似耶稣的圣心：这带来了很大的争议！除了在他时装屋一楼开设的精品店外，还增设了位于蒙田大道（1991年）、圣叙尔皮斯广场（1995年）的精品店，以及在多地开了分店，艾克斯、萨尔茨堡、阿维尼翁、图卢兹、伦敦、纽约、日本，当然少不了阿尔勒。

　　在他一季又一季的服装系列中，拉克鲁瓦的词汇越来越彰显独特的魅力。他的设计语汇借鉴了塞西尔·比顿❷、科克托、加西亚·洛尔卡❸、卡马格的沙龙、伦敦低地、普罗旺斯的市场、音乐厅的后台、西班牙贵族侍从和埃斯科里亚尔王宫❹的摩尔人。克里斯蒂

---

❶　艾米里·加莱（Émile Gallé），1846 年 5 月 8 日 ~ 1904 年 9 月 23 日。法国工艺美术大师，新艺术运动的代表人物之一，擅长玻璃器皿制作。

❷　Cecil Beaton，1904 年 1 月 14 日 ~ 1980 年 1 月 18 日。英国时尚、肖像和战争摄影师，画家，室内设计师，曾获得过奥斯卡奖的电影及舞台服装设计师。——译者注

❸　费德里戈·加西亚·洛尔卡（Federico Garcia Lorca），1898 年 6 月 5 日 ~ 1936 年 8 月 19 日。西班牙诗人、剧作家。现被誉为西班牙最杰出的作家之一。——译者注

❹　Escurial，西班牙王宫，位于马德里西北约 45 公里的埃斯科里亚尔镇（El Escorial）。1557 年由西班牙国王腓力二世下令建造。1563 年动工，1584 年完成。先后由西班牙建筑师包蒂斯塔·德托莱多和其助手胡安·德埃雷拉设计。受意大利文艺复兴风格影响，装饰风格庄重、典雅，以其绘画作品和图书馆著名。19 世纪前历代国王都曾居住于此。——译者注

安·拉克鲁瓦的大部分灵感来源都来自过去。他将濒临灭绝的文化、充满想象力的仪式、原始淳朴的远古艺术巧妙地融合在一起，其复杂和精细一目了然。

"在设计高级定制系列的时候，我会先给自己编一个故事，这个故事就是这个系列的基础。当想法出现的时候，是非常令人愉悦的。我不是电脑，我需要浸润其中。我需要一些时间来确定我的主线、主题、氛围。我需要构建一个强大而富有表现力的框架，让我可以在此基础上筛选面料、配饰、色彩和比例。我从面料和色彩出发，一开始先不考虑廓型的问题，但是另一方面，当我画图的时候，我又不会真的去想着面料。接着，我改弦易辙。我们将两者放在一起看它们是否能结合在一起产生好的作品。如果有一块我们非常喜欢的面料找不到适合它的款式，那么我会重新画，反之亦然。最后，是对走秀的编排。我确定整个结构，并且以此为依据编排款式出场的先后顺序。"他对《世界报》介绍了他的创作过程。在他这里，创作的苦恼有些特殊：强迫自己不要太过自信，不要被自己的过度兴奋所欺骗，不要被周围的纷纷扰扰所干扰。

❧

他身上令人印象深刻的是他的谦逊。他一年四季身上穿的都是皱巴巴的基本款。和很多服装设计师一样，他不太在乎自己的外表。他的形象体现在他创作的服装中，而不是他穿着的服装中。他的服装盛销于美国，设计于法国，制作于意大利，所以他生命中很长时间都在飞机上度过。他很喜欢航行在两个时差间的无名之地，就像他很喜欢不同时期，两种时尚、不同的生活方式和穿着方式之间的过渡。他很喜欢潜入一座陌生的城市，呼吸有别于巴黎的空气。但是每一次他都会展现出自己的如饥似渴。他买下所有报纸，剪下照片，收集所有的展览画册：他被淹没在这些资料中，这是他的灵感拼贴。他妻子看着这些包罗万象的杂物，头都大了。

在一场又一场的发布会中，拉克鲁瓦的女子变得成熟了：步伐缓慢，姿态高傲，盯着观众，表现一种欲语还休。如火焰般热烈的红色调，铺张奢华的服饰，圣骨盒般精巧的手袋，如匕首般插入发髻的曲折的发簪，狄奥多拉皇后❶的项链，陶土绉领，花缎拖鞋，镶嵌着珠宝的踝靴，无不让人着迷。"一如既往的浓墨重彩"，美国报纸上如是写道。但是他的那些有着致命魅力的女郎，那些巴洛克风格的童装，那些闺房内衣，为他赢得了新的神秘领域。阿尔勒女郎在他这里是永不缺席的，但是穿着方巾领紧身套装，有时给自己绑着玫瑰色的塔夫绸大蝴蝶结。

　　他每一季都玩得越来越开心，甚至设计了一个以马戏团为主题的系列。对他而言越是在昂贵的领域，他的创作就越觉得自在。绸缎和丝绸在他的手中熠熠生辉，他将它们与蕾丝混搭，喜欢将通常觉得不相容的材料并列在一起。他掀起了金银丝织物、渐变色绢纱和华丽的古金色凸纹花边的旋风。拉克鲁瓦喜欢玩对比，长款抹胸上衣搭配短夹克，金色饰绦和华丽刺绣并存，素雅的黑色夹克上铺满了宝石。几乎每一件都让人爱不释手。他玩转与自己紧密相连的西班牙标签。他的灵感源之一，是一目了然的具有斗牛士风格的刺绣。他还特别善于玩转耀眼的色彩。你觉得艳粉色短夹克和柠檬黄裤子能搭配到一起吗？拉克鲁瓦的作品让人觉得，这似乎本应如此。

❈

　　20世纪90年代初，拉克鲁瓦对巴黎高级时装的影响是不言而喻的。无论在卢浮宫方形庭院还是大酒店里，我们在23个高定发布会上，都能看到比以往更具巴洛克精神的刺绣和错视的装饰。贝尔纳·阿尔诺任命奇安弗兰科·费雷（Gianfranco Ferré）接替马克·博昂在Dior的职务只是巧合吗？威尔士王妃为出席慈善演出选

---

❶　Theodora，500年～548年6月28日。拜占庭帝国查士丁尼王朝皇帝查士丁尼一世大帝的妻子。和丈夫查士丁尼大帝一样，她也被东正教教会封为圣人，纪念日为11月14日。

择了几套拉克鲁瓦设计的服装呢，也是偶然吗？

他1990年夏的秀像是对17世纪古典主义的伊比利亚式致敬：像祖巴兰画中的圣女穿的绉泡欧根纱斗篷、刺绣图案夹克、瘪塌垂褶的罗缎球形裙。但庄严朴素被奢华取代，带有刺绣缎面衣领的貂皮长袍，开襟短上衣，细肩带蕾丝薄衣。披着雪纺纱的卡门西塔，穿着缎面紧身胸衣和裙摆撩起的织锦缎裙子的少女们都肆意飞扬。一切都洋溢着轻松愉悦的节拍！

年复一年，他将自己的风格锤炼得日趋高雅，他成功地做到这一点，并且完全保留了自己的大手笔的奢华和高饱和的色彩。然而，一些不和谐的声音开始出现了。他的香水"这就是生活"是香水史上最大的失败之一。有一个评论非常毒舌："在蕾丝中衰败。"因此，在LVMH集团中出现了不可避免的紧张关系，拉克鲁瓦大胆地说："我们兴趣相同，但是想法不同。"还好，他在1994年推出的新成衣线"Bazar"为设计师带来了新的活力。拉克鲁瓦对整体氛围的感觉比对廓型的把握更加敏感，他真的是用装饰设计师的眼光来看时尚的。这是一个弗拉明戈的吉卜赛人和英国式怪人交汇的世界。他将不同时代和材料、圣母和斗牛士、手工织粗花呢和锦缎混杂在一起，捍卫了充满激情的色彩。

随着时间推移，LVMH的格局将发生变化：内部各种人事变动。约翰·加利亚诺离开Givenchy前往Dior，亚历山大·麦昆来到Givenchy。新闻界抱着看好戏的心态期待着英式荒诞和法式古典主义的碰撞。时装秀迎来了前所未有的关注和狂热。

1997年1月，拉克鲁瓦在掌声雷动的大厅里庆祝其同名品牌成立10周年和第20个系列。这是一场大师级的魔术表演。那些柔美的裙子就像层层叠叠的月亮，欧根纱轻薄如云，雪纺纱随风摇曳，蕾丝被变幻的光影轻抚。他用蓝色调的虹彩光芒与黄绿色、绿松石色和其他炫目的粉色相映成辉。线条变得柔和朦胧，色彩并没有掩盖轮廓。整个秀场的观众都受到了甜蜜暴击："高级定制时装就是一种宿命。"拉克鲁瓦说，有点哲学的意味。他喜欢将不同的调性揉捏在一起，让东方和西方发生奇妙的碰撞，促成过去和未来不期而遇，将各种轨迹打乱。他的创作总能让人感受到幸福。

然而，他对自己产生了越来越多的怀疑，每场秀都让他焦虑，每次发布会前夜他都会噩梦连连，输赢让他紧张到胃疼。但是他很有绅士风度地并不让自己的负面情绪影响到周围人。"我每天都是欢欣鼓舞的样子，"他对一位记者说，"我对自己的工作坚定不移，最终，我吸引了其他人也加入了我充满热情的事业中。我专注于我的梦想，我紧紧抓住那些不断消逝、凋零的人事物，因为对我而言，它们才是生命的本质。"

在公司里，他永远真诚亲切，善于维系和谐的关系，因而深受爱戴。气氛热情友好。他坦率地讲起他的画稿："我的主线是我在白纸上画出的线条。画稿中表现出的自发性、即时性、纯真感，水彩画的晕染所带来的雅致，是在接下来要把它们转化成服装时，最难呈现的部分……"这正是高级定制时装独一无二的切入点，各个工坊和设计师紧密合作，共同孕育一件件霓裳的诞生。他那三十多位拥有金手指的能工巧匠从品牌建立之初就追随着他。罗西纳是工坊主管。

他的每一场秀都带着属于他的美。1998 年，没有任何刻意炫耀的东西，一切都让人联想到舞台上的帷幕，廓型带着水墨画的优雅。1999 年，他的模特如天使降临：绿松石色、橙色和黄色的绸缎如同马萨乔❶画笔翻腾雀跃。下一季，色彩非常高调：荧光的紫红色和紫色、硫磺色、朱砂色和草绿色。皮革皮草、重磅绸缎、印花天鹅绒等，都因为一场充满乡野气息趣味横生的走秀聚到了一起。2000 年

---

❶ Masaccio，1401 年 ~ 1428 年。原名托马索·卡塞（Tommaso Cassai），马萨乔是其绰号。意大利文艺复兴绘画的奠基人、先驱者。被称为"现实主义开荒者"。他的壁画是人文主义一个最早的里程碑，是第一位使用透视法的画家，在他的画中首次引入了灭点。——译者注

夏，他抹去了那些在他手中过度曝光的过于明显的南法形象。2001年的发布会邀请卡上写着："纯粹的色彩，激进的造型，禁止与温和的空气接触。"这个系列释放了卡萨诺瓦时代❶威尼斯假面舞会的风情款款。绉泡、雕刻、绲边、打褶，面料们快乐地飞起。2002年，他剑走偏锋，远离了自己精湛的元素交杂技艺。

❈

2002年，他被召唤到另一个战场。贝尔纳·阿尔诺任命他去重振意大利品牌璞琪（Pucci），抛却伤古之情，赋予它新的活力。这是一个无法拒绝的邀约，哪怕品牌创始人的女儿劳多米亚·璞琪（Laudomia Pucci）高度戒备，并且扮演着指挥官的角色。在接下来的4年里，他在巴黎—佛罗伦萨之间来来回回。在他操刀的第一个系列中，他将千变万化的印花图案巧妙地融合到分寸感刚刚好的运动元素和高定时装细节中。接着，在他深入挖掘了20世纪60年代卡普里岛（Capri）资料的基础上，他爱上了蓝色，并且试图去再现那些年的无忧无虑。他那些尖锐的绿松石色、金菲仕鸡尾酒黄色和一些闪着磷光的桃红色构成的作品展现了对狂欢的迫切渴望。最后一季，他继续将自己纯真的设计素材运用到Pucci中，将运动元素与晚装元素、粗花呢的严肃和雪纺纱的飘渺结合在一起。

回到巴黎，他的主战场。他的2003年春夏高级定制时装秀得到了评论界的一致好评。无限变换的玫瑰色调欢乐愉悦，充满了欲望。皱纹棉布，绉泡欧根纱或者波浪起伏的蕾丝都充满了动感。2004年的作品色彩是鲜有的浓烈：口香糖玫红、甜椒红、天竺葵红、帝国绿。一只绸缎蝴蝶扣装饰的开心果绿的花冠形羊毛大衣，鹦哥绿绉

❶ Giacomo Casanova（贾科莫·卡萨诺瓦），1725年4月2日～1798年6月4日。极富传奇色彩的意大利冒险家、作家、"追寻女色的风流才子"，18世纪享誉欧洲的大情圣。卡萨诺瓦也引申为风流浪子、花花公子、好色之徒。——译者注

255

呢外套，雪纺纱风帽长袍，或者撒了银粉的黑色夹克，收获了满堂喝彩。

❧

然而媒体的欢呼只是虚假的繁荣。即便他突破了最初南法或伊比利亚边界，这位阿尔勒人也绝没有走向全球，在俄罗斯和印度这些新兴市场鲜有出现。他保持自己的独特性，忠于自己的标准，但是也不得不面对有时服装系列卖不动的悲惨命运。他假装对财务问题视而不见，但多年来累积的 4000 万欧元的损失在他和他的投资人之间造成了无法消弭的隔阂。

克里斯蒂安·拉克鲁瓦从未真正屈服于其母公司 17 年来一直试图强加给他的营销规则。在 LVMH 集团看来，更糟糕的是，他并没有成功地将其女装成衣、男装系列甚至香水推向全球。

17 年来，这个品牌几乎从未赚到钱。人们甚至揶揄他没有像约翰·加利亚诺在 Dior 或马克·雅各布在 LV 那样全情投入自己的品牌发展，他还分心设计舞台剧和歌剧服装。也有些声音说他害怕甚至拒绝商业上的成功，因为他拒绝重复自己、拒绝推出衍生品。他还因为不够具有"明星效应"和在电视上的曝光度不够而受到批评。对于他和奥利维埃·赛亚尔（Olivier Saillard）、帕特里克·莫里埃斯（Patrick Mauriès）或一大群来自南方的伙伴之间的友谊，似乎无可指摘。

❧

直到 2004 年夏天，出售 Lacroix 还不在讨论范围内，但到秋天，铡刀落下了。为他寻找接盘侠的谈判开始了。2005 年 1 月，在推出 Lacroix 品牌 17 年后，贝尔纳·阿尔诺宣布即将与之分离。这位全球奢侈品行业龙头老大的 CEO 很遗憾未能将这间时装屋变为像 LV 或 Dior 那样高利润的时尚品牌。Lacroix 转归 Falic 集团的星条旗下，这是一家专门从事"免税店"业务的美国销售运营商。

这位时装大师在LVMH集团旗下最后一次精彩亮相是2005年1月25日在巴黎国立高等美术学院举行的秀。全部观众起立鼓掌，向拉克鲁瓦抛去黄色康乃馨。在一个讲述触感和面料的服装系列中，很少能让人如此真实地被感动。包裹在蓝色薄纱中的欧根纱泡泡大衣，玫瑰檀香木色的闪色塔夫绸泡泡裙，点缀着紫红色和紫色斑点的白色全丝硬缎风衣。他是一位名副其实的色彩大师，他在这方面的天赋惊为天人。

他重新开始谦虚地工作。但是现在开始，资金限制给他的创作带来了极大的压力。整个氛围就是要节制，互相不断角力。他一而再再而三地让步。因此，一件连衣裙上要用的勒萨热刺绣很晚才到货，因为这是一项投资。要在确定可以选用之后询问报价，然后要求做一个样品，最后才会下订单。供应商被延迟支付。他自己也只能精打细算。好在，这并没有遏制他的创造力。2009年1月，他在T台上打造了一群如花绽放的美女，戴着超大耳环、穿着如牡丹般明艳的美人鱼裙，或者饰有金色纽扣的短夹克搭配织锦纹样的短裙。

2009年4月9日，《华尔街日报》宣称，面对奢侈品市场销售的大跌，Christian Lacroix品牌的所有者，美国的Falic集团已开始讨论出售其在这家营业额为3000万欧元，但是亏损1000万欧元的公司的部分股份。尽管品牌形象口碑极好，但这场危机还是给品牌带来了致命打击。股东们最终决定退出。6月2日，这间拥有125名员工的公司被宣布破产，并进入为期6个月的破产在管观察期。这个令人沮丧的消息震惊了所有人。狂欢派对结束了。22年来，每个人都被他丰满而充满灵感的创作所感动。这不是一场简单的产业事故。

然而，克里斯蒂安·拉克鲁瓦却展现了自己的斗志："对于我的员工和我本人而言，这是一件可怕的事。我并不因此而发火，也没有偏执。但是我就在想，事情发展到这一步，难道收购这家公司为的是一块木头么？我不想要一间将各种授权经营堆砌在一副骨架上，没有内核的时装屋。我们要保持200%纯正的时装屋，这一点没的商量。我想在7月再做一场秀。然而，这场秀在蓬皮杜艺术中心发布还是在街上发布，设计方法是完全不一样的。但是在58岁的年纪，我可不想做一些惨兮兮的东西。我还存了一些面料，还有一些追随我的供应商和一些随时待命的工作坊。即便没有时装秀，我也会请他们做一些款式。"

❧

拉克鲁瓦的命运掌握在巴黎商业法庭的手中。阿拉伯联合酋长国的酋长哈桑·本·阿里·纳米（Hassan ben Ali al-Nami）送来了一丝希望。但是法院破产管理人雷吉·瓦利奥（Régis Valliot）无法创造奇迹。那些潜在买家没有一个在规定的时间里存入支票。于是，法院将按照美国业主提出的计划执行。2009年12月1日，经商业法院判决后，该公司必须与90%的员工解约，并放弃高级定制时装。

只有十来名员工被保留，来管理那些可以继续使用"Christian Lacroix"品牌，而设计师本人却没有丝毫权力插手授权经营合同（男士系列、婚纱、香水、生活和装饰艺术品）。时装设计师萨查·沃尔奇科夫（Sacha Walchkoff）被任命为创意总监。杀青的场记板合上，一切荒凉落幕。时装大师鞠躬告别。这位阿尔勒人至今仍是最能代表高级时装经济脆弱性的设计师。

❧

拉克鲁瓦之前就创立了自己的设计工作室XCLX，从事所有时尚领域外的业务。现在，他可以继续设计TGV（法国高铁）、有轨电车、酒店和其他阳光灿烂的地方了。他设计了《小拉鲁斯》封面，为文学口袋书绘制了主人公形象，设计了依云水瓶，成为巴黎钱币博物馆的艺术总监，为勒诺特甜品店设计了一款由13种甜点组成的联名柴薪蛋糕，为拉杜丽（Ladurée）甜品店设计了具有高定风范的马卡龙，创作了自己的第一个家具系列，与贝蒂巴特（Petit Bateau）和巴黎歌剧院三方合作，推出了一个胶囊系列。

为舞台剧、芭蕾舞剧和歌剧创作服装让他感受到了前所未有的快乐：多尼采蒂（Donizetti）的《唐·帕斯夸莱》、儒勒·马斯奈（Jules Massenet）的《黛依丝》（*Thaïs*）、莫里哀的《贵人迷》（*Bourgeois gentilhomme*）等，他独特的创作风格与这些作品相得益彰。他用自己独有的风格将具有历史特征的廓型和具有现代感的创意、灵感的无限自由和艺术的约束限制结合在一起，产生了奇妙的化学反应。

2013年7月他受迭戈·德拉·瓦莱❶之邀，回归高定世界，推出了一个致敬斯基亚帕雷利的系列。他的作品展示之时，马克·扎尼尼（Marco Zanini）尚未被任命为这个重生品牌的艺术总监。拉克鲁瓦设计了18套服装，在巴黎装饰艺术博物馆中静态展出。这位设计师一丝不苟地再现了斯基亚帕雷利的设计符号，而他那以地中海传统和色彩著称的精致风格与品牌历史也完美融合。然而，这是只此一次的尝试，越是精妙绝伦，就越让人心生遗憾。

❀

无论他现在的道路如何，克里斯蒂安·拉克鲁瓦将永远是他那一代最富有想象力的时装大师。他精致的繁复装扮了我们的梦想。某种不可触碰的东西围绕着他的创作。他是具有巴洛克风格和地中海风情的18世纪启蒙运动的孩子，是善于运用大量堆叠的珠罗纱和精巧细节的波希米亚时尚工匠。

---

❶　Diego della Valle，1953 年 12 月 30 日出生。TOD's 集团主席。TOD's 集团于 2006 年收购了 Schiaparelli 品牌。——译者注

约翰·加利亚诺

（John Galliano）

　　时尚，和所有爱美的女性一样，同样充满新鲜的气息。来自卡纳比（Carnaby）街的顽皮男孩，斜裁和直裁的拉丁情人，他的作品总能掀起轩然大波，却又动人心弦，与众不同……新的总是好的，约翰·加利亚诺成为1995年夏天最令人兴奋的时尚宠儿。这位刚刚从伦敦来到这里的年轻设计师被宣布为于贝尔·德·纪梵希这位"最有范儿"的优雅大师的继任者，风光无限同时也危机重重。老主顾们被这个消息惊呆了，行业竞争变得愈发激烈和不择手段，所有人对此都充满了好奇。尽管如此，这位定居在巴士底附近的激昂的英国人还是大摇大摆地进入了高级定制时装的圣殿。

　　两季过后，直觉敏锐的贝尔纳·阿尔诺将他提拔到了Dior公司。1997年1月，蒙田大道上大秀隆重上演。850位记者、300位摄影师集聚一堂，等着捕捉他的首秀。他很乐于制造惊讶，但是也很善于用自己的方式向Dior过去的辉煌致敬。在这场首秀中，他大肆渲染了无忧无虑的盛大晚会和舞会，同时将品牌的传统融入了未来主义的轨迹。他的闪亮登场有多耀眼，15年后他的消失就有多突然，甚至没能在媒体上留下只字片语。

　　事实上，这位红得发紫的时装设计师不断攀升的事业在2011年2月24日这一天戛然而止了，毫无回旋的余地。一段视频显示，他在咖啡馆的露天座上喝醉了，大爆种族主义和反犹太主义的侮辱性言论，让整个时尚界以及与他亲近的人都大为震惊。一个热爱文化交融和创新的艺术家怎么能表现得像一个粗野之人？一个曾经拥有一切美好的男人的辉煌和陨落。Dior以极快的速度解雇了他，标志着加利亚诺时代的骤然落幕。同时，这也为行业中盛行的明星制度敲响了丧钟。一整个时代结束了。翻篇了。

这位前时尚之王远离聚光灯，开始了匿名生活。他在《名利场》的采访中表示了忏悔，甚至到奥斯卡·德拉伦塔（Oscar de la Renta）手下实习。对这位几乎声名狼藉的设计师而言，这是一种真正的"低姿态"疗愈。

他美妙的疯狂因子永远留在大家的记忆中。因为那真是太疯狂了，他最初那几季的欢乐气息，短款和服，T台上穿着男式衬衫的姑娘们，仿佛在逃窜，个个落拓不羁，别样的美丽动人，令人耳目一新。仙女裙，穿着疯癫的失智女人，浮华的礼服，夸张的褶裥和超大刺绣，马萨伊系列，异想天开的服装，这种超级戏剧化和摇滚风结合在一起的风格，将英伦荒诞和法式奢华结合在了一起，太疯狂了。加利亚诺永远都是奢华的约翰，他是时装秀王者、广告战的常胜将军、超级性感的创造者和具有叛逆精神的人……水能载舟亦能覆舟，这位反传统的海盗也未能幸免于难……

1960年11月28日，胡安·卡洛斯·安东尼奥·加利亚诺·吉伦（Juan Carlos Antonio Galliano Guillén）在直布罗陀出生。他的父亲约翰·约瑟夫（John Joseph）是一位祖籍就在直布罗陀的铅管工，她的母亲安妮塔（Anita）是西班牙人。她很早的时候就教约翰在厨房的桌子上跳舞，并且跳出最大的响声。她甚至还为他做了几套安达卢西亚的服装，教他一些关于弗拉明戈的基本知识。在她的影响下，他永远地爱上了香料、音乐和苦橙。他是家里唯一的男孩，有一个姐姐伊马库拉达（Immaculada），一个妹妹罗萨玛丽亚（Rosamaria）。"那时候的我不知道在我家之外还有一整个世界，"约翰后来说，"我们家里没有电视机，也没有其他类似的东西。我们在唱歌跳舞中打发时间。在直布罗陀我看不到其他东西，因为佛朗哥[1]的原因，边界非常封闭，在我们的阶层中，交流非常少。"

在他6岁的时候，他们举家搬迁到了伦敦。剧烈的文化冲击让他备受煎熬。他一下子就感受到了英格兰的敌意，并且觉察到这是一个非常严谨刻板的社会。"我们离开了阳光和蓝天，离开了文化和宗教的交融，离开了我们熟悉的香料和香气。我们搬到了伦敦南部一个贫穷的郊区巴特西（Battersea）。今天，那里已经变成一个时髦的地方了。但是在那会儿，真的是太难了。灰暗，潮湿。"然而这个街区在连续几波亚非移民潮后，变成了一个大熔炉，并会在将来为他提供源源不断的灵感。"这真是个神奇的地方，尽管生活条件很差，但是所有人都来这里安家。"他回忆道。

这个孩子很快就变得异常敏感，过于女性化，因而受到来自学校同学们的嘲笑。他试图为自己打造一个外壳来更好地隐藏焦虑的个性。对于他不停地在笔记本上画五颜六色的服装草图的嗜好，老师们也感到忧心忡忡。因为觉得制服太单调了，他还对它进行了改造，并因此遭到一些学生的恐吓。他学会耍心机以避免争斗和被暴揍："他们把我称为同性恋。即便那时我还没有感觉到自己的不一样，可是总会有人提醒我，我的父母或我班上的同学。不仅是提醒，而是让我确定。"约翰后来说。

由于受到长期的嘲笑和排斥，他躲到了一个自我疗伤的梦幻世界。"我在脑子里编了很多故事，因为那是让我感觉舒适的地方。那是我的藏身之处，是我的秘密花园。"他的历任老师都觉得他很奇怪，而且捉摸不定。还好有一位学校辅导员将他从学业失败的边缘救了回来。他16岁离开高中，进入东伦敦城市学院学习绘画和纺织品印花。他终于感受到了来自世界的善意微笑。更重要的是，他知

---

❶ 佛朗西斯科·佛朗哥（Francisco Franco），1892 年 12 月 4 日 ~ 1975 年 11 月 20 日。1936 年挑起西班牙内战，先后担任西班牙国家元首，大元帅，西班牙首相，西班牙长枪党党魁。1939 年内战结束后，成为终身国家元首。——译者注

道了，这个星球上有其他和他一样的人，同性恋并不是一种缺陷。

❈

3年后，约翰于1981年进入圣马丁艺术学院，他的信条很简单："勇往直前，做自己喜欢做的事！"对于每一个想要进入时尚界的人来说，这都是必经阶段。他的志向是成为一名插画师，但学校的课程是从一年"预科"开始的，这是一个非常自由的教学阶段，让学生尝试多种艺术设计学科，以便于更好地决定想要学习的专业。

"我一直觉得圣马丁的氛围具有非常纯粹的魔力。"约翰说，"徜徉在一个个不同的课程里，游走在每个领域的尖端，电影系或雕塑工作室如此创意无限。时尚并不局限在自己的小圈子里。我有几个亲近的朋友是平面设计系的学生。我们都是在一间酒吧里相识的。一个绝妙的组合。看着我的同学们画画、雕塑或者做其他创作，会让我受到很多启发。这是一所真正的传统艺术学校，在那里你可以快乐地将所有东西融合在一起。"在第一年结束时，他选择报读时装设计专业。

每天早上，他腋下夹着画夹，离开位于达利奇区（Dulwich）的家，乘坐12号线双层巴士，从达利奇站坐到牛津广场站下，然后步行前往苏荷区。暧昧的按摩院与时髦的酒吧毗邻，同性恋酒馆与出版社并排。约翰很喜欢这些街巷中释放的狂热、放荡和天马行空，以及那种似乎在一天中随时都能迸发出的肾上腺素的火花。夜幕降临，夜总会打破禁忌。"在圣马丁，周四和周五的校园里几乎空无一人。所有人都待在家里准备周末的服装。"约翰的装扮在创造力上超越了所有人的想象。唯一不同的是：如果去Beat Route夜总会放纵，囊中羞涩的他只能喝啤酒，而他的一些同学则可以组织可卡因派对挥霍。

❈

约翰努力学习，但很快他就被发现每周三和周四下午都会缺课。

他在国家剧院找到了一份穿衣工的工作，并在那里接触到了一些英国舞台剧传奇人物，比如拉尔夫·理查森（Ralph Richardson）、约翰·吉尔古德（John Gielgud）和朱迪·丹奇（Judi Dench）等。"我在那里学到了太多东西。"他说，"因为我个子很小，所以可以去任何地方。在一个复杂的舞美布景里，我可以躲在舞台的活板门里，然后迅速地给演员换好衣服。我什么都做，从给鞋子擦油到在演员离开舞台时给他们开门。我在舞台两侧，充满仰慕之情地欣赏着。我让自己变得不可或缺。每次去工坊都让我着迷，我观察他们如何通过面料来表达情感，看戏剧服装如何帮助演员真正融入角色。"

他还成为一名专业的熨烫工，有些演员指明必须由他来熨烫他们的戏服。就像他的前辈维奥内夫人或巴伦夏加一样，他已经掌握了塑造面料的重要性。

这段剧院经历对他而言最重要的是点燃了他的想象力，同样，这也是为什么当他在 Dior 工作的时候，会要求模特姿势要夸张，动作幅度要大。舞台艺术对他的影响在他作为高定设计师的整个职业生涯中显而易见，他对古代服装有着过度的偏爱，对那些最荒诞的人物充满迷恋。他能在压力下创作，喜欢来电的感觉，喜欢首映之夜。

在圣马丁，他的主要导师谢里丹·巴内特（Sheridan Barnett）表示，"无论从创意的角度还是从社会的角度来看，他都是特立独行的一个"。与另一位学生约翰·弗莱特（John Flett）的相识相知，让约翰相信遇到了灵魂伴侣。他们总是形影不离，当他年仅20岁的朋友死于心脏病发作时，约翰悲痛欲绝。

❧

他又重新回到了不知疲倦、永不满足的学习状态中。他随时随地都在不断地画画。圣马丁艺术学院的图书馆对他来说很快就不够用了，伦敦著名的装饰艺术馆，维多利亚和阿尔伯特博物馆（Victoria & Albert Museum）的馆藏满足了他的好奇心。他沉湎于时尚史中最浪漫的那些时期。他的一位杰出教师科林·麦克道威尔（Colin McDowell）评论道："在这里，他将服装制作领域所有能学的都学了。他对剪裁艺术特别感兴趣，并开始尝试彻底打破传统方法的革命性的解决方案。尽管他的想法经常被证明是行不通的，但他几乎肯定还可以用其他方法裁剪袖子或者增加裙子垂坠感。他就像是个预言家。"约翰本人后来向他的老师承认："我想那时候我已经预感到自己的前程了。"

时装学院和美术学院一样，如果学生的毕业作品在整个学校掀起讨论，那么毕业后就很有可能开启真正的职业生涯。约翰·加利亚诺将会巧妙地抓住这个机会。他想要对历史服饰的浪漫之美提出革命性观点，并且希望能挑战时尚的结构。他向往着色彩、幻觉、剧烈的冲突和大量的戏剧性。在督政府时期的法国和当时说话做作、奇装异服的年轻小伙，身穿古希腊古罗马服装的时髦女郎的造型中，他获取了很多灵感。结果是闪耀的：服装被划破、撕裂，一些细节被放大到夸张的程度，女子穿着希腊风格的高腰雪纺连衣裙，男人戴着巨大的领带。他还记得他在国家剧院学到的技巧，花了好几个小时用缎带蘸蜜糖帮助塑型。

1984年6月，圣马丁的考官被年轻的约翰的胆大妄为和不妥协给惊呆了。大幕尚未落下，每个人就都能明确感受到他的卓越天赋。加利亚诺毫无争议地获得了"卓越"等级。评审团成员设计师罗兰·克莱恩（Roland Klein）甚至写道："我从未见过一个学生拥有如此坚定的信念、表现得如此成熟老练、展现出如此精湛的技术，更不用说他那些独一无二的想法了。"

在薇薇安·韦斯特伍德（Vivienne Westwood）、斯蒂芬·利纳德（Stephen Linard）、凯瑟琳·哈姆内特（Katharine Hamnett）和其他一些人的共同努力下，这时的伦敦时尚迎来了它的鼎盛时期。它就像是一杯口味复杂的鸡尾酒，野心与炫耀、理想主义与犬儒主义、昙花一现和期待已久，全都混合在一起。在这座"英伦学校"最令人震撼的，是精湛的工艺，对造型、材料、风格的杂糅与改变，用非常古老的技艺和素材创造新事物的勇气，以放肆的语调影响整个当代时尚创作的胆量。从最小的展陈室到最不羁的俱乐部，英国叛逆分子都有自己固定的街区，那里散发着才华横溢的气息。然而，花香背后亦有荆棘。不难想象，在季节更替间，年轻的设计师会像柠檬一样被榨干，迅速成为这个"新"者为王的圣殿上的牺牲品。

❋

对约翰来说，事业起步非常顺利。位于南莫尔顿（South Molton Street）街24号，非常受欢迎的布朗（Brown's）精品店一下子就买下了他的整个系列，因为店主琼·伯斯坦（Joan Burstein）被他的创造力震惊了。"那在当时引起了很大的轰动，"她回忆道，"他作品中的表达如此自由。我一定要展示这个年轻人的巧夺天工和天马行空。"最终，她在橱窗里展示了他的所有作品，吸引众多路人驻足欣赏。

"一开始，卖出去的是蝉翼纱衬衫和背心。"设计师还记得当时的情形，"巧的是那段时间恰好我父母外出度假了，我可以在家里铺开了干活儿。客厅变成了一个微型工厂。有一台缝纫机，我们根据订单制作量身定制的服装。我会去诺丁山淘旧窗帘和锦缎，非常兴奋地用推车把它们带回家，然后我的朋友们会来帮我裁剪。这是一个典型的手工作坊。我们生产、交付、收到一小笔款项，然后重新开始。"

在伦敦时尚圈，围绕着加利亚诺的讨论越来越多，已经有人开始窃取他的想法了，而对他的作品感兴趣的人也不再局限于牛津街。甚至大明星戴安娜·罗斯（Diana Ross）都来买了件大衣。

❋

他就是在那时认识了阿曼达·哈莱克（Amanda Harlech）夫人。她当时的名字叫阿曼达·格里夫（Amanda Grieve），是一位年轻的时尚编辑，曾在《哈帕斯与女王》（*Harper's & Queen*）杂志上引起讨论。他们的一位共同的朋友介绍他们相识。他俩一见面就亲如兄妹，并在接下来的11年里一起工作。"我从《哈帕斯》辞职，开始以自由职业者的身份为约翰工作。没钱。所有人都带着纯粹的信仰满怀雄心壮志。可能我们都觉得，过了这个村就没这个店了，我们真的很想登上这艘不同凡响的大船——包括面对可能会出现的海难。"

另一个重要的支持来自约翰·布伦（Johan Brun），外号Yo-Yo，他在他的作品中看到了商业"钱"图。他为他在伯爵街（Earl Street）找到了一间简朴的挑高阁楼，让他在那里建立自己的工作室。从乔治男孩（Boy George）到帽子设计师斯蒂芬·琼斯（Stephen Jones），很快有越来越多的人都来拜访他，并为这位冉冉升起的新星提供各种支持。

约翰在时装周上的第一次亮相选择的主题是"阿富汗不接受西方标准"。他的系列灵感来自阿富汗历史上一段特殊时期——1919 ~ 1929年，在此期间，阿曼努拉·汗国王❶强迫他的臣民穿西式服装。这位设计师非常喜欢两种文化碰撞的概念，并展现了一种疯狂的景象。裙子的前面撩起，背心皱巴巴的还裸露后背。他将拿破仑时期男士衬衫所用的原产自印度的印花棉布与波纹闪光条纹真丝面料混搭在一起。他用葡萄酒给乔其纱染色，赋予它"干枯的血迹"的色调。他愉快地将不同的形状和比例混合在一起，把长款穿在短款外或者相反，并且打破所有可能的规则。他声称"简约，就很无聊……一般来说，最有趣的都是那些有缺陷的"。

1985年3月15日，他以"趣味游戏"系列再战江湖。那场秀确

---

❶ Amanallah Khan，1892 年 6 月 1 日 ~ 1960 年 4 月 25 日。1919 ~ 1929 年担任阿富汗王国的国王。他在帝国强权压制之下，努力谋求内政改善。他改革的基本思想是健全和合理的，但对阿富汗本国的国情分析不够，没有考虑到实施改革的可能性和成功的把握性。1928 年 11 月，阿曼努拉甚至颁布了强令阿富汗人穿西服的法令，改革开始走向了极端化和简单化。因受到国内反对，阿曼努拉·汗于 1929 年初宣布退位，自己流亡英属印度。他所尝试的改革也都逐渐被废除。——译者注

实是最有趣的之一。棍子插在看起来非常蓬乱的头发里，挂钟就像刘易斯·卡罗尔写的那样被按在头顶，鸟的标本，伯恩·琼斯❶风格的拉斐尔前派忧郁，对弗吉尼亚·伍尔芙❷或奥斯卡·王尔德❸文字的再现……他的秀，将文学素材、哥特式表达和甜蜜的疯狂创造性地组合在了一起。新闻界对新的英国救世主充满了溢美之词，为他种种出其不意的混搭喝彩。

他的 1986 年春夏发布会主题为"堕落天使"，仍然以反传统为主旋律。模特们戴着由塔罗牌和从泰晤士河打捞来的物品制成的头饰。督政府时期式样连衣裙裙摆撩起，搭配蜂窝绉领，夹克式衬衫采用高领设计，外穿大圆袖男式外套。加利亚诺将面料折叠、切割、纵横交织，然后再一层层地叠加在一起。模特们的头发刷了白泥紧贴在头上，身上撒了一大片爽身粉，那又如何……观众的眼睛只看到那些若隐若现的轻盈的裙子湿漉漉地粘在模特的身体上。约翰的信条是将厚重与精巧、粗俗与温柔、狂野与非凡、交叉与分离的造型并置：加利亚诺张力。

下一个系列"被遗忘的无辜者"，用有限的材料表达高定时装时代的终结。约翰把他的标志印在所有走秀模特的额头上，最后返场谢幕前，在模特脸上洒了水，那些标志像血一样从她们的脸上流下来。这时，秀几乎变得令人不安，就好像她们在后台遭遇了黑暗的

---

❶　爱德华·伯恩·琼斯（Edward Burne-Jones），1833 年 8 月 28 日 ~ 1898 年 6 月 17 日。新拉斐尔前派（又名牛津会）最重要的画家之一，他是拉斐尔前派理想的热情支持者与实践者。代表作《梅林的诱惑》《国王与乞食少女》。——译者注

❷　艾德琳·弗吉尼亚·伍尔芙（Adeline Virginia Woolf），1882 年 1 月 25 日 ~ 1941 年 3 月 28 日，英国女作家、文学批评家和文学理论家，意识流文学代表人物，被誉为 20 世纪现代主义与女性主义的先锋。——译者注

❸　Oscar Wilde，1854 年 10 月 16 日 ~ 1900 年 11 月 30 日。19 世纪英国（准确来讲是爱尔兰，但是当时由英国统治）最伟大的作家与艺术家之一，唯美主义代表人物，19 世纪 80 年代美学运动的主力和 90 年代颓废派运动的先驱。——译者注

暴力。

❦

1986年夏，丹麦投资者皮特·贝特尔森（Peter Bertelsen）决定资助他，他的阿格切克（Aguechek）公司资助了几家在伦敦落户的意大利成衣公司。在贝特尔森资助的那几年，加利亚诺获得了稳定的薪水。他在那段时间设计了一些很棒的系列并印上了自己的商标。他的服装并不是凭空想象的；它们总是暗含着一个故事，潜藏着戏剧性，这似乎印证了加利亚诺设计服装并非以36码的身材为标准，而是以一个非常具体的女人为理想，那是一个从艺术、文学和他的想象力中逃脱的人物。他将最精致的面料折叠、打褶、做成蜂窝状或层层相叠，制成口感丰富的鸡尾酒，呈现出一种永恒的美。

加利亚诺的衬衫，每一款都有精心设计像夹克般的鼓起，已经成为他最有识别度的单品。那些不对称、被定型和卷成螺旋形的面料被大量重复，粉红色成为他最爱的色调。他的1988年春夏系列"布兰奇·杜波依斯"❶，具有强烈的田纳西·威廉姆斯❷风格，为他赢得了"年度设计师"的称号，并被巴斯时装博物馆授予年度最佳服装奖。

对于他高超的剪裁天赋、娴熟的面料运用和精湛的秀场表达，所有人都交口称赞。而且他特别知道如何将那一小撮被他疯狂的想象力圈粉的死忠粉和时尚迷笼络在自己身边。朋克运动之父、薇薇安·韦斯特伍德的前男友马尔科姆·麦克拉伦（Malcolm McLaren）甚至开玩笑地问他，秀这么受欢迎，接下来是不是要收门票费了。这并不是一个无关痛痒的问题，因为尽管他的发布会都取得了巨大

---

❶ Blanche Dubois，电影《欲望号街车》的女主角，由费雯·丽饰演。——译者注

❷ Tennessee Williams，本名托马斯·拉尼尔·威廉姆斯三世（Thomas Lanier Williams Ⅲ），1911年3月26日～1983年2月25日。美国剧作家，代表作《欲望号街车》《热铁皮屋顶上的猫》等。——译者注

的成功，但约翰很快就被他的丹麦赞助商放弃了，不得不重新考虑自己的未来。

他立即向"Plein Sud"品牌的设计师兼老板费克尔·阿莫（Faycal Amor）寻求建议。摩洛哥人鼓动直布罗陀人立即来巴黎定居，并在巴士底附近为他找到了一个临时工坊，用于打造"加利亚诺女孩"。不久，就有8个人为他工作。他1989年在巴黎的第一场发布会是在资金短缺的情况下完成的。

随着一季季作品的推出，情况得到了改善。西尔维·格伦巴赫（Sylvie Grumbach）免费为他做形象推广。她还记得，夜幕已降临，大家还在将电线缝在裙子的折边里，以加强下摆的硬度；有人蹲在地上，一张一张地给请柬盖章。还有数不清的夜晚，他们在公司里吃蔬菜牛肉汤，或者去餐厅吃饭，她总是会主动结账。

他的秀"海盗奥莉维亚"以及第二年将20世纪30年代的晚礼服、苏格兰短裙和睡衣混合在一起，名为"鲁克卢西娅公主"的秀都深得媒体欢心。模特们在几乎可以忽略的被扯破的透明薄纱外套上像是用脆的彩色纸、硬挺的挖花杂色丝绸制作的高领收腰大衣，格子呢衬里若隐若现。有些人花很多功夫在头上戴上了令人难以置信的玛丽·安托瓦内特帽子，巨大无比，装饰着鲜花和绉泡纱。

❧

尽管在艺术上取得了毋庸置疑的成就，但财务上的成功并未如期而至。1993年，约翰又变成了孤家寡人，只有他的团队支持他。面对这些起起落落，他依旧淡定从容。后来有传闻说一度穷到只能睡地板，甚至连买地铁票的钱都得问朋友借。是因为想到了这段艰难的时期，所以才有了2000年他在Dior设计的"流浪者"系列的吗？幸运的是，来自*Vogue*的两位美国大神，"法老"安德烈·莱昂·塔利（André Léon Talley）和"女教皇"安娜·温图尔（Anna Wintour），将给予他鼎力支持。

安德烈·莱昂·塔利，这位身高超过两米的美国黑巨人，非常喜欢"鲁克卢西娅公主"系列。每个时装周都少不了他闪亮的身影，有时穿着睡袍式真丝外套或针织东方长衫、天鹅绒斗篷或印花非洲长袍。而他也将成为加利亚诺有效的推广者。至于安娜·温图尔，则选择务实，尽管他经济拮据，她还是劝说他不惜一切代价举办时装秀。距离发布会只剩下4个星期了，似乎什么都没有准备好。这两位"笔杆子"立即约了超级富婆圣·斯伦贝谢共进午餐，她欣然答应将自己刚刚搬离的位于费鲁（Férou）街6号的私宅借给他做秀场。还需要为他找一个投资人。安娜·温图尔把约翰招到布里斯托尔，会见投资银行普惠公司（Paine Webber）的约翰·布尔特（John Bult）和马克·赖斯（Mark Rice），他们提出以现金的形式向他的公司投资。"约翰当时已经一贫如洗，"她说起当时真实的处境，"我觉得他这种全凭想象力、创造力和智慧，在一穷二白的基础上创造魔法的能力，太英国了。"

现在只剩下火烧眉毛的15天了。他决定只做17套服装，他希望这17款服装能让人记忆深刻。他整个系列都用一卷卷简单的黑布裁剪，面料的亮面和哑光面都用上了。卡拉·布吕尼、琳达·伊万格丽斯塔（Linda Evangelista）、娜奥米·坎贝尔、凯特·摩斯（Kate Moss）、克里斯蒂·特灵顿（Christy Turlington）等模特们穿着迷你和服式的外套，搭配绣花腰带。

为了给人留下更深刻的印象，约翰打开了圣·斯伦贝谢家的窗户，将成吨的枯叶撒落在各处，用玫瑰花瓣填满翻倒的烛台，床被拆开，椅子被推倒，一楼洒满干冰，营造出一种诗意的、几乎是荒凉的气息。请柬是这座房子的钥匙。"女孩们在房子里到处游行，"约翰说，"就像是老派的沙龙展。画着迷人的天仙妆容的绝世美女们在这座废弃的房子里游荡，不时地弯腰寻找被尘封的情书……"这个1994～1995年秋冬系列非常神奇，成为载入史册的时尚又感人的时刻。

❋

　　3 周后，约翰拥有了一间位于谢瓦布朗甬道（Passage du Cheval-Blanc）的工作室，可以接待他的著名新客户：贝蒂·拉加德雷（Betty Lagardère）、麦当娜或穆娜·阿尤布（Mouna Ayoub）。在之后几季的时装周中，他的名字在所有媒体上都会被特别强调。"冬季仙境"系列的发布会在居斯塔夫·埃菲尔（Gustave Eiffel）的一个废弃工厂中举行。斑马纹印花、部落图案和鲜艳色彩的弗拉明戈连衣裙都令人眼花缭乱。在时尚圈，一个话题再次出现："这家伙需要一个高级时装工作室。他不能再这样下去了。"

　　机缘巧合的是，奢侈品领域的王者贝尔纳·阿尔诺正在寻找一个可以振兴 Givenchy 品牌的接班人，因为品牌创始人即将按计划退休。也许是安娜·温图尔向他吹了点风，他的亲信中有些人恳求他提防这个"邪恶的吉卜赛人"以及他无法控制的创造欲望，但阿尔诺相信自己的直觉。加利亚诺在接受《福布斯杂志》（*Forbes Magazine*）采访时谈到了他与这位大亨的第一次见面：

　　"我第一次见阿尔诺先生时，他们安排了一辆深色玻璃窗的装甲车来接我。非常詹姆斯·邦德，虽然莫名但令人兴奋。那时天色已晚，我们一直开到了 LVMH 大楼。电子门卫，保镖。我被推进了私人电梯。敞开的一扇扇门把我们引向了一间满是玻璃和镜子的圆形厅。为了这次会见，我特意穿了一件 Vivienne Westwood 夹克和一条在卡纳比街的光头党店买的垮裤。那时我留着长发，梳着脏辫。突然，墙壁的一部分消失了，他出现在那里，一个穿着灰色西装的完美无瑕的优雅身影，刚毅又迷人。一位真正的梅林❶。"

　　加利亚诺向他展示了他的画本，但贝尔纳·阿尔诺已经对他的一切了如指掌。他的私家侦探花了数周时间仔细调查了他的作品、

---

❶　Merlin。亚瑟王传说中的巫师，英国著名的传奇人物。梅林是英格兰及威尔士神话中的传奇魔法师，他法力强大同时充满睿智、能预知未来和变形术。
　——译者注

账簿、私人生活、他的合作者以及他最琐碎的所作所为。他已经被全方位仔细审查过了！在他档案的所有照片中，我们看到他穿着苏格兰短裙，穿着纱丽，穿着高跟莫卡辛鞋，梳着脏辫或麻花辫，披着蕾丝和丝绸的服装，但总是留着他的克拉克·盖博（Clark Gable）式的小胡子。

让如此离经叛道的英国人进入世界上最著名的时装公司之一，担任艺术总监之职，本身就是一场疯狂的赌博。加利亚诺到了Givenchy麾下。看起来，新旧两任艺术总监除了姓氏的首字母外，并没有什么共同点。最重要的是，他可能无法重塑品牌形象，反而会对它带来损害，并造成传统客户的流失。但阿尔诺承担了风险。加利亚诺欣喜若狂。很长一段时间里，他都在想，那时候LVMH的CEO是不是将Givenchy当作是Dior的试验田，这是进行高水平练手的最佳方式，但是关于这一点他从未得到有关人士的确切答案。

❦

他全身心地投入了这场挑战。1996年1月，他在Givenchy品牌下推出了人生中第一个高级定制系列，他用自己充满想象力的魔法升华了品牌的灵魂，将幻想和魅力巧妙大胆地融合在了一起。夜晚的娇媚可以体现在18世纪的雍容奢华中，也可以栖息在美好年代金银丝线围巾的精致细腻中。在这两种情况下，正是它们绝对的女性气质赋予了他的服装所有力量。评论很精彩。

事实上，加利亚诺负责两个系列的创作：高不可攀、量身定制的高定系列Givenchy Haute Couture，以及在精品店可以买到的成衣系列Couture Givenchy。成衣系列尽管价格昂贵，但还没有到无法企及的程度。这个系列的展示没有舞台，没有配饰，没有排场，整个系列作为一位服装建筑师、一位英国学校培养的杰出剪裁师的作品，引人注目。

掌握和谐比例，赋予面料生命，驯服斜裁布片，打造优美曲线，塑造领口造型……所有这些，约翰都能做到完美。有些面料在他所有系列中都能找到，比如防水羊毛呢、柔软垂顺的黏胶纤维针织面料、斜条纹华达呢。这是为街头打造的风格，既不属于博物馆，也不属于过去。

在为 1996 年 10 月新一季的发布会做准备的时候，约翰已经知道他与 Givenchy 的合约将提前结束。他用这最后一场秀，致敬费里尼马戏团风格：有通体刺绣的半透明斜裁连衣裙、还有以少数民族文化和韦奇伍德（Wedgwood）瓷器为灵感的款式。安娜·温图尔对他赞叹不已，并指出"很少有设计师能真正将自己的思想、创作乐趣和个性注入时尚，并为时尚带来这个产业所需要的：在创新中加入一点疯狂"。

为了将约翰转至 Dior 以取代奇安弗兰科·费雷，贝尔纳·阿尔诺已开始秘密谈判。该交易规定，LVMH 还将为 Galliano 品牌提供资金。当有人将巴黎时尚的瑰宝送到你面前时，谁能抵挡得了这样的诱惑？

巴黎媒体长期以来一直认为，阿尔诺应该会选让·保罗·戈尔捷。薇薇安·韦斯特伍德也曾主动请缨。很少有专家会想到约翰。但安排给加利亚诺的使命很明确：遵循 Dior 精神进行原创设计，同时保留他自己的创造力。颂扬过去和重塑未来。这句话更直白地说，可以归结为"我们给你钱，你得做出漂亮成绩"。约翰拥有充分的自由，去推翻马克·博昂历时 29 年和费雷历时 10 年打造的那种高处不胜寒的 Dior 优雅形象。

1996 年 10 月 13 日，消息正式公布。亚历山大·麦昆被任命为 Givenchy 首席设计师，约翰抵达蒙田大道。山雨欲来风满楼。皮埃尔·贝尔热毫不掩饰自己的不满："时尚往往由天赋、才华和智慧组成……但这些品质都不应该让我们忘记，时尚首先是为了给女性穿衣。"说到"服装"，这位 Yves Saint Laurent 的主席深表痛心："所有这些幻景给国民思想阵线送去了依据。这些人自认为是杜尚。但杜尚是一位伟大的艺术家。"首饰商刺绣师弗朗索瓦·勒萨热则更仁慈："约翰非常有创作激情，他让我想起了刚开始时的克里斯蒂安·拉克鲁瓦。"

新闻界特别指出，高定时装的世界正在像驴皮一样不断萎缩。1946年有200家高定时装屋，1966年锐减到40家，而到了1996年就只有16场高定秀了。媒体还强调，高定时装在这时暴露了它的局限性，反映了法国品位的危机。风格效应或者与之相反的旧标准，老客户鲜活的影子或者她们简单粗暴的否定，都无法掩盖面对即将到来的21世纪缺乏计划和方向的事实。"高定时装不再生产时尚，它满足于用工艺精湛的杰作来保持其形象。"一位专家感叹道。加利亚诺和麦昆会给法国高定带来一股疯狂的旋风。

❧

10月21日，约翰与公司档案管理员第一次相见。连续几周，他都沉迷于Dior的档案馆中。最初的几个月他非常兴奋，他可以进入那些卓越的工坊，他全身心地投入学习品牌密码并思考如何对它们进行重新演绎。他很快就组建了团队的核心：强大的史蒂文·罗宾逊（Steven Robinson）负责管Dior和Galliano的工作室，一头金发的比尔·盖登（Bill Gaytten）作为他的得力助手负责服装生产，杰里米·希利（Jeremy Healy）负责走秀的配乐，迈克尔·豪威尔斯（Michael Howells）负责布景设计，永远精致优雅的马诺洛·布拉尼克（Manolo Blahnik）负责鞋子设计，代表必不可少的伦敦风情的斯蒂芬·琼斯负责帽子设计。卡米拉·莫顿（Camilla Morton）将会加入这个团队练手；早期的忠实信徒阿曼达·哈莱克抛弃了约翰，转投拉格菲尔德。

1997年1月20日，是"先生"系列闪亮登场的重要日子。50套服装纪念NewLook的50周年，这是一个令人陶醉的系列，从历史出发，驶向诱惑的彼岸。加利亚诺就像是一个信手拈来的玩家，用轻薄的浅色细方格花呢、轻盈的欧根纱、天使绉缎或象牙色绉纱、香槟色真丝薄纱,吹灭了这个生日蛋糕上的蜡烛。"他抓住了Dior轻盈、娇俏的一面,"阿瑟丁·阿拉亚中肯地评价,"他知道如何掌控三维造型。失去这一点的话,高定时装就只是一座小城堡,或是一间剧院⋯⋯"最重要的是,他明白如果没有新元素,以致敬为主旨的服装系列可能会被当作模仿品。

因此,他的第一场秀中包括了大量带有现代感和马萨伊民族色彩的裙撑架、千鸟格和服、东方快车上的乘客、美好年代的时髦女郎。那些轻盈的长裙、绘有热带花卉的塔夫绸、豹纹效果的串珠紧身胸衣,无一不让格兰德酒店里的791名观众神魂颠倒。婚纱用白色褶裥真丝雪纺制作,饰有羽毛和欧根纱制作的鸟头,压轴出场。

在现场雷动的掌声和欢呼声中,加利亚诺出来谢幕,穿着迪奥的威尔士亲王格纹西装,刚刚剪了那一头脏辫的头上戴着一顶礼帽。一位巴黎高级定制时装的守护者痛斥:"这是对Dior品牌记忆的侮辱。"然而这只是徒劳,全球媒体都对这场秀高唱赞歌。在《先驱论坛报》中,苏西·门克斯(Suzy Menkes)称之为"不可磨灭的魔法和浪漫形象"。

紧接着,约翰在法国国家遗迹博物馆展示了他自己同名品牌的另外50套服装。贝尔纳·阿尔诺想要打破那种可能会让高定时装僵化的高高在上。约翰让他如愿以偿了。

在纽约大都会博物馆举行的Dior 50周年展览开幕式上,戴安娜王妃穿的就是他的一件作品:一条暗夜蓝蕾丝吊带紧身裙。一些纯粹主义者讽刺那是一件"睡衣"。

他的下一个系列在1997年10月14日发布,混合了加莱蕾丝、美人鱼长裙、银丝提花面料和柔软的丝绸。约翰的线条非常轻盈,流畅顺滑的裙装,马卡龙色和粉紫色的色调。《世界报》的劳伦斯·博纳伊姆评论道:"40位模特穿着线条优美、开衩、卷起裙装,使这一刻成为最珍贵的时刻之一,让巴黎成为名副其实的浪漫梦想。"即便一些不友好的声音会说他有点低俗，但所有媒体都一面倒地对他赞不绝口。

加利亚诺效应及其所造成的巨大媒体轰动为正面临美国和意大利腹背夹击的巴黎高级定制时装增添了新的色彩。最重要的是，这位英国人意识到了通过精准定位的秀来尽可能延长讨论时间并制造事件的重要性。每次一场具有历史意义的大秀推出，都离不开一支由16名化妆师和20名美发师组成的团队，持续12个小时的工作。

1998年7月20日，约翰把他的追随者们召集到奥斯特里茨火车站，庆祝他想象中带着一千零一个箱子的和平大使宝嘉康蒂❶的到来。65个电视频道转播了这场像巨制大片一样精心策划的秀，声光影完美结合，锦缎、羽毛和黄金共同打造的高定时装，Dior打造成了刀光剑影的武侠小说中的武林世家。

1998年11月，约翰在Dior展示了他的第一个皮草系列。他虚构的女英雄们身着和服袖浴袍和名为"齐齐（Chichi）""乔乔（Chowchow）"或"查查（chacha）"的迪奥套装，被烟灰色的毛丝鼠皮包裹着。1999年1月16日，约翰向曼·雷❷致敬并用了很多水晶泪珠。神经质的外族女子穿着长款绉纱茶会礼服、绸缎兰花，女骑士们身着威尔士亲王格纹……怀旧情绪一触即发。秀结束时，设计师连续6次出来谢幕致意。

1999年7月21日，他在凡尔赛的橘园举行了一次震撼的大秀。

---

❶ Pocahontas，约1595年~1617年3月。英属弗吉尼亚州印第安人，因其与早期在詹姆斯敦的殖民者的交往而闻名，她是弗吉尼亚低洼海岸地区印第安部落波瓦坦族的酋长波瓦坦的女儿。根据历史上知名的传闻，她救了一个被印第安人俘虏的英国人约翰·史密斯的命。她的事迹在几百年里越来越富于传奇色彩，许多艺术、文学、电影作品按照她为原型进行改编，比如动画片《风中奇缘》。——译者注

❷ Man Ray，1890年8月27日~1976年11月18日。美国现代主义艺术家，在法国巴黎度过了自己大部分职业生涯。他为达达主义运动和超现实主义运动作出了巨大的贡献，虽然他并没有正式地参与这两次运动。代表作《泪珠》等。——译者注

深受电影《黑客帝国》的影响，他塑造了混迹于夜店（硬摇滚或哥特风）的凶神恶煞的形象，Dior顾客几乎认不出这是她们的包包或化妆品的品牌了。那条用亚麻涂胶仿皮革面料和鳄鱼皮制作的裹身裙，模仿大口袋的夹克系在腰间，那件黑色皮革和蕾丝连衣裙是纯粹的施虐狂幻想。那些摇晃的带子增添了运动感，画得乌黑的眼睛增添了狂野气息……这很重要！这些无政府主义的极其夸张的服装只是为了一场秀而作。很显然并不会有任何人真的穿它们，而真正能在商店中找到的系列，则在展陈室中静静地等待买家。

1999年10月5日，在法国国立网球场现代美术博物馆的房间里，这位时髦的少爷推出了印有马具的真丝上衣、饰有马鞍形的大口袋皮质半身裙，以及带马刺的高筒靴。牛仔面料大行其道，穿搭在真丝背心外或制成波莱罗背心，充满了伪装性。最后篇章仍然延续了约翰对贵族骑士的疯狂迷恋，手执马鞭，身着布满了星星图案的裙子。负面评价扑面而来："就只有这点东西了，一派胡闹"或者"他败坏了Dior的好名声"，当然少不了"动静挺大，但没有什么可穿的"。不满的声音还会增强。

❧

于是，2000年1月18日带来的是更大的冲击。凭借大到离谱的预算，迪奥时装流落街头，围绕前所未有的流浪汉主题，这场秀被打造成了一场蔚为壮观的无家可归者衣衫褴褛的游行。约翰将雪纺纱撕开，将绸缎弄脏弄破，将天鹅绒巧妙地烧焦，将丝绸大刀阔斧地剪得衣不遮体，把新衣补缀成旧衫，把破衣修补得美丽。帽子上非常放肆地装饰着一串黄色避孕套或者做成塔式蛋糕的造型。

用不入流打造华美是他的孤注一掷。再也没有什么比被邀请到小皇宫的2000名宾客的沉默更能说明问题的了。没有任何掌声。然而，他的秀是美的，异乎寻常的美，就像是一场求仁得仁的时尚的自我毁灭。"颓废是如此美丽"，似乎在嘲讽加利亚诺。全球媒体都愤怒了，谴责这位胆敢将Dior品牌拖入阴沟的人。

《费加罗报》的时尚作家珍妮·萨梅特带头讨伐带来这场灾难的人，并强调Dior的存在并不是为了以高如喜马拉雅的价格将富人打扮成无家可归者。她说这是警诫，是挑衅！约翰则回击她高定时装正在改变它的固有模式。

这就是Dior新机制的精髓：时装秀上的疯狂创意，精品店中的写实主义风格。加利亚诺掷地有声地阐述了他对这个方法的理解："时装秀只是一个提案，谁都不必太把它当真。我不是独裁者。所有的一切都始于高定时装。它给出方向和概念，然后在此基础上开发出成衣、配饰、美容产品。"

实际上，他面向的是那些全球各地到处跑的女飞人。"在每一季创作开始之前，"他说，"我会和销售团队开几次会，他们会告诉我一些非常重要的东西。亚洲消费者喜欢的面料的垂坠感，日本人喜欢的手感。在潮湿炎热的地区，面料应该是轻薄的。客户群体不再局限于巴黎的资本家。"

❧

每天，遍布全球的106家❶专卖店夸张的销售数字都在电脑上闪耀。什么卖得好与不好一目了然。加利亚诺"效果很好"。正如我们在行话中所说，他创造了流量。他的使命就在于创造时尚影响力，推动配饰销售。他可不是一个没头脑的艺术家。销售是他关注的核心，他永远不会忘记市场营销。

1999年起，他成为品牌全线艺术总监。女装、Dior童装系列、皮草、配饰、眼镜、手表、香水、化妆品和广告：所有作品都必须经过约翰盖章认定"完成并通过"才能走出工作室。加利亚诺大权在握，并以他自己的方式行使权力，精准掌握快意疯狂和商业理性之间的距离。最重要的是，他完全融入了像LVMH这样的世界头号奢侈品巨头的运行机制。他理解商业上的制约因素，知道必须在秀

---

❶ 在他离开 Dior 前，这个数字增加到 240 家。

场上推出拳头作品，并将它们演化成可以在店里销售的产品。目标是每个人都能拥抱 Dior 梦想。

戴妃包的成功，他功不可没。"真我（J'adore）"香水的瓶身设计，仍然是他的手笔。他的灵感来自长颈族女性，她们戴的项圈成为他笔下非常具有高定气质的香水瓶的装饰。传说，加利亚诺最初几年法语说得不好，所以对于大家问他的绝大多数问题都用"我很喜欢（j'adore）"这个句式来回答。

在一场关于公司即将推出的新香水的讨论会上，当有人在他面前描绘构成这款美妙香水的一大筐新鲜水果的芬芳时问他"约翰，你怎么看……"他的回答自然是"哦，我很喜欢（j'adore）……"于是这句口头禅就被保留了下来……而本来可能会引起我们焦虑的 Dior 魅惑（Addict）香水，也因为他而大获成功！就像约翰自己设计的第一款包，马鞍包一样。在加利亚诺执掌的 15 年间，Dior 的营业额翻了两番。

❋

然而，面对他力捧的新人的疯狂，贝尔纳·阿尔诺担心加利亚诺的媒体形象与品牌的好口碑不匹配。媒体专员确保安静的走廊里没有主人荒诞乖张的痕迹，所有楼层只有"工作和专注"。而电子音乐的声音，夜总会的气氛，为这位"麻烦制造者"带来很多灵感的频闪形象都属于 T 台，并且只在 T 台出现。

这位超级巨星的贴身保镖力图保护任何可能出现的任性妄为或喜怒无常迹象的泄露……熟悉内情的人开始听到另一个不断重复的声音！约翰喝得有点多了，约翰过于纵情玩乐了！但是秀必须继续……当他创作一个系列的时候，在构思的那几周里他会变成那个系列，让自己沉浸在荒诞奢靡的场景中，大脑极度兴奋。没有这种略微疯癫的状态，就无法创作出服装系列。

约翰生活在可怕的节奏中，他所承受的巨大的压力和严苛的要求，是那些顶级运动员们都无法想象的。他曾经的健身教练弗雷德里克·瓦切（Frédéric Vaché）还记得他经常环球飞行："一周内跑遍巴黎、纽约、北京。30小时的时差！"这些持续数月的超音速马拉松以及他在各大洲媒体上的表现，他几乎要不堪重负了。

但是，在为他补充维生素的营养师，根据每一系列产品创作时间表安排课程的健身老师，以及随时准备满足他所有愿望的助理队伍的共同帮助下，约翰挺过来了，代价是铁的纪律掩盖了他最初上瘾的迹象。而他在每次秀结束时，将自己妆扮成斗牛士、宇航员、小侯爵或拿破仑谢幕致意，就像是一位驯兽师虚张声势地慢慢品味自己的战绩。

他是胜者，毋庸置疑，但是常胜记录能保持多久？而他带来的惊叹，还将继续。对于艺术家来说，没有什么比创作的同时就深知，必须立即抹去自己的创作以投入下一个系列的创作更具破坏性的了。这是一种自我否定。这几乎是病态的。但是约翰别无选择！他没资格靠着自己的作品吃老本，因为每6个月，他都必须带来其他新的东西并超越自己。在这样的条件下，如何持续地激发新鲜活力？

作为一名优秀的自学者，他相信读万卷书不如行万里路。所以，他的方法是在每一个系列完成后，就出发去放松并给自己充电。他带着他的小团队和当时的男朋友，像一个奢侈的游牧者那样，漫游全球，记笔记、拍照、研究、画画，保留一小块布、一张彩色纸、一个微不足道的小物件、一枚西藏护身符。这些都是能激发他未来创作灵感的宝藏。"我们不是在度假，"加利亚诺团队的一名前成员说，"必须从这些充满了异域风情的旅行中发掘强劲的燃料，足以锻造一场绚烂的高定时装秀，这场秀首先将成为各大报纸的头条，引起广泛关注，接着为成衣、配饰、鞋履、箱包、化妆品、香水等指明审美方向。别指望悠闲地在泳池边晒太阳。"

加利亚诺像海绵一样将自己沉浸其中，尽情吸收，将一本本装满了图像的笔记本带回巴黎，以丰富他的想象力。所有的一切都会在秀场上再现：一头泰国大象脚上艳粉色的指甲、肯尼亚长袍、泰姬陵前的一条纱丽、大吉岭的一杯茶、圣彼得堡的金子、日本的一件刺绣和服、中国的一袭旗袍，阿根廷潘帕斯草原上的色彩，安达卢西亚的一片头巾……方法很好：一切都让他的创造力元气满满。他属于强迫症型的设计师，他们的特点是会情不自禁地将他们周围的一切、给他们带来触动的一切都立即转化为时尚物品。

❦

一季又一季，无论是作为Dior的领航人，还是他自己品牌的掌舵人，每次他在不同地方翻阅的，都是一本绚丽的图像集，都带着他最近的回忆。他打造了奢侈品品牌具有传奇色彩的时装秀和毋庸置疑的力量。2000年10月塑造的是一个现代的"吉卜赛人"，漫步在旧图标和汽车处理厂之间；2001年3月是神奇女侠的追随者，用夸张的扭胯和挑衅的表情来表演用力过猛的放肆。接着，在2001年7月，约翰奉上"融合"的高定，邀请大家登上从萨维尔街出发，途径果阿和加德满都，最后前往蒙古大草原的旅行。最后，他自己裹着黑色头巾，穿着红色夹克，踏着半筒皮靴亮相。2001年10月，加利亚诺在奥特伊赛马场，用40套专门为奢华旅行冒险家设计的服装，展现了一场环球之旅。有哈瓦那拉菲草长裤搭配漆皮蟒蛇皮夹克，墨西哥条纹长裤、刺绣皮里长袍，还有饰有蝴蝶的比基尼。

2002年1月，伊夫·圣洛朗的告别给高级时装带来了萧瑟之意，与此同时，加利亚诺呈现了一场耗资巨大的欢乐游行：压轴的红色亮片雨，日本音乐家团队，柔术艺术家。这位设计师以前所未有的力度为融合时尚高歌，他从上海马戏团或俄罗斯芭蕾舞团、伯罗奔尼撒的民间传说或描绘了百衲衣的威尼斯版画、中国丝绸垮裤或刺绣外套中汲取灵感。2002年3月，是一次在无国界伊甸园进行美妙的少数民族休闲骑行，各种文化民俗互相交融。作为一名时尚DJ，他很好地总结了流行趋势，同时毫不犹豫地将因纽特靴子和墨西哥衬裙、威尔士亲王格纹长裤和印度刺绣混搭在一起，还有必不可少的五彩秘鲁针织帽，帽顶加上了易洛魁风格的鸡冠头装饰。在这场时装竞技表演中，约翰现身时上身涂得油亮。

2003年3月，他将飞机与闺阁、拳击场与海滨大道、封闭的卧室与夏威夷海滩以一种进击的气势混合在一起，背景音乐中夹杂着发情母猫的音效，坐在前排的贝尔纳黛特·希拉克维持着处惊不乱的表情。2003年10月8日，在搭建在杜乐丽花园的帐篷中，约翰将经典与惊人融为一体。贴合身体曲线的特里亚农灰缎面西装，与20世纪30年代风格的威尔士亲王格纹棉质连衣裙交替出现。戴着卷曲假发的模特炫耀着自己华丽的胸衣或蕾丝吊袜带。

2004年1月19日，受最近一次帝王谷之旅的启发，他向大家展现了他对神秘埃及的想入非非。这是一部在T台上上演的令人难忘的历史巨片，受到了媒体的盛赞。他们喜欢刺绣点缀的白色薄纱细带缠裹的"木乃伊"连衣裙，树脂材料的阿努比斯面具和巨型甲虫造型的耳环。那个春天，他甚至还隆重庆祝了自己品牌的20周年。

他比以往任何时候都更喜欢在空间和时间中穿梭，以无人能及的戏剧性和叙事感，将挑衅与高定时装的传统、历史服装与街头时尚相结合，制造不同时代间的碰撞。2004年秋冬系列中，约翰颠覆了Dior的路线，推出了超大廓型，将普瓦雷1910年的酒桶线条和猫王的金属光泽西装相结合。这位时装设计师用大量豹纹印花、无限拉伸的外套和以厚底鞋为灵感的鞋子，再现了20世纪50年代的泰迪男孩形象。

2005年1月的那场秀更倾向于内心微妙情感的表达，即便约翰出来谢幕的时候是一副拿破仑的妆扮，整体也少了很多戏剧性。那个用他极具个人风格的流浪汉和装扮成变装皇后的女性形象让媒体震惊的时代已经一去不复返了么？加利亚诺与Dior的合同于2005年进行重新谈判，为了避免客户流失，他强制自己更坚定地走商业路线。他在自己喧嚣的狂想中稍作休憩。艾迪·斯理曼成为Dior男装艺术总监这一事实也让人感到一丝烦恼。

❀

　　续签的合同落袋为安了，2006 年 2 月 28 日，约翰出色地展示了他高超的沟通技巧。红色与皮革、暗黑与耶稣十字架齐聚一堂，共同构筑品牌华丽的盛典。

　　带着摇滚味的修长的廓型，蒙古羔羊毛皮草镶边的防水丹宁布大衣、漆光塔夫绸连衣裙和橡胶贴边的羊毛西装裤。最后，约翰出现，脸色苍白，行色匆匆地向大家致意。往常他都会走 20 步左右，再摆一个姿势，有时还会露出自己的虎牙，而这次，他几乎是一闪而过，看了眼在场的观众就消失了。这个那么喜欢享受掌声的人被什么事惹恼了呢？

　　有人猜测这位设计师和管理层之间出现了矛盾。珍妮·萨梅特后来揭开了这个秘密：两天前，他淋浴间的隔板碎落在了他身上，把他从肩膀到脚踝都划破了，差 5 厘米就会割到他的颈动脉。因此，面对大皇宫和它的玻璃天棚让他感到异常恐慌，他拒绝在那里做定位，最后一位走秀模特出发后，他就想悄悄溜走，而不愿承受头顶重达 3 吨的玻璃屋顶的威胁。

❀

　　我们是否充分评估过艺术家的脆弱和他所感受到的无所不在的压力呢？他一直都处于担心不能比上一季做得更好的焦虑中……约翰就是从这个时期开始，依靠酒精和药物才能让自己坚持下去。2013 年，他对《名利场》坦言："我从来没有因为要激发创造力或者寻找灵感而去喝酒。对我来说，这些不需要依靠酒精。一开始，它是我从 Dior 下班后的支撑。后来，我开始在每一个系列完成后喝酒减压。我花两天时间忘掉一切。但是我越来越频繁地需要这种遗忘，我被奴役了。然后我开始服药，因为我无法入睡。接着，又加了其他药片，因为我不停地颤抖。我大口大口地喝下大家为我买的各种酒。到最后，我手头拿到什么就喝什么。但是那时，我从来不承认我是个酒鬼。我坚信一切尽在掌握。"

Dior的气氛变得沉重。很快每个人都开始害怕看到约翰那张阴沉、厌世的脸。"他现在怎么样？"一位新闻专员表示担心，同时也知道，为了创作每年6场时尚星球最盛大的秀，不能光靠怡泉汽水，必须添加一剂"良药"。最糟糕的是，他自己的同名品牌虽然满足了他过度的自我表现欲，却没有成为他需要的舒缓压力的渠道。这反而成了额外的压力。

幸运的是，他从伦敦时期就结交的男朋友，也是他的得力助手，永远穿着鳄鱼衬衫的笑容可掬的胖子史蒂文·罗宾逊仍然守护着他。唯一一个可以告诉他某想法在该系列中并不真正合适的人，唯一一个可以将他不着边际的想法拉回正轨的人："不，约翰，这行不通！"他负责处理系列创作时的后勤工作，最重要的是设法调和矛盾，充当约翰与团队之间的缓冲，当他的亲密朋友因为过量的酩悦香槟和思诺思安眠药而不得不在家里休息醒酒的时候，他为他的缺席打掩护。面对他的过激行为，史蒂文用一种近乎母性的天赋来安慰那些被无故开除的缝纫工。他还是那个当约翰因为找不到安眠药而惊慌失措，一晚上给他打了6个电话、都耐心接听的人。

❀

2007年4月4日，史蒂文·罗宾逊因心脏骤停去世，年仅38岁。后来有谣言说是因为可卡因。约翰的平衡世界被完全打破了。工作日程紧迫，他甚至没有时间哀悼，直接将自己淹没在形成了破坏性恶性循环的工作中。他对酒精和药物的依赖达到了灾难性的程度。他没有失去对时尚的热情，只是工作节奏的负荷越来越重。

然而他继续创造幻象。他在巴黎跑马场（Polo de Paris）用一场日本风格的时装秀中庆祝他在Dior的10年创意生涯。模特们化身艺妓，穿着厚底木屐，变异的和服以及配有和服领和裙撑架的19世纪礼服裙。当他以平克顿中尉❶的造型出来谢幕致意时，他显得有点浮肿，妆容也有点过重。2007 年夏，在凡尔赛橘园举行的庆祝 Dior 品牌成立 60 周年的奢华高定秀上，他的脸上同样呈现出打了肉毒杆菌后的僵硬，皮肤像是上了蜡的感觉。

他向玛琳·黛德丽致敬的秋冬系列引人入胜。2008 年 1 月，他进一步打乱了风格和时代，充分展现了肆无忌惮的想象力。2008 年春，在法国总统夫妇对英国进行正式访问期间，他甚至为卡拉·布吕尼·萨科齐设计了衣服。伊丽莎白女王，这位曾经的超模成了加利亚诺作品的活广告。

❀

团队保持高效，他的理念植根于 Dior 的传统，服装系列问世，极尽奢华，广受赞誉。但是约翰的情况越来越糟。"我不过是一个面具，"设计师后来说，"我生活在一个密闭的球。在后台，有四五个人来帮助我。一个人拿着我的香烟，另一个拿着打火机。我甚至不知道怎么用自动取款机。"有时司机要等约翰几个整天。长时间喝醉的情况越来越频繁。一些助理担心不已，打算去找管理层请他们给他放假，让他有时间好好治疗修养。但没有人敢对约翰陛下擅作主张。

2008 年 6 月 30 日在罗丹博物馆上演的 Dior 高定秀堪称完美典范。他以丝绸、欧根纱、罗缎、绢纱为材料，像制作雕塑一样打造服装造型，用马鬃加固，并用精致的刺绣图案勾勒出廓型。2009 年 1 月 26 日，他以弗拉芒画派和维米尔❷的画作为灵感，打造了来自北方的冷美人形象，呈现了一幅近乎素淡的画卷。2009 年 7 月 6 日，他

---

❶　Pinkerton。《蝴蝶夫人》中的男主角，此剧也是 Dior2007 春夏高定系列的创作灵感。——译者注

❷　约翰内斯·维米尔（Johannes Vermeer），1632 年 10 月 31 日～1675 年 12 月 15 日。荷兰优秀的风俗画家，"荷兰小画派"的代表画家。代表作品有《戴珍珠耳环的少女》《花边女工》等。——译者注

的秀似乎要表达谦逊。模特们仿佛从迪奥先生的试衣间里逃出来，衣服只穿了一半，特别收腰的短外套下只穿着吊袜带，或者极其蓬松的芭蕾舞裙上只穿了紧身胸衣。勾勒黑色眼线，头发蓬松的女孩穿着非常合身，就像是长在身上的豹纹连衣裙，或者只是在简单的马鬃结构上覆盖了绣着煤玉的绢纱。2010年3月6日，有"浪漫骑士"的基调，斗篷、骑士夹克搭配雪纺和蕾丝连衣裙，炭黑色调的大方格马海毛大衣精致华美。而在2010年7月5日，他上演了一场令人眼花缭乱的花裙的绚丽组合。

❦

2010年11月似乎已经到了无可挽回的地步。在纽约的美居酒店，他躲在自己的房间里疯狂地饮酒作乐。他的工作人员委托他的男朋友亚历克西·罗奇（Alexis Roche）将他带回法国。LVMH的老板贝尔纳·阿尔诺和创造了Dior成功营销的悉尼·托莱达诺（Sydney Toledano）已经无法控制他们小马驹的急速堕落和强大的自毁力量，他们开始担忧他是否能坚持到合同期满。他们把他叫来，并要求他去戒酒，就像他们曾经对马克·雅可布（Marc Jacobs）所做的那样。约翰对此完全抗拒，他扯开自己的衬衫，展现他在健身房锻炼了几个小时后雕刻的身体，大喊："这看起来像酒鬼的身体吗？"

这个爱美的强迫症患者很快就不再费心去挽救外表了。在他居住的马莱区，看到他穿着牛仔靴和有污渍的T恤在街上脚步虚浮地摇晃前行，大家已经习以为常了。有些夜晚，面对他一次次的豪饮派对，邻居们叫来了警察。当他恢复清醒并同意来到Dior时，他会突然火冒三丈，破口大骂。尽管如此，他仍在为下一个系列进行创作。

❦

2011年2月24日晚，在马莱区的地盘上，位于圣殿老妇（Vieille-du-Temple）街的珍珠酒吧的露天座中，他突然失控，辱骂另外两名顾客。他因为过度饮酒和注射胶原蛋白而显得浮肿臃肿，用反犹太主义和种族主义言论侮辱他们，在醉酒的状态下被警察逮捕。这个事件经过媒体轮番报道后，如滚雪球般越闹越大。2 月 26日，一名 48 岁的妇女声称在 2010 年 10 月 8 日也受到约翰的侮辱，并提起诉讼。2 月 28 日，英国小报《太阳报》的网站上公布了一段视频，成为无可辩驳的证据，视频显示醉醺醺的设计师在同一家巴黎咖啡馆里辱骂旁边的人。恶毒的话语从这位以宽容为职业动力之一的名人嘴巴里说出来，令人震惊。这些在他不知情的情况下拍摄的过激言论很快就传遍了世界。

在他的律师随后披露的一封公开信中，约翰·加利亚诺否认自己是种族主义者，并表达了他的羞愧和对自己的厌恶。但有些人认为这是一种试图挽回形象的徒劳。在媒体风暴中，种种迹象都表明，他已坠入深渊。Dior 公司别无选择，于 3 月 1 日解雇了他，终止了他每年 600 万欧元的合同。一些恶意揣测的声音说，LVMH 就等着这位设计师犯大错，才能（最终）摆脱他，因为他展现出来的才华和创造力惊艳程度越来越低了。

3 月 4 日，Dior 的秀在罗丹博物馆开始，而这已经与他无关。秀在他的助手兼朋友比尔·盖登的操持下进行，精彩依旧，但是比以往更简单。最后，公司里所有缝纫工都穿着白大褂出现在了 T 台上，为这位天才的迷失，为这个巨大的混乱而感到痛心。

❈

约翰于 2011 年 9 月 8 日因种族主义和反犹太主义的公开侮辱而被定罪。他在审判期间承认自己有"三重瘾"，酒精、安眠药和安定。娜奥米·坎贝尔为他争取到了在亚利桑那州的一个中心进行康复治疗的名额。在以比尔·盖登为首的过渡期后，比利时人拉夫·西蒙（Raf Simons）正式接替他在 Dior 工作。

两年来，约翰努力克服他的酒瘾和药瘾并反省自己的行为，主要生活在纽约。除了 2011 年 7 月为凯特·莫斯设计的婚纱和与奥斯卡·德拉伦塔的合作，约翰再也没有碰过他的剪刀和缎带。会有那么一天，时尚界原谅他并允许他重返工作岗位吗？

不管怎样，解雇约翰·加利亚诺标志着时尚界星光璀璨时代的终结。这是奢侈品世界的一场海啸。这位全能设计师设计时装、配饰、决定走秀的舞台形式并沉浸其中，他的神话已经成为历史。那些大品牌渴望回归更加朴实无华的时尚并希望设计师能更加低调务实。经过长达10年，设计师们成为无所不能且高不可攀的名人，产生巨大的明星效应后，卡尔·拉格菲尔德预言的"新朴素"时代开始了。

Dior的丑闻背后，反映了近年来设计界发生的更普遍的变化。弱化自我，保持低调，与团队和谐对话，这是专注于品牌的艺术总监所需要的素质。现在开始由其他人物担任品牌的媒体代言人，比如在Dior公司，就是奥斯卡获奖女演员玛丽昂·歌迪亚和娜塔莉·波特曼。

高定设计师是否会沦为成衣设计师的角色，负责随着市场需求的变化进行创作？创意现在是否只为营销服务？造梦机器，利润丰厚的产业，铜版纸上的女王，时尚不想再出现在社会新闻版面。2010年2月令人震惊的亚历山大·麦昆在伦敦家中的自杀事件，2011年约翰·加利亚诺可耻的被逮捕事件，或某些设计师的戒毒治疗事件，让这一切都过去吧。设计天才们再也没有权力在T台上失控了。

大事记

1825年：查尔斯·弗雷德里克·沃斯出生。

1858年：沃斯在巴黎创立了自己的公司。

1879年：保罗·普瓦雷出生。

1887年：让·帕图出生。

1895年：沃斯去世。克里斯特巴尔·巴伦夏加出生。

1903年：普瓦雷自己的高定时装屋开业。

1905年：克里斯蒂安·迪奥出生。

1914年：让·帕图在圣弗洛伦丁路开设了高定时装屋。

1922年：皮尔·卡丹出生。

1927年：于贝尔·德·纪梵希出生。

1933年：卡尔·拉格菲尔德出生。

1936年：让·帕图去世。伊夫·圣洛朗出生。

1944年：保罗·普瓦雷去世。

1947年：Dior时装屋的第一场发布会。

1951年：克里斯蒂安·拉克鲁瓦出生。

1952年：于贝尔·德·纪梵希创建了自己的公司。让·保罗·戈尔捷出生。

1953年：皮尔·卡丹的第一个高定系列发布。

1957年：克里斯蒂安·迪奥骤然离世。

1958年：伊夫·圣洛朗在Dior的第一个系列发布。

1960年：约翰·加利亚诺出生。

1962年：伊夫·圣洛朗创立自己的高定时装屋。

1966年：伊夫·圣洛朗推出了左岸系列。

1968年：克里斯特巴尔·巴伦夏加决定退休。

1971年：可可·香奈儿去世。

1972年：克里斯特巴尔·巴伦夏加去世。

1982年：卡尔·拉格菲尔德被任命为Chanel的设计师。

1987年：克里斯蒂安·拉克鲁瓦的时装屋成立。

1995年：约翰·加利亚诺入职Givenchy。

1996年：约翰·加利亚诺入职Dior。

2002年：伊夫·圣洛朗告别高级定制时装。

2004年：让·保罗·戈尔捷入职爱马仕。

2005年：LVMH集团将Lacroix公司转让给Falic集团。

2008年：伊夫·圣洛朗去世。

2009年：克里斯蒂安·拉克鲁瓦的高定时装生涯结束。

2011年：约翰·加利亚诺因其种族主义性质的侮辱性言论被Dior开除。

2012年：尼古拉·盖斯奇埃尔离开巴黎世家。

参考书目

– 关于查尔斯·弗雷德里克·沃斯

ALLEM (Maurice), *La vie quotidienne sous le Second Empire*, Hachette, 1948

HARRAN (Nathalie), *La Femme sous le Second Empire*, Éditions Errance, 2010

KERLAU (Yann), *Les Secrets de la mode,* Perrin, 2013

LATOUR (Anny), *Les magiciens de la mode*, Julliard, 1961

MARLY (Diana de), *Worth: Father of Haute Couture*, Holmes et Meier, 1990

– 关于保罗·普瓦雷

BAUDOT (François), *Paul Poiret à Paris*, Assouline, 1997

PARPOLL (Catherine), *Paul Poiret, couturier-parfumeur*, Somogy, 2013

POIRET (Paul), *En habillant l'époque*, Grasset, 1930

WHITE (Palmer), *Poiret le Magnifique*, Payot, 1986

– 关于让·帕图

ETHERINGTON-SMITH (Meredith), *Patou*, Denoël, 1984

POLLE (Emmanuelle), *Jean Patou, une vie sur mesure,*

Flammarion, 2013

SCHWAB (Catherine), article dans *Paris-Match* n° 33371, 25 décembre 2013

— 关于克里斯特巴尔·巴伦夏加

FRAIN (Irène), article dans *Paris-Match*, août 1995

GOLBIN (Pamela), *Balenciaga Paris*, Thames & Hudson, 2006

JOUVE (Marie-Andrée), *Balenciaga*, Assouline, 2004

JOUVE (Marie-Andrée), *Cristobal Balenciaga Museoa*, Éditions du Regard, 2011

KERLAU (Yann), *Les Secrets de la mode*, Perrin, 2013

LIAUT (Jean-Noël), *Modèles et mannequins*, Filipacchi, 1994

LORONO (Miren Arzallus), *Cristobal Balenciaga : la forge du maître*, Nerea, 2010

SAILLARD (Olivier), *Cristobal Balenciaga, collectionneur de mode*, Musée Galliera, 2012

— 关于克里斯蒂安·迪奥

CAWTHORNE (Nigel), *Le New Look, la révolution Dior*, Celiv, 1998

DIOR (Christian), *Christian Dior & moi*, Librairie Vuibert, 2011

GIROUD (Françoise), *Dior*, Rizzoli, 1987

HUSTER (Francis), *Et Dior créa la femme*, Cherche-Midi, 2012

POCHNA (Marie-Françoise), *Christian Dior*, Flammarion, 2004

RABINEAU (Isabelle), *Double Dior : les vies multiples de Christian Dior*, Denoël, 2012

– 关于于贝尔·德·纪梵希

BERTIN (Célia), *Haute couture terre inconnue*, Hachette, 1956

JOIN-DIÉTERLE (Catherine), *Givenchy : 40 ans de création*, musée de la Mode et du Costume, 1991

LIAUT (Jean-Noël), *Hubert de Givenchy*, Grasset, 2000

MOHRT (Françoise), *Le style Givenchy*, Assouline, 1998

– 关于皮尔·卡丹

HESSE (Jean-Pascal), *Pierre Cardin : 60 ans de création*, Assouline, 2010

LORENZ (Sylvana), *Pierre Cardin : son fabuleux destin*, Éditions n° 1, 2006

MANSUARDI (Jean), *Dix ans avec Pierre Cardin*, Fanval, 1986

– 关于伊夫·圣洛朗

BENAÏM (Laurence), *Yves Saint Laurent*, Grasset, 2009

BENAÏM (Laurence), *Requiem pour Yves Saint Laurent*, Grasset, 2010

BERGÉ (Pierre), *Lettres à Yves*, Gallimard, 2010

BERGÉ (Pierre), *Yves Saint Laurent : une passion marocaine*, Éditions de la Martinière, 2010

CHENOUNE (Farid) et collectif, *Yves Saint Laurent*, Éditions de la Martinière, 2010

LELIÈVRE (Marie-Dominique), *Saint Laurent, mauvais garçon*, Flammarion, 2011

LÉVIS (Fiona), *Yves Saint Laurent, l'homme couleur de temps*, Le Rocher, 2008

SAVIGNON (Jéromine), *Saint Laurent rive gauche, la révolution de la mode*, Éditions de la Martinière, 2011

– 关于卡尔·拉格菲尔德

BAXTER-WRIGHT (Emma), *Le Petit Livre Chanel*, Eyrolles, 2012

DRAKE (Alicia), *Beautiful people*, Denoël, 2008

MAILLARD (Arnaud), *Merci Karl*, Calmann-Lévy, 2007

NAPIAS (Jean-Christophe), *Le Monde selon Karl*, Flammarion, 2013

– 关于让·保罗·戈尔捷

CHENOUNE (Farid), *Jean Paul Gaultier*, Assouline, 2000

GOULSAN (Elizabeth), *Jean Paul Gaultier, punk sentimental*, Grasset, 2010

LORIOT (Thierry Maxime) et collectif, *La Planète mode de Jean Paul Gaultier*, Éditions de la Martinière, 2011

– 关于克里斯蒂安·拉克鲁瓦

BAUDOT (François), *Christian Lacroix*, Assouline, 1998

COLENO (Nadine), *Christian Lacroix : de fil en aiguille*, Éditions du Regard, 2002

LACROIX (Christian), *Qui est là ?*, Mercure de France, 2004

MAURIÈS (Patrick), *Christian Lacroix : journal d'une collection*, Thames & Hudson, 2003

OLIVE (Agnès), *Conversation au soleil : Christian Lacroix*, La Belle Bleue, 2010

– 关于约翰·加利亚诺

MCDOWELL (Colin), *Galliano*, Rizzoli, 1998

– 其他

BAUDOT (François), *La Mode du siècle*, Assouline, 2006

BERTIN (Célia), *Haute couture terre inconnue*, Hachette, 1956

FRANÇOIS (Lucien), *Comment un nom devient une griffe*, Gallimard, 1961

HÉNIN (Janine), *Paris haute couture*, Panorama, 1990

KERLAU (Yann), *Les Secrets de la mode*, Perrin, 2013

MENDÈS (Valérie), *La Mode depuis 1900*, Thames & Hudson, 2011

SAILLARD (Olivier), *Paris haute couture*, Skira-Flammarion, 2012

SAMET (Janie), *Chère haute couture*, Plon, 2006

感谢

    作者在此向巴黎世家博物馆、格拉斯国际香水博物馆、柯莱特·奥尔斯塔特（Colette Allstadt）、安娜·达维（Anne Davis）、瓦莱里·马丁（Valérie Martin）、弗洛伦西亚·萨努多（Florencia Sanudo）表达他最诚挚的谢意。

后记

　　本书作者贝特朗·梅耶·斯塔布莱先生曾长期担任克洛德·蓬皮杜基金会的新闻专员、*ELLE* 杂志的记者，是法国著名记者和传记作家。他至今已出版名人传记近五十本，涉猎的范围包括伊丽莎白女王二世、戴安娜王妃、摩纳哥王室、约翰·肯尼迪等王室和政要，英格丽·褒曼、玛丽莲·梦露、奥黛丽·赫本等欧美明星，玛丽·罗兰珊、达利、埃尔顿·约翰等艺术家，香奈儿、迪奥、圣洛朗等时尚大师。

　　如果说在翻译本书的姊妹篇《改变历史的12位女设计师》的时候，我满怀忐忑与敬畏之心，那么在拿到本书书稿，看着目录上这些设计师的名字时，我感受到更多的亲切感。

　　第一次知道伊夫·圣洛朗这个名字的时候，我还在武汉大学学法语。有一次外教给我们介绍法国时尚，在播放的秀场录像中，我唯一记住的画面就是一位模特穿着一条黑色包臀裙款款走来，信手在腰间轻轻摆弄，一个轻盈的转身，magic，干练的短裙变成了妖娆的长裙。而真正意识到YSL这个标志在法国文化中的地位，则是因为1998年的足球世界杯。主办方法国竟然将伊夫·圣洛朗从业四十周年回顾秀作为决赛夜的开场表演。绿茵场被铺成了蓝天白云，在场地中央，巨大的YSL红色标志将300位不同国籍、不同肤色的模特集结在一起，展示了这位大师极具革命性和艺术性的作品。决赛尚未开始，法国已攻下一城。

　　克里斯蒂安·拉克鲁瓦对于国内绝大多数读者来说，都是一个非常陌生的名字。因为Christian Lacroix这个品牌从未进入中国市场，并且早在2009年就已宣布破产。但是于我而言，他却是12位设计师中，我最熟悉的一位，因为我曾有幸与这位大师共事。那是2004年，当时我正在法国文化部艺术司进行为期半年的实习。我和我的实习主管手上的一个重要项目就是"Christian Lacroix，对话！"展。当时正值中法文化年活动，这个从未进入中国市场的品牌却被法国政府选中，作为法国时尚文化的代表，于2005年先后在北京中国美术馆和广州美院美术馆展出。而在展览筹备期间，品牌就被LVMH集团转卖给了试图进军奢侈品行业的美国Falic集团。本书中将拉克鲁瓦先生充满巴洛克美学和南法风情的作品誉为"文化遗产"并不夸张，然而在资本眼中，盈利才是王道。

　　在这方面，卡尔·拉格菲尔德可谓个中高手。Fendi和Chanel这两个已经垂垂老矣的品牌在他手里重新焕发青春，并且愈战愈勇，创下一个个非凡的销售业绩。所以他的雇主都心甘情愿地与他签下巨额的终身合约。他也是这12位设计师中最为大众熟知的一位，哪怕喊不出他的全名，也知道他是"老佛爷""时尚大帝"或者"Chanel的设计师"。他携Fendi的双F标志照亮中国长城，将Chanel的高定秀场变身超市、酒吧、机场，他的剪影被印在健怡可乐珍藏版上，他的名字被绣在服装限定系列中，他的宠物猫被打造成猫界爱豆。他的快人快语、言辞犀利与他黑白分明的造型相得益彰，也与他的前辈香奈儿小姐一脉相承。如果时尚界也有吐槽大会，他应该能捧回一座"大王"奖杯。

　　要说伶牙俐齿、妙语连珠，让·保罗·戈尔捷也不遑多让，但是风格却迥然不同，在他这里，有孩子般的纯真、热情，也有法国人的幽默、调皮。有人听说他，是因为他与波司登推出了联名系列；有人关注他，是因为他为麦当娜、张国荣、李宇春打造的演唱会造型；有人知道他，是因为他为吕克·贝松的电影设计的服装；有人仰慕他，是因为他不断重复又从不雷同的紧身胸衣设计……于我而言，他的设计是我拥有的第一件奢侈品。那是一瓶他在世纪之交推出的新香水"易碎品（Fragile）"，淡金色的香水装在雪景球造型的香水瓶中，轻轻一摇，金色的雪花漫天飞舞。这样的奢华，更显得雪景球中央立着的那个被抹胸小黑裙勾勒出妖娆曲线的小人儿清冷孤傲。

说到小黑裙，最广为人知的莫过于奥黛丽·赫本在《蒂凡尼的早餐》中的经典造型。我们小时候，谁没有看过几部赫本的电影，只是那时还不知道有一位时装大师叫于贝尔·德·纪梵希，更不知道赫本的造型大都出自他之手，我们只是单纯地被她人衣合一、浑然天成的美所折服。那时的Givenchy没有大张旗鼓的Logo，只有无懈可击的工艺和不差分毫的优雅。纪梵希和赫本是真正的soulmate，在事业上互相成就，在生活中互相陪伴，总有人将他对她的感情形容为爱而不得。但其实同为设计师的菲利普·韦内才是他的终身伴侣，他们共同将建于16世纪的融谢庄园打造为世外桃源，并在这里享受退休的美好时光。

而克里斯特巴尔·巴伦夏加，是另一个和纪梵希有着奇妙缘分的人。纪梵希决定进军服装设计行业的时候，首选巴伦夏加，可惜他的偶像甚至没有给他见面的机会。而赫本筹备电影《龙凤配》服装造型的时候，她的所属公司意属巴伦夏加，但是最后因为赫本的坚持而选用了纪梵希。后来，他们在纽约的酒会相遇，在巴黎乔治五世大道为邻。巴伦夏加是纪梵希的良师益友，甚至在决定永久关闭自己时装屋的时候，把自己的忠实客户都介绍给了纪梵希。他为什么拂袖而去？因为成衣产业的发展和街头文化的入侵将他心中的高定时装变得面目全非了。多年后，在资本的运作下，品牌重出江湖，进入中国后，被译为"巴黎世家"，充满了法兰西贵族气息，几乎让人忘了，它的创始人是出生于西班牙的一个渔港的穷小子。

面对翻滚的时尚新浪潮，有人选择激流勇退，也有人选择乘风破浪；有人捍卫高定的精英地位，也有人鼓吹成衣的民主意义。皮尔·卡丹属于后者，不管是未来科技感还是摩登太空风，他都可以信手拈来；哪怕得罪了所有同行，他也坚持与百货商场的合作。对他而言，拓展商业版图似乎比维护品牌形象更为重要。于是，通过授权经营，Pierre Cardin这个名字出现在各种与时装有关或者无关的产品上，以至于我们后来再看到印着这个Logo的产品时，都不知道这是正品还是山寨品。他最早看到了中国市场的潜力，成为第一个来中国办时装秀、第一个在中国开设专卖店、服装厂的西方设计师。那时候，皮尔·卡丹总是出现在大城市最繁华的街区，常常与梦特娇、花花公子相邻，充满了商务范儿，是当时先富起来的那一批成功男士的标配。

卡丹先生促成了中国第一支模特队的诞生，而创造出时装模特这个职业的，则是英国人查尔斯·弗雷德里克·沃斯。这个满怀雄心壮志的年轻人追随时尚的脚步，从雾都来到花都。谁曾想，这个抱着学习心态前来的英国人不仅在法国扎了根，还搭上了欧仁妮皇后。他几乎复制了他的法国前辈罗丝·贝尔坦的成功之路，以法国宫廷为起点，迅速俘获所有欧洲贵妇。这个英国人以一己之力缔造了巴黎高级定制时装产业，重振了里昂丝织业。但是他并没有改变欧洲上流社会女性的传统形象。

保罗·普瓦雷的出现才带来了女性形象的改变。对于他把女性从紧身胸衣中解放出来的壮举大家都耳熟能详。但是在他的人生中，最打动我的是玛蒂娜学校的故事。他亲自招收有艺术天赋但是出身贫寒的女孩，给予她们学习的机会和自由创作的空间，并且将她们的作品投放市场。这种超前的教育理念和宽广的胸怀都令人钦佩。他还是最早推出香水的时装设计师，从而彻底改变了法国香水业和时尚业的关系。推出香水几乎成为所有高端时尚品牌的必选动作，香水成为时装的延续，也成为这些品牌最重要的利润点之一。

与他同一时代的设计师让·帕图深谙其道，不仅针对不同发色的女性开发了系列香水，还推出了首款男女通用的运动型香水，以及号称"全世界最昂贵的香水"，他甚至在高定时装屋开辟了香水吧，氛围感拉满，让人心甘情愿地跳进他设计的营销套路。他还创新地把自己名字的首字母缩写设计成图案，堂而皇之地织到他那些款式简洁现代的针织衫上，明明白白地诉说服装的品牌和价位，把那些暴发户的心理拿捏得死死的。到今天，Logo上身早已成为奢侈品牌的惯例，而创造了这一手法的让·帕图却已被人淡忘。中国消费者对他知之甚少，因为早在 1936 年，年仅 49 岁的他就骤然离世，他的时装屋在 1987 年结束营业，而 2019 年重新出发的 Patou 品牌也并没有进入中国大陆市场。

另一位在事业鼎盛时期陨落的设计师克里斯蒂安·迪奥，他所创立的品牌至今仍占据着超一线的地位。金融危机导致的家道中落才迫使这个富二代开始认真考虑自己的职业规划，那时他 26 岁；他进入时装行业学习服装工艺的时候，已经 33 岁；而他创立自己的品牌推出第一个系列的时候，已经 42 岁。他完美诠释了什么是厚积薄发，什么叫大器晚成。他年轻时在艺术圈子里的碌碌无为，难道不是对审美和创意的熏陶和积累么？他那被媒体称为"新风貌"的花冠系列，难道不是他对童年记忆中的美好生活和贵妇形象的怀旧么？那些矫饰的华服正是当时贵妇们的心之所向，他用精准的定位圈住了那些处在金字塔顶端的精英客户，至于那些尖酸刻薄的评论，对他而言无关痛痒。1957 年 3 月，他成为第一个登上美国《时代周刊》封面的法国时装设计师，那一年，他 52 岁。7 个月后，他的骤然离去和他 10 年前的横空出世一样，令人措手不及。

Christian Dior 在新世纪的辉煌战绩，约翰·加利亚诺功不可没。当初他先后被任命为 Givenchy 和 Christian Dior 首席设计师的时候，引起一片哗然。让一个离经叛道的英国人来掌管一个以优雅著称的法国高级定制时装屋？然而时尚界也没逃过真香定律。事实证明，贝尔纳·阿尔诺眼光"毒"到。加利亚诺在 Dior 的 15 年里，奉献了一场场奢华的大秀，每每都会出现在报纸头版，在引起热议的同时，也造就了节节高攀的营业额。他的秀总是最令人期待的，大家不仅会猜测这一季 Dior 的主题是什么，也很期待，加利亚诺会以怎样的造型出场。2011 年他犯下了错误，也为此付出了惨痛的代价。经过 4 年的治疗、康复和反思，他在 Martin Margiela 的复出展现了一个全新的自己，也重塑了一个全新的 Maison Margiela。

这 12 位时尚大师之间有众多命运交汇，但是每个人又创造了属于自己的独特风格。本书的翻译出版，不仅可以让读者更好地了解这些西方时装设计大师，也可以使有志从事时装设计职业的年轻人获取一些宝贵经验，丰富自己的创作。

感谢苏州工艺美术职业技术学院中特高项目对本书出版提供的资助。感谢中国纺织出版社有限公司与编辑老师为本书争取到了法国驻华大使馆傅雷出版资助计划的资助。

翻译中或有不妥之处，欢迎指正。

译者　孙丽
2021年12月
于苏州